투자, 음모를 읽어라

세계 경제의 조종자, '그놈들'에게 당하지 않는 생존 투자법

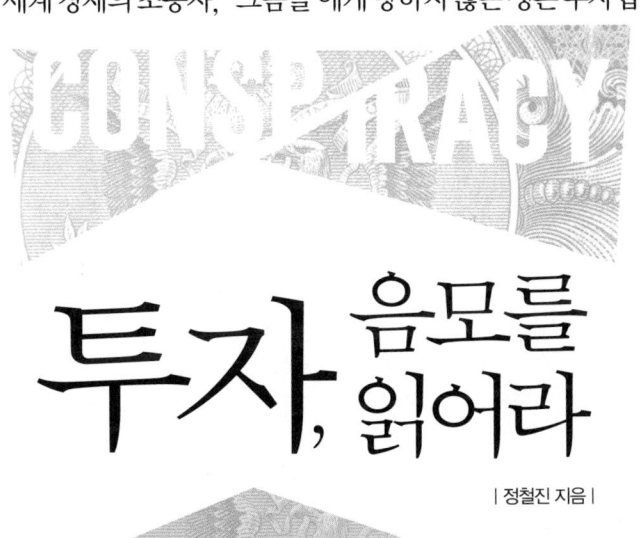

# 투자, 음모를 읽어라

| 정철진 지음 |

해냄

| 프롤로그 |

# 투자 통찰의 한 키워드, '음모'

훌륭한 투자자는 세상을 잘 읽거나, 잘 읽어내려고 부단히 노력하는 사람이다. 이는 분명한 사실이다. 주식이나 부동산 투자를 10년 이상 해본 사람들은 대부분 이렇게 말한다. "결국 감이야. 이론? 분석? 차트? 웃기지마. 감 좋은 놈이 결국 다 먹어"라고.

이때 '감'은 결국 '통찰(insight)'이다. 투자는 주식, 채권(금리), 부동산, 원자재(상품), 그리고 환율 시장의 움직임을 총체적으로 파악하고 여기에 대응해야 성공하는데, 이를 위해선 그 어떤 이론적 분석보다 통찰이 최고라는 것이다. 틀린 말이 아니다.

가령 국제 원유의 수요와 공급을 따지거나, 매장량 대비 적정 가격을 연구하는 것보다 중동 지역 분위기를 통찰해 보는 게 상품 투자엔 더 효과적이다. 또한 밤새도록 주가수익비율(PER)이나 차트 분석을 하는 대신 정부 정책 변화의 큰 흐름을 읽어 몇 개 종목에 집중 투자하는 게 성공적일 때가 많다. 그래서 사람들은 감을 키우고, 통찰력을 기르기 위해 노력한다. 심리학도 공부하고, 정치가에게 줄을 대고, 경제 뉴스보다 사회·국제 뉴스에 몰두한다.

그런데 이런 통찰력을 키우려고 노력하는 과정에서 뜻하지 않은 복병을 맞닥뜨리게 된다. 그것이 바로 '세력'이다. 이때 말하는 세력은 주식 작전 세력이나 부동산 투기 세력, 세계 금융시장을 떠도는 핫머니 등에 국한되지 않는다. 꼭 불법적인 것도 아니고 특정인을 가리키는 것도 아니다. 세계 금리 추이를 정하는 미국 연방준비제도이사회(FRB)나 2001년 9·11테러, 2008년 리먼 브러더스 붕괴처럼 투자판의 기본 틀을 뒤바꾸는 그 어떤 힘의 총칭이다.

초월적인 힘이며, 온갖 노력을 다해도 결코 넘을 수 없는 대상이 바로 세력이다. 그래서 투자자들은 일단 이런 세력을 경험하면 세상을 보는 눈이 바뀐다. 그러고는 이제 자신의 통찰 대상에 이 세력의 움직임까지 포함하려 한다.

내가 지금부터 이야기하려는 음모론 투자는 이런 세력의 존재를 인정하고 그 세력에 대응하는 방법과 비슷하다고 생각한다. 신(神) 다음으로 힘이 센 사람들, 지구상에서 가장 강한 그 사람들의 존재를 인정하고, 그들의 본질을 탐구하고, 그들의 수법들을 살펴본 뒤, 과연 어떻게 대응해야 하는가에 대한 방법을 살펴보는 게 바로 음모론 투자의 큰 틀이다.

물론 여러분 중 상당수는 앞서 말한 초월적인 힘을 아직 느껴보지 못했을 수 있다. 그래서 지금부터 펼쳐지는 이야기들이 코믹하게 들릴 수도 있다. 그렇다면 그냥 한 편의 코미디로 받아들여도 좋다. 하지만 스쳐 지나가는 이야기라도 어떤 식으로든 개념을 잡아둔다면 분명 여러분의 투자에 큰 도움을 줄 것이다.

본격적인 논의에 앞서 음모론을 읽는 방법을 설명해야 할 것 같다. 음모론에 처음 빠져들 땐 그것이 인류의 미스터리를 풀어주는 마스터키로 다가온다. 그런데 한참 음모론 삼매경에 빠지다보면 어느 순간 더 깊은 수렁에 빨려 든다. 뫼비우스의 띠처럼 꼬리에 꼬리를 무는 음모론의 본질 때문이다.

예를 들어 "제2차 세계대전 당시 나치의 유태인 학살이 조작됐다"는 음모론을 접하면 히틀러에 대한 음모론, 진짜 유태인과 가짜 유태인에 대한 학설, 나아가 제2차 세계대전이 갖는 의미, 달러의 세계 기축통화 선정 비화 등 공부할 게 줄줄이 딸려 온다. 그리고 이것을 알아가는 과정에서 엄청나게 많은 음모론과 맞닥뜨리게 된다.

이 때문에 일단 음모론에 심취하면 결코 빠져나오지 못하는 매트릭스처럼 그 안에 갇혀버리고 만다. 음모를 풀려고 뛰어든 음모론에 오히려 갇히는 꼴이다. 그래서 음모론을 제대로 읽고 활용하려면 그 방식을 익혀야 한다. 자주 사용되는 전술을 학습하고, 교묘하고 복잡한 흉계를 재단하는 사고의 틀이 필요하다. 그리고 이렇게 큰 그림을 파악하고 있어야 제대로 대응할 수 있다.

대중은 음모론을 무시한다. "소수의 초(超)국적 엘리트들이 세계를 뒤에서 조종한다"는 '글로벌 엘리트 막후 조작론'을 말하면 "그래서 어쩌라고?" 하는 태도를 보인다. 하지만 막상 돈이 걸리면 사람들은 달라진다. 돈 문제가 엮이면 음모론을 진지하게 받아들인다. 가령 1997년 한국의 IMF 구제 금융 사태가 의도된 것이라거나, 2008년 말 세계 금융 위기를 누군가가 고의로 유발한 것이라고 하면 귀를 쫑긋 세우고 관심을 보인다. 돈이 걸렸기 때문이고, 자신의 경제생활과 밀접한 관련이 있기 때문이다. 이것이 바로 '음모론 투자'라는 주제를 선택한 이유다.

솔직하게 고백하자면 나는 음모론자가 아니다. 음모론을 공부하고 이해하고 즐기지만, 맹신하지는 않는다. 하지만 나는 투자를 위해 여기에도 꽤 많은 관심을 기울인다. 제대로 투자하기 위해서는 세상의 역학 관계를 파악하고 이들이 유기적으로 맞물려 돌아가는 방식을 읽어야 하기에 음모론도 의미가 있기 때문이다.

그렇다면 당연히 음모론도 투자의 '감(感)' 중 한 부분으로 소화해야 한다. 로스차일드? 록펠러? 프리메이슨? 예수회? 일루미나티? 300인 위원회? 빌더버그 클럽? 세계 패권 금융? 국제 유태 자본? 세계 단일 정부 수립? 인류의 식민지화? 신세계질서? 어떻게 보면 참 허무맹랑하다.

그러나 만약 누군가 이런 것들의 존재에 대해 내기를 하자고 하면 여러분은 무조건 '존재한다'는 쪽에 걸어야 한다. '파스칼의 내기'가 합리적이라고 생각한다면 이렇게 베팅하는 것 또한 합리적인 선택이다.

대신 내기의 대가로는 아주 적은 것을 걸면 된다. 가령 '음모론 투자'에 관한 이 책 한 권 읽는 시간 정도라면, 그리고 여기서 소개하는 몇 가지 대응 방법을 고민해 보는 수준이라면 그리 손해 보는 장사는 아닐 것이다.

2010년 5월의 마지막 날에
정철진

| 차례 |

프롤로그: 투자 통찰의 한 키워드, '음모' _ 4

## | 1장 |  세계 경제를 조작하는 배후, '그놈들'은 누구인가

01 '그놈들'은 세계 단일 정부를 노린다 _ 15
02 무한대의 돈으로 무소불위의 권력을 장악하다 _ 27
03 무한대의 시간과 기회도 '그놈들'의 것 _ 39
04 '그놈들'이 바로 룰이자 권위다 _ 49
05 커튼 뒤에 숨어 세상을 조종하다 _ 65

## | 2장 |  음모론 투자를 위한 5가지 통찰 코드

01 **단일화**: 단일 정부와 단일 경제, 그리고 단일 통화 _ 87
02 **달러**: 강해져야 할까, 약해져야 할까 _ 103
03 **주가**: 인플레이션과 디플레이션 타이밍을 읽어라 _ 113
04 **자원과 신기술**: 석유에서 전기 자동차까지, 어떻게 접수당하는가 _ 125
05 **종교**: 기독교 신앙의 진정성을 파악하라 _ 137

| 3장 | 2012년 최악의 시나리오,
울트라 버블과 제국의 몰락

01 울트라 버블과 슈퍼 공황의 불길한 조짐 _ 153
02 미국이 죽어야 '그놈들'이 산다 _ 162
03 위안화와 달러화의 충돌, 화폐 전쟁은 없다 _ 174
04 금은 돈이 아니다, 생존이다 _ 187


| 4장 | 경제 음모에서 살아남는 투자의 로드맵

01 '그놈들'에게 당하지 않는 투자의 몇 가지 원칙 _ 205
02 고갈되는 석유, 녹색 혁명의 실체를 파악하라 _ 222
03 본격화되는 다극화는 단일 정부를 향한 포석 _ 246
04 향후 3년간 '축복'받은 대한민국은 계속된다 _ 271
05 일본과 러시아의 향방을 읽어라 _ 281


| 5장 | 슈퍼 공황, 생존 투자로 대응하라

01 달러와 금 사이에서 줄타기를 하라 _ 295
02 워런 버핏은 왜 철도회사를 샀나 _ 308
03 현대판 노아의 방주가 필요하다 _ 315
04 꾸준하게 농산물과 통화에 대한 관심을 지속하라 _ 322
05 질병에서 사이버 전쟁까지, 바이러스에 투자하라 _ 335


에필로그 : '거짓 경제'로부터 당신의 영혼을 지켜라 _ 349

프랑스의 수학자이자 철학자인 파스칼은 자신의 명저 『팡세』에서 꽤 재미있는 논증을 했다. 바로 신(神)의 존재에 관한 내기 논증(Pascal's Wager)이다. 파스칼은 이렇게 결론을 내렸다. "신이 존재할 가능성이 아무리 낮아도 신의 존재를 믿는 것이 가장 합리적인 선택이다"라고.

어떤 두 사람이 신의 존재 여부에 대해 내기를 했다고 해보자. 만약 신이 존재한다면, 신의 존재를 믿은 사람은 그 믿음의 대가로 천국행 티켓을 얻게 된다. 반면 신을 부정한 사람은 결코 헤어나올 수 없는 지옥의 나락으로 떨어질 것이다.

그런데 신이 존재하지 않는다면 어떻게 될까? 신이 존재한다는 쪽에 베팅한 사람은 내기에서 졌기 때문에 내기에 건 만큼의 물질적 손해를 보게 될 것이다.

하지만 손해의 경중을 따지면 대단한 게 아니다. 그 어떤 물질적 손실도 지옥의 고통과는 비교할 수 없기 때문이다. 그래서 이런 내기에선 무조건 신을 믿는 쪽에 걸어야 한다. 져도 일부분을 잃을 뿐이고, 이기면 모든 것을 얻게 된다.

| 1장 |

세계 경제를 조작하는 배후,
'그놈들'은 누구인가

■ ■ ■

'무한대의 돈, 무한대의 시간, 그리고 무한대의 기회가 있으면 얼마나 좋을까!'

주식, 부동산, 선물옵션 거래나 주식워런트증권(ELW : Equity Linked Warrant) 투자를 할 때, 심지어 포커 게임을 할 때도 나는 이런 생각을 하곤 한다. 정말이지 돈과 시간과 기회, 그리고 여기에 '무한대(∞)'라는 조건까지 더한다면 그야말로 무엇을 더 바랄 것인가! 포커 게임은 물론이고 그 어떤 투자에서도, 아니 사회생활에서 모두 백전백승할 수 있다.

하지만 신은 결코 우리에게 이런 조건을 허락하지 않았다. 시간이 있다 해도 돈이 없고, 돈은 있어도 기회가 없을 수 있다. 그래서 사람들은 체념을 하고, 스스로 만족하는 법을 배운다. 그런데 언젠가부터 지구상에 이 세 가지 조건을 갖춘 사람들이 등장했다. 신의 영역에 도달했다고 표현해도 큰 무리가 없는 사람들, 누군가는 아예 "이미 신이 된 사람들"이라고도 한다.

이들의 정체에 대해 굳이 글로벌 엘리트, 국제 유태 자본이나 환전꾼, 세계 투기자본, 빌더버그, 삼변회(또는 삼각위원회, Trilateral Commission) 등과 같은 단어를 사용하고 싶지 않다. 프리메이슨이니 일루미나티(프리메이슨의 한 지파), 시온 의정서(시온의 칙훈서, The Protocols of the Learned Elders of Zion) 등과 같은 존재에 대해서도 파고들고 싶지 않다. 로스차일드와 록펠러 가문, 모건·와버그(또는 바르부르크)·라자드·쿤로브·밴터빌트 가문 등과 이 가문과 얽히고 설킨 사람들을 구체적으로 말하지도 않겠다. 왜냐하면 그 누구도 이들이 과연 음모론의 주인공인지 증명해 낼 수 없기 때문이다. 분명 그들은 실존하고 내 인생에, 여러분의 삶에, 다음 세대의 운명에 엄청난 영향력을 발휘하고 있지만 그렇게 단정 지어 말할 법적 증거가 부족하다.

그래서 지금부터 난 이 사람들, 이 집단, 이 가문에 대해 '그놈들'이라고 부르려고 한다. 자칫 구체적인 이름 부르기가 통찰력을 흐리게 한다고 생각해서다. 그리고 무엇보다 우리의 목적은 음모론을 분석하고, 여기에 대응하면서 투자하려는 것이기 때문이다. 우리에게 필요한 건 정답 맞히기나 노스트라다무스적 예언이 아니다. 음모론에 대한 감각을 익히고, 음모를 통찰하는 연습을 하고, 그 통찰을 통해 적절한 투자로 맞서고자 하는 게 바로 우리의 목표다.

세계 부(富)의 규모가 얼마나 되는지는 알 수 없지만 '그놈들'은 그 중 대략 80퍼센트를 소유하고 있다. 그래서 주식과 부동산은 물론이고 석유, 금, 농산물 가격도 그들 맘대로 올리고 내릴 수 있다. 세계 기축통화인 달러의 공급량도 조절한다. 이뿐만이 아니다. 전쟁의 발발과 승패를 좌우하고, 전염병을 퍼뜨리고 고치며, 지진과 태풍도 만들고, 심지어 필요에 따라 월드컵 우승 국가도 결정한다.

이쯤 되면 독자들은 "무슨 말도 안 되는 소리!" 하면서 책을 덮어버리려 할지도 모른다. 하지만 그러면 안 된다. 나는 지금 '그놈들'의 음모를 믿으라고 강요하는 게 아니기 때문이다. 한번쯤 관심을 두고, 이런 음모론적 시각으로도 투자할 수 있다는 것을 담담하게 말하는 것이다.

사람들은 그런다. 그렇게 돈 많고, 땅 많고, 석유 많고, 금 많고, 지식 많고, 지혜롭고, 인맥 좋은 놈들이 뭐가 아쉬워서 그런 음모나 꾸미고 있냐고. 할 짓이 없어 머리 아프게 그런 흉계나 꾸미고 있냐고 말이다.

나는 그런 이야기를 들을 때마다 사람들이 참 순진하다고 생각한다. 물론 50억~100억 원대 자산을 가진 부자는 자기 잘난 맛에 인생을 누리며 산다. 하지만 수백억 원대 자산가가 되면 그들은 이제 권력을 든든한 배경으로 삼는다. 수천억 원을 갖게 되면 상황은 또 달라진다. 스스로가 권력이 되려고 하기 때문이다. 그런데 1,000조 원이 있다고 하면? 아니, 1,000조 달러가 있다고 하면 어떻게 될까?

그들은 결국 신이 되려고 한다. 신의 영역에 도전하게 될 것이다. '음모'라는 게 바로 이것이다. 바로 '그놈들' 자신이 신처럼 놀아보겠다는 것이다.

# 01

## '그놈들'은 세계 단일 정부를 노린다

현재까지 주장되는 음모론을 통해 '그놈들'의 실체를 쫓아가려고 하면 먼저 숨이 차오른다. 먼저 비밀결사의 대명사인 프리메이슨과 유태인 음모설을 알아야 하며, 이어 일루미나티를 공부하면서 유럽의 로스차일드 가문과 만나게 된다. 다음엔 미국의 록펠러 카르텔을 학습해야 하며 예수회와 검은 교황, 300인 위원회, 로마클럽, 빌더버그 클럽, 삼변회, 영국의 왕립국제문제연구소와 미국의 외교문제협의회 등의 조직에 대해 파악해야 한다.

대략 여기까지가 음모론학 개론이라고 할 수 있는데 분량으로만 봐도 엄청나다. 특히 각론을 파고들면 고3 수험생 못지않은 공부 시간이 필요하다. 이뿐만이 아니다. 음모론 고급반 단계에 들어서면 세계사 공부는 기본이고 전쟁사와 종교사를 꿰뚫어야 한다. 경제 공부는 특히 중요한데, 환율 메커니즘과 세계 증시의 추이, 화폐론, 거시경제학, 재정학 등에 대해 해박한 지식을 갖추어야 한다. 과학 상식도 빼놓을 수 없다. 마인드 컨트롤인 MK울트라 프로그램이나 전자파 무기인 하프(HAARP)는 입문 중 입문이다. 세계 금융·지식·자원·언론과 세계 주요 석유회사와 세계 최대 식량회사를 장악하고 있다는 로스차일드 가문과 록펠러 카르텔에 대해서는 족보까지 외워야 한다.

### ● 프리메이슨과 일루미나티

프리메이슨은 1717년 이 세상을 살기 좋게 만들어보겠다고 마음먹은 사람들이 뭉쳐서 만든 비밀결사이다. 그 시작은 기원전 이스라엘 솔로몬 왕 시대로 올라간다. 솔로몬 왕의 예루살렘 성전 건축에 관여했던 석공들 중 이전 이집트 왕국 피라미드 건축의 핵심 기술을 보유했던 집단을 프리메이슨의 원류라고 봐도 좋다. 하나님의 성전 건축에 피라미드 건축자들이 주인공 노릇을 했다는 것인데 여기서 우리는 신의 영역에 도전하는 프리메이슨의 본질을 파악할 수 있다.

이후 이들은 중세 시대 석조 건물을 짓는 건축사들로 이어지면서 세를 불려갔다. 당시에는 기술이 곧 힘이었기 때문이다. 프리메이슨에는 총 1도부터 33도까지의 계급이 존재한다. 1도부터 3도까지는 견습생이며, 4도부터는 '시크릿 마스터 메이슨(Secret Master Mason)'이 되어 정식 회원이 된다. 또한 최고 등급인 33도를 '그랜드 마스터(Grand Master)'라고 부른다. 새로 탄생한 단원은 솔로몬 왕의 성전 건축에 사용했던 도구를 상징하는 24인치 자와 석공의 망치를 받았다.

프리메이슨은 1776년 '일루미나티'라는 또다른 분파를 만들게 된다. 이때 주목해야 할 인물이 등장한다. 바로 메이어 암셀 로스차일드(Mayer Amschel Rothschild, 1743~1812)이다. 독일 프랑크푸르트 유태인 마을에서 태어난 그는 모든 음모론에서

2001년 미국 9·11 테러 이후 나는 모건 가문에 대한 책을 접하면서 음모론에 빠져들기 시작했다. 이어 록펠러 가문의 이야기를 알게 됐고, 로스차일드 가문의 정체를 파고들었다. 그런 다음엔 음모론 학습에서 일종의 공식처럼 프리메이슨을 만났다. 그리고 6개월 이상 몰입해 공부하면서 나만의 요약 노트를 만들고 프리메이슨에 대해 다음과 같이 정리해 두었다.

'절대악'으로 지목받고 있다. 가업인 골동품 장사에서 시작해 이후 독일의 빌헬름 9세와 돈거래를 해 막대한 부를 챙겼다. 유태인 음모설의 시발점이 되는 인물로, '일루미나티'라는 조직을 만든 장본인이기도 하다. 그는 엄청난 자본력으로 일루미나티를 후원해 '프리메이슨 내 프리메이슨'이라는 핵심 세력으로 만들었다.

그후 미국으로 건너가 미국의 최대 은행인 J. P. 모건과 손을 잡고 철강왕 카네기가(家)를 지원해 철강 트러스트를 구축한다. 이어 그는 철도 산업 가문 해리먼(Harriman)가, 밴더빌트가와 연계해 서부 개척과 동서남북 철도 건설을 독점한다. 그런데 이 과정에서 또 한 명의 '악의 꽃'이 탄생한다. 바로 석유왕 존 데이비슨 록펠러 1세(John Davison Rockefeller, 1839~1937)이다. 록펠러 가문은 록펠러 카르텔로 성장하면서 현재 로스차일드 가문을 압도하는 것으로 알려져 있다.

프리메이슨은 현재 정치·경제·사회·과학·예술·스포츠·언론 분야에서 전방위적으로 활동하면서 '신세계질서(NWO : New World Order)'를 만들어가고 있다. 신세계 질서란 모든 개별 국가의 해체, 모든 개별 종교의 해체, 사유재산제도 폐지, 가족제도의 무력화 등을 통해 지구상에 '세계 단일 정부'를 수립하겠다는 것이다. 세계를 하나의 통치 체제로 만들어놓은 후 대중을 노예로 부리면서 자신들은 왕 노릇을 하겠다는 속셈이다. 특히 이 목표를 위해 1단계, 무력을 이용한 세계 정복, 2단계, 경제 장악을 통한 세계 정복, 3단계, 심리를 이용한 세계 정복 등 '3단계 공격법'을 구사한다.

하지만 음모론 공부에 대한 열정은 오래가지 못했다. 끝이 없을 정도로 내용이 방대한 탓도 있었지만 무엇보다 진위를 확인할 수 없다는 답답함이 컸다. 또한 일부 내용은 너무 천편일률적이어서 누군가가 처음 유포한 이야기를 이후 사람들이 확대 재생산한 것 아닌가 하는 느낌도 받았다.

실제로 이미 1980년대 중반부터 외국에서는 이런 내용을 담은 책이 나오기 시작했고, 국내에서도 1990년대 후반을 기점으로 음모론 관련 서적이 쏟아져 나왔다. 가령 M. A. 로스차일드의 다섯 아들 이야기와 록펠러 1세의 다섯 손자 이야기는 웬만한 음모론 자료에는 빠짐없이

1달러 뒷면에 존재하는 전시안

등장한다.

이뿐만이 아니다. 미국 FRB가 일루미나티 유태인이 소유한 민간 기업이라고 하는 것도 처음에는 새로웠지만 자꾸 접할수록 시큰둥해졌다. 1달러 지폐 뒷면의 피라미드 꼭대기에서 빛을 발하는 '전시안(全視眼, all-seeing eye)'이나 프리메이슨 복장을 한 미국 초대 대통령 조지 워싱턴 사진에도 별 감흥이 없어졌다.

'시온 의정서'도 마찬가지였다. 정치인을 매수해 권력을 잡고, 언론을 통제해 여론을 조작하고, 사람들을 타락시키고 초식동물처럼 만들어 노예로 삼는다는 내용도 처음엔 그 문구 하나하나를 외웠지만 시간이 지날수록 별 감흥을 주지 못했다. 오히려 유태인에게 모든 잘못을 뒤집어씌우고, 이목을 집중시키려는 '그놈들'의 이중 속임수 같다는 의심이 더 많이 들었다.

심지어 '신세계질서'라는 것도 마찬가지였다. 음모론에선 '그놈들'이 이를 위해서 갖은 음모와 속임수, 전쟁, 테러, 학살, 경제 위기 유발, 전염병 유포, 마약 장사, 각종 중독 등과 같은 악행을 서슴지 않는다 하는데 이것도 시간이 지날수록 그리 공포스럽지 않았다.

로스차일드? 록펠러? 솔직히 별것 아니다. 엄밀히 말해 이들은 그저 잘나가는 집안에 불과하다. 한때 인류의 공공의 적이 됐던 네오콘(Neocon : 미국 공화당 내 신보수주의자)도 마찬가지다. 미국 아이비리그를 졸업한 이 유태인들이 미국 국무부와 국방부, 국가안전보장회의(NSC), 대통령비서실 등 권력의 중심부와 학계 및 언론계까지 장악하고 있다지만 절대악은 아니다. 좋게 말해 욕망이 좀 과한 사람들일 뿐이다.

이들도 어차피 나와 같은 인간일 뿐이라고도 생각했다. 나이 들고 병들고 결국 죽을 수밖에 없는 운명을 짊어진 존재들이라고. 그래서 나는 언젠가부터 외계인이나 채널링(Channeling), UFO 음모론에 더 흥미를 갖게 됐다. 로스차일드니, 빌더버그 클럽 운운하는 사람들을 볼 때면 속으로 '음모론에 처음 입문했군!' 하면서 코웃음을 치곤 했다.

하지만 지난 2008년 10월을 기점으로 나는 다시 내 음모론 노트를 열게 됐다. 세계 금융 위기라는 것, 서브 프라임 모기지라는 상품, 리먼 브러더스의 붕괴, 반 토막 나버린 세계 증시, 공포에 휩싸인 투자자들과 갑자기 등장한 '공황'이라는 단어, 그리고 이어진 세계 각국 정부의 공조……. 웃기지도 않았다. 골드만 삭스 같은 미국의 대형 투자은행의 준법 감시(Compliance) 제도가 얼마나 철두철미한지 잘 알고 있기 때문이다.

이런 대형 투자은행들이 그런 부실한 상품의 위험을 몰랐을 리 만무하고, 이렇게 허술한 상품을 세계 구석구석까지 돌아다니면서 팔았다는 건 그야말로 난센스다. 무엇보다 이런 대형 사건에 '그 잘난' 미국 언론들이 그 원인과 책임자 규명에 제대로 된 목소리 하나 내지 못했다는 건 이해가 가지 않는다.

그러나 무엇보다 더 화가 나는 건 하루하루 열심히 일하면서 살아온 우리가 아무 상관도 없는 미국의 부실 금융상품 때문에 생활고를 걱정하는 신세로 전락하게 됐다는 사실이었다. 입고 싶은 옷 안 입고, 먹고 싶은 음식 안 먹으면서 계획적으로 재테크를 했고, 저 멀리 아프리카 땅에서 굶어 죽어가는 아이들을 위해 기부도 한 내게 왜 이런 상황이 벌어진 것인가?

나는 곧바로 깨달았다. 거대한 음모가 또 한 차례 휩쓸고 지나갔음을 말이다. 그랬다. 이건 분명 음모였다. 내 인생을, 내 가족을, 내 나라를, 그리고 내 재테크를 폭삭 무너뜨려 결국 자신들에게 복종하게 만들려는 세력들의 사악한 흉계였다. 그리고 나는 자탄했다. 왜 눈치채지 못했던가 하는 안타까움이었다.

그래서 다시 시작하기로 했다. 가장 먼저 할 일은 '그놈들'의 실체 규명이었다. 그간 나는 너무 현학적인 음모론에만 심취해 있었다. 개별적인 음모론을 파고들면서 사소한 재미만 느끼려고만 했지 그 음모들이 어디로 향하고 있는지를 간과했다.

모든 음모론은 촘촘한 그물망처럼 서로 연결돼 있다. 따라서 먼저 짚고 넘어갈 것은 그 그물망의 끝이 어디로 끌어당겨지는지를 명확하게 인식하는 일이다. 거대한 퍼즐의 완성된 그림이 무엇인지, '그놈들'의 마스터플랜이 무엇인지를 먼저 숙지해야 한다. 그래야 또 당하지 않는다.

## 지역 통화, 세계 통합 경제, 그리고 세계 단일 정부

그렇다면 '그놈들'의 최종 목표는 과연 무엇일까? 도대체 무엇 때문에 2008년 금융 위기를 만들어냈으며, 9·11 테러가 왜 필요했던 것일까? 유로 공동체는 왜 출범했고, 일본에는 왜 20년간의 장기 불황이 지속되는 것일까? 역사상 수많은 음모론 네트워크가 향하고 있는 마지막은 대체 어디인가?

'그놈들'의 마스터플랜은 분명하다. 세계 단일 정부를 만들어 막대한 권력을 가진 통치자가 되는 것이다. 그리고 나머지 인간들을 노예로 부리려는 것이다. 따라서 우리는 어떤 개별 음모론도 결국엔 '세계 단일 정부'라는 화두를 놓고 풀어가야 한다.

그런데 여기에 대해 많은 사람들이 의문을 제기한다. 미국 CIA가 박정희 전 대통령 암살을 사주했다는 음모는 믿으면서도 세계 단일 정부 수립 음모에는 코웃음을 친다. 소수 엘리트가 통치하는 플라톤의 이상 국가를 상식으로 암기하고, 로마제국 황실과 대영제국 지배층이 어떻게 속국을 다스리고 식민지 사람들을 착취했는가에 대한 역사는 당연하게 받아들이면서 말이다.

'그놈들'은 신이 되고 싶어 한다. 그런데 인류를 효과적으로 통제하려면 하나의 통치권을 수립해야 한다. 지금처럼 200개가 넘는 개별 국가가 난립하면 변수가 많아진다. 변수는 '그놈들'이 가장 싫어하는 것이다.

그래서 그들은 최종 목표로 세계 단일 정부 수립을 설정해 두었다. 신에 도전하기 위해 세웠던 바벨탑이 무너지면서 뿔뿔이 흩어졌던 인간들을 다시 하나로 묶고 그 꼭대기에서 왕 노릇을 하겠다는 의도다. 따라서 우리는 세상의 어떤 음모론도 결국 세계 단일 정부 구성으로 귀결된다는 것을 알아야 한다. 그리고 역으로 어떤 정치적 결정이나 경제적 플랜이 세계 단일 정부 구성으로 가는 것과 연관이 있다면 그것은 바로 '그놈들'의 음모라고 봐야 한다.

세계 단일 정부 수립에 반드시 따라붙는 것이 있다. 바로 세계 단일 경제체제와 단일 통화 체제이다. 혹자는 정치 통합의 중요성을 말하지만 이는 경제 통합만 되면 자연스럽게 따라오는 것이다. 또 문화의 통합, 언어의 통합은 상대적으로 지엽적인 문제다. 오히려 단일 정부와 관련된 포인트를 하나 더 꼽는다면 종교의 통합(단일 종교) 문제를 꼽을 수 있겠다.

'그놈들'은 세계 경제가 한 유기체처럼 움직이길 원한다. 현재까지 알려진 '그놈들'의 목표는 아메리카, 유럽, 아시아(러시아 포함) 대륙의 커다란 3각 체제를 만드는 것이다(1976년 록펠러 가문 3세인 데이비드 록펠러가 만든 '삼각위원회'라는 명칭을 연상해도 좋다). 그리고 다음엔 이 3각 체제가 합쳐져 세계 단일 정부로 향해갈 것이다.

그런데 이때 중요한 것이 바로 화폐 통합이다. 수십 개의 통화를 쓰면서는 절대로 경제통합을 이뤄낼 수 없고, 정치 통합도 불가능하기 때문이다. 화폐 통합을 위해서는 유럽연합의 유로화처럼 아메리카 대륙과 아시아 지역에서도 지역 통화가 나와야 한다. 그리고 이 세 개의 지역 통화가 세계 단일 통화로 이용돼야 비로소 세계 단일 정부의 기반이 잡힌다고 볼 수 있다.

그래서 이제 음모론을 투자에 이용하는 '음모론 투자'를 할 때도 매 순간 이 콘셉트를 염두에 두고 있어야 한다. 구소련이 왜 붕괴했는지, 중국이 왜 그토록 무섭게 성장하는지, 유로화를 사용하면서 유럽 경제는 어떻게 변했는지, 지구온난화라는 문제에 대해 탄소세 부과라는 해법이 적절한 건지, 탐사 기술이 엄청나게 발전했는데도 석유 매장량은 왜 파악이 불가능한지, 금을 가장 많이 보유한 집단은 어디인지, 대한민국 국민이 정말 흥청망청 살아서 IMF 구제 금융을 받게 된 건지, 그리고 한반도의 통일은 어떤 모습일지 등에 대해 늘 '세계 단일 정부'라는 최종 목표와 연관지어야 한다.

혹자는 9·11 테러를 부시 정부가 재집권하기 위해서 만들었다고 하고, 중동 지역 석유 패권을 잡기 위해 석유 업자, 무기 업자들이 함께 꾸민 흉계라고도 한다. 하지만 이래서는 음모론이 절대 풀리지 않는다.

수치가 아무리 과장되었다고 해도 적어도 100만 명의 유태인이 나치에게 학살됐다. 유태인 학살이 거짓말이라거나, 의도적으로 학살을 만들었다는 음모론을 풀려면 100만 명의 생명과 맞바꿀 수 있는 더 크고 거대한 목적이 있어야 한다. 그것이 바로 세계 단일 정부다.

따라서 여러분은 투자의 매 순간마다 "이 사건이 세계 단일국가, 단일 경제체제, 단일 통화 체제로 가는 길에 어떤 영향이 있을까?"라는 질문을 던져야 한다. 이런 습관이 투자를 위한 통찰에 자연스럽게 영향을 미치게 되면 음모론 성벽의 첫 번째 관문은 열리게 된다. 성공적인 음모론 투자가 시작되는 출발점이기도 하다.

## ■ ■ ■
## '환전꾼'의 후예

'그놈들'은 경제뿐 아니라 우리네 인생의 모든 것을 좌우할 수 있다. 필요하다면 올림픽 금메달리스트도 결정할 수 있고, 불치병으로 불리는 대머리도 치료할 수 있다. 국가간 전쟁도 좌지우지한다. 하지만 근본을 따져 들어가보면 가장 잘하는 주특기는 바로 고리대금업이다. 쉽게 말해 돈으로 장난치는 일이다. 왜냐하면 그들은 환전꾼의 후예이기 때문이다.

『성경』의 〈요한복음〉에는 예수가 생전 유일하게 크게 화를 냈던 사건이 나온다. 그 대상은 바로 예루살렘 성전 앞에 진을 치고 있던 환전꾼들이었다. 당시 예수는 이례적으로 끈으로 채찍을 만들어 휘두르고, 돈이 놓여 있는 환전상들의 탁자를 엎어버렸다. 그것은 신의 아들로서 인간에 주는 가르침이 아니었다. 악에 대한 분노였다.

당시 유태인 중 환전꾼들은 예루살렘 성전에 예배하러 가는 유태인들에게 로마 은전을 유태 은전으로 바꿔주었다. 유태인들은 당시 로마의 지배를 받고 있었지만, 자신들의 유일신인 하나님에게 로마 황제가 그려져 있는 화폐를 헌금으로 바칠 순 없었다. 그래서 성전 앞에서 로마 은전을 유태 은전으로 바꿔 헌금으로 바쳤다.

물론 교환 비율은 1대 1이었지만 속을 들여다보면 환전꾼들은 떼돈을 벌게 되어 있었다. 유태 은전을 제작하는 과정에서 은 함유량을 속였기 때문이다. 그 환전꾼들은 유태 은전 한 개를 주고 로마 은전 다섯 개를 받는 효과를 낼 수 있었고 결국 부자가 됐다.

'그놈들'은 환전꾼의 후예답게 지금도 환전을 가장 좋아한다. 달러라는 기축통화로 외환시장에서 벌이는 현대판 환전 속임수다. 얼핏 주식시장이 대단한 것 같지만 주식은 채권시장에 비하면 별것 아니다. 그런데 이 채권시장보다 규모·거래·손익 면에서, 그리고 영향력 면에서 월등한 힘이 있는 곳이 있다. 바로 외환시장이다. 무엇보다 환을 건드리면 자동적으로 채권, 주식이 따라 움직이게 된다.

특히 1990년대는 '그놈들'이 현란한 환전 테크닉을 보여준 시기였다. 1992년에는 영국 파운드화를 굴복시켰고, 1994~1995년에는 중남미 멕시코와 아르헨티나 등에서 해당국 통화에 투기적 매도를 감행해 가치를 급락시켰다. 그리고 1997년에는 태국 바트화, 대한민국 원화가 당했다.

이렇게 환전꾼이라는 '그놈들'의 태생을 말하는 것은, 세계 단일 정부라는 최종 목표를 달성하기 위해서는 단일 통화 체제가 필요한데 이때 그들이 환전 테크닉을 구사할 것이라는 사실을 알리기 위해서다. 이미 우리는 유로화라는 유럽 지역 통화의 탄생을 목격했다. 그리고 이제 5년 내에 '아메로(AMERO)' 혹은 이름이 무엇이든 간에, '북미연합(Union of North America)' 화폐가 통용되는 것을 목도할 수 있을 것이다. 이뿐만이 아니다. 요즘 한·중·일 아시아 3개국 경제 수반이 모인 자리에선 빠지지 않고 아시아 지역 통화 체제에 대한 이야기가 나온다. 일본은 일본대로, 중국은 중국대로 아시아 지역 통화 체제의 필요성을 외친다. 그렇다면 분명 아시아 지역 통화 체제도 곧 완성될 것이다. 아마도 이때 활용되는 '그놈들'의 유태 은전은 바로 미국 달러화가 될 것이다. 그래서 음모론 투자를 하려면 이 점에 대해서도 관심을 두어야 한다.

한편, 여기서 잠깐 짚고 넘어가야 할 문제가 있다. 바로 '그놈들'과 미국을 동일시하는 경향이다. 대표적인 착각이다. 그들과 미국은 완전히 다르다. 미국에게 좋은 것이 그들에게 좋을 수도 있지만 나쁠 수도 있다. 그들에게 미국은 잠시 머무른 터전일 뿐이고, 하나의 숙주일 뿐이다. 이 터전은 언제든 바뀔 수 있다. 달러도 마찬가지다. 달러 가치가 떨어지면 그들의 힘이 약해지고, 달러가 강해지면 그들의 힘이 세진다는 기계적 사고를 버려야 한다.

그들에게 달러는 목표를 완성시키는 효율성 높은 수단에 불과하다. 그들은 달러 가치가 강해지면 강해서 먹고, 약해지면 또 약해진 대로 자신들의 잇속을 챙긴다. 그래서 음모론 투자를 위해선 달러가 강해졌을 때는 왜 '그놈들'이 달러 가치를 높여놓았는지, 약해졌으면 왜 달러 가치를 떨어뜨렸는지를 파악해야 한다.

자, 그럼 '그놈들'에 대한 이야기를 좀더 파고들어 가보자.

# 02

## 무한대의 돈으로 무소불위의 권력을 장악하다

'그놈들'에 대해 이야기를 꺼낼 때면 "세계 단일 정부를 만들어 우리 영혼과 육체를 지배하려는 놈들"이라는 말로 설명을 시작한다. 하지만 이렇게 말하면 사람들은 집중하지 않는다. 프리메이슨이라든가 엘리트 유태인이라든가, 아니면 하다못해 외계인이라든가 하는 구체적인 실체로 그들의 정체를 밝히라고 다그친다. 충분히 공감이 가는 지적이다.

실제로 '그놈들'을 프리메이슨 또는 예수회로 규정한다거나, 유태계 자본 세력이 지구를 지배하려고 한다는 '유태인 음모론'을 인정하면 이해하기가 참 쉬워진다. 예컨대 세계 자본가의 상징인 로스차일드와 노동자의 우상인 카를 마르크스가 유태인인 것처럼, 인류의 중요한 사건에서 지배하는 자와 저항하는 자의 우두머리가 모두 유태인이다. 칭찬하는 사람도, 비판하는 사람도 결국 유태인이라는 셈인데, 마치 "나는 알파와 오메가요, 처음과 나중이라"고 말한 하나님의 전능함에 도전하는 사탄의 모습을 연상케 한다. 양 극단의 두 극점을 자신들이 모두 차지한 채 무식한 대중들을 양분해 자신들이 원하는 대로 이리저리 흔들면서 뒤에서 낄낄대는 형국이다.

하지만 '그놈들=유태인' 또는 '그놈들=프리메이슨'이라는 식의 단정적 사고는 버려야 한다. 그렇게 '그놈들'의 방식을 파악해 볼 순 있지만 끝까지 의심해야 한다. 한국인, 중국인, 멕시코인, 흑인, 인디언도 모두 '그놈들'의 구성원이 될 수 있다.

신에 맞서 인류를 자신의 발 아래 두려는 사악한 영혼을 가진 자들을 모두 '그놈들'로 봐야 한다. 이렇게 해야 마지막 순간 뒤통수를 맞지 않는다. 가령 어떤 음모론에서 "로스차일드 가문에서 7대째 종사하는 집사 가족이 있는데 이들이 진짜 악마"라고 한다면 우린 또 헷갈릴 수밖에 없기 때문이다.

그래서 가장 현명한 방법은 '그놈들'의 실체를 그들의 능력으로 파악하는 것이다. 바로 '무한대의 돈과 무한대의 시간, 그리고 무한대의 기회'라는 '그놈들'만이 소유할 수 있는 힘으로 그들을 인식하는 방식이다. 이번 장에서는 먼저 무한대의 돈을 화두로 그들의 실체와 행동 방식을 파악해 보자.

### 세뇨리지의 조건 : 기축통화와 인플레이션

'그놈들'은 무한대의 돈이 있다. 이때 포인트는 바로 무한대이다. 단순히 돈이 많다는 뜻이 아니다. 돈을 직접 창조하는 능력이 있다는 뜻이다. 어떤 사람이나 집단이 무한대의 돈을 가지려고 하면 스스로 돈을 만들어내야만 가능하다. '그놈들'은 이 비밀을 오래전부터 알고 있었다. 그래서 '세뇨리지(seigniorage)'라는 묘한 테크닉을 구사해 왔다.

세뇨리지란 화폐를 만드는 비용과 실제 가치와의 차액을 말한다. '그놈들'은 고대 왕정 시대부터 이 세뇨리지를 이용했다. 가령 한 제국의 황제가 100원 가치의 주화를 만들어 백성들에게 사용하라고 공급한다. 하지만 주화 제조 비용을 90원으로 한다면 황제는 아무것도 하지 않고 10원의 이익을 확보할 수 있게 된다. 이렇게 되면 돈을 더 많이 찍어낼수록, 또한 제조 비용을 떨어뜨릴수록 수익을 키울 수 있다.

그래서 과거 로마제국 황제들은 재정이 부족할 때면 화폐 크기를 줄이거나 주화에 구멍을 내는 방식을 이용했다. 금화와 은화에 막대한 양의 구리를 혼합하는 방식도 널리 알려진 수법이다. 물론 '그놈들'은 황제도, 귀족도 아니었다. 하지만 그 옆에 기생하면서 세뇨리지의 상당 부분을 챙겼다.

그런데 세뇨리지에는 두 가지 조건이 있다. 첫째는 많은 사람들이 그 화폐를 사용해야 한다는 것이다. 이 말은 세뇨리지를 얻기 위해선 많은 사람들에게 해당 화폐를 쓰게 만들어야 하고, 결국 패권 국가의 통화만이 세뇨리지를 갖는다는 뜻이 된다. 근대에 들어와선 영국의 파운드화가 세뇨리지를 누렸고, 제2차 세계대전 이후 달러가 세계 기축통화로 우뚝 서면서부터 막대한 세뇨리지는 미국의 것이 됐다. 이때 '그놈들'은 미국에 기생하면서 달러를 손에 넣었고 무한대의 돈을 소유하면서 모든 세뇨리지를 챙겼다.

둘째 조건은 인플레이션(실질 화폐가치 절하)이다. 어떤 세뇨리지건 실질 화폐가치는 무조건 떨어져야만 한다. 그래야만 수익을 낼 수 있다. 주조 차익을 내려면 주화의 실질 비용이 지속적으로 떨어져야 하기 때문이다. 그래서 세뇨리지는 다른 말로 '인플레이션 세금(inflation tax)'이라고 표현된다.

그렇다면 달러를 갖고 있는 '그놈들'이 영속적으로 세뇨리지를 올릴 수 있는 방법은 무엇일까? 그것은 바로 무조건 달러를 많이 발행하는 방법이다. 그런데 이것은 곧 경제 전반의 인플레이션을 의미한다. 따라서

### ● FRB의 정체?

실제로 FRB 정관에는 FRB가 민간 사기업이라고 명시돼 있다. 구체적으로 FRB의 소유권자는 런던의 로스차일드 은행, 베를린의 로스차일드 은행, 함부르크의 워버그(바르부르크) 은행, 암스테르담의 워버그 은행, 파리의 리자드 브러더스, 이탈리아의 아스라엘 모세 세이프 은행, 뉴욕의 리먼 브러더스, 쿠로브 은행, 골드만 삭스, 체이스 맨해튼 은행 등 열두 곳으로 파악된다.

이런 FRB의 정체는 이미 1980년대 후반부터 수많은 학자와 언론인, 시민운동가, 정부 관료 등을 통해 밝혀졌다. 하지만 아직도 이 사실이 알려지지 않았다면 그건 아마도 '그놈들'의 음모 때문일 것이다.

혹자는 미국 대통령이 FRB 의장을 임명하는데 무슨 소리냐고 반문한다. 맞다.

'그놈들'이 돈을 소유하고 있는 한, 짧은 구간의 디플레이션은 있을 수 있어도 무조건 인플레이션으로 귀결된다는 결론을 내릴 수 있는 것이다.

## FRB는 '그놈들'의 것

여기서 잠시 1980년대 후반 이후 전 세계적인 웬만한 음모론 서적에서 빼놓지 않고 소개되는 미국 FRB에 대한 개념을 정리해 보자(FRB는 협의로는 연방준비제도이사회, 광의로는 미국의 중앙은행 시스템인 연방준비제도 자체를 가리킨다. 이해의 편의상 연방준비은행이라로 표현하기도 한다).

FRB 의장은 대통령이 임명한다. 하지만 의장 후보를 천거하고 지명할 수 있는 사람들은 바로 연방준비제도이사회이다. 대통령은 "~를 FRB 의장으로 임명한다"는 말만 할 뿐이다.

연방준비제도이사회는 7인의 이사로 구성돼 있는데 이 또한 대통령이 임명하지만 상원의 인준을 받아야 한다. 잘 알다시피 미국 상원을 구슬리기란 '그놈들'에겐 식은 죽 먹기다. 게다가 이사의 임기는 14년으로, 한번 임명되면 어떤 일이 있어도 해고될 수 없다.

미국 역사상 FRB에 맞서려던 링컨·케네디 대통령은 암살당했고, 레이건 대통령은 집권 초반 일명 '레인보우 달러'를 사용하는, 일종의 금태환(화폐가치를 금에 고정시켜 교환 가능하게 하는 것) 정책을 펼치겠다고 설치다 저격당해 죽기 직전까지 갔다.

1913년 시작된 '연방준비제도(The Federal Reserve System)'라고 불리는 미국의 중앙은행 제도는 크게 네 개 부분으로 구성돼 있다. 먼저 중심엔 합의제 행정 관청인 연방준비제도이사회(FRB : The Board of Governors of the Federal Reserve System 또는 The Federal Reserve Board)가 있고, 뉴욕, 샌프란시스코 등 전국 12개 도시에 있는 주식회사 형태의 연방준비은행(Federal Reserve Banks)이 존재한다.

　또한 연방준비제도이사회와 연방준비은행의 대표로 구성돼 공개시장을 통한 통화 공급 정책을 결정하는 연방공개시장위원회(FOMC : The Federal Open Market Committee)와, 연방준비은행장을 선임하고 업무를 감독하는 연방준비은행이사회(Board of Directors of Federal Reserve Bank)가 있다.

　그런데 이 '연방준비제도' 자체, 그리고 그 중심 축인 '연방준비제도이사회'가 알고 보니 몇몇 개인의 소유였다는 것이 음모론에서 급부상했다.

　그렇다면 음모론에선 왜 FRB의 정체에 대해 파고드는 것일까? FRB가 민간 기업이라면 왜 위험한 것일까? FRB가 왜 '그놈들'이 무한대의 돈을 갖게 되는 중대한 계기가 되는 것일까?

　그것은 바로 이 FRB에서 세계의 금리 추이를 결정하고, 달러 공급을 조절해, 세계 각국 외환시장을 조작하고, 중·장기적으로 세계 경기의 상승과 하락을 인위적으로 조작할 수 있기 때문이다. 좀 어렵게 여겨진다면 단순화해 보자.

　첫 번째는 금리를 멋대로 올리고 내리면서 세계 경제의 주기를 맘대로 조절한다는 점이다. 가령 일반적으로 미국 연방공개시장위원회에서 금리를 내리면 세계 각국도 따라서 금리를 인하해야 한다. 특히 대한민국처럼 수출로 먹고사는 나라는 더욱 그렇다. 왜냐하면 한국만 높은 금리를 유지할 경우 엄청난 해외 자금이 더 높은 금리(이자)를 노리고 한국으로 몰려들 텐데, 그러면 원화 가치가 급등해 수출이 힘들어지기 때문이다.

그래서 미국의 금리 인하는 전 세계적인 금리 인하로 이어질 수밖에 없다. 그런데 문제는 여기서 시작된다. 저금리 상황이 중·장기적으로 유지되면 사람들이 돈을 빌리기가 쉬워져 흥청망청하게 되기 때문이다. 이른바 경기 호황기가 연출되는 것이고 버블이 생긴다.

반면, 연방공개시장위원회에서 금리를 올리면 세계 각국은 따라서 금리를 올리게 되고, 일정 수준이 지나면 이번엔 전 세계적으로 긴축이 시작돼 경기 부진이 찾아온다. 따라서 FRB를 장악한 '그놈들' 입장에서는 금리를 올리는 혹은 내리는 계기만 있으면 세계 경제 주기를 조작할 수 있게 된다.

아예 이 계기까지도 만들어낸다. 9·11 테러 같은 사건은 좋은 예다. 이를 빌미로 금리를 급격히 내려버리면 2~3년 후 엄청난 버블이 생성되기 때문이다. 2003~2007년의 슈퍼 버블(Super Bubble)은 바로 이렇게 만들어졌다고 할 수 있다.

두 번째는 달러의 공급을 독점해 장기적으로 세뇨리지를 축적하면서 결국 무한대의 돈을 만들어낸다는 사실이다. 미국 정부는 달러를 찍어내지 않는다. 국채 발행권만 있을 뿐이다. 달러는 민간 기관인 FRB가 찍어낸다.

가령 30억 달러가 부족하다고 해보자. 그러면 정부는 30억 달러의 국채를 발행하고 FRB는 이 국채를 사들이는 대신 30억 달러를 찍어 먼저 정부에게 준다. 그리고 이때 미국 정부에서 발행된 국채는 공개시장에서 수많은 은행과 투자은행, 기관들에 의해 매입되고, 마지막까지 소화되지 않는 물량은 FRB가 액면가로 가져가게 된다.

　여기서 요점은 바로 FRB가 국채를 직접 인수할 수도 있다는 점이다. 즉, FRB는 별 비용 없이 달러를 발행하고, 이 돈으로 국채를 사들여 이자를 챙긴다. 극단적인 경우 미국 국채를 아무도 사주지 않는다고 해보자. FRB는 달러를 계속 발행해 모든 국채를 인수할 것이다. 그러면 미국 정부는 지속적으로 채무만 지고 FRB는 정부로부터 계속 이자만 챙기게 된다. 실제로 2009년에는 그해 발행된 미국 재무부 채권의 80퍼센트를 FRB가 사들였다.

　자, 그런데 여기서 주목해야 할 점이 있다. '그놈들'은 달러 가치가 하락하면 할수록 달러를 무한대로 찍어내 수익을 남긴다는 사실이다. 앞서 말했듯 '세뇨리지'는 화폐의 실질가치가 떨어질 때만 발생하기 때문이다. 그래서 달러는 무조건 약해질 수밖에 없고, 달러가 기축통화로 있는 한 이 세상은 인플레이션이 지배할 수밖에 없다.

　그런데 기축통화가 약해지기만 한다면 세상 사람들은 가만히 있지 않을 것이다. 인플레이션이 계속되면 분명 그 원인을 찾으려고 발벗고 나서게 된다. 그래서 이때도 '그놈들'에겐 이벤트가 필요하다. 위기가 있어야 하고, 짧은 구간의 디플레이션을 연출해야 한다. 경제공황이든 전쟁이든 위기를 만들면 사람들은 안전 자산으로 여겨지는 달러를 찾고 단기적으로 달러 가치가 높아져 '그놈들'이 눈속임을 할 수 있는 것이다. 이처럼 그들은 의도적인 눈속임으로 50년 이상을 버텨왔다.

### 달러는 '그놈들'의 도구다

이야기가 좀 학구적으로 흘렀다. 다만 한 가지만 기억하고 넘어가자. "달러는 '그놈들'의 것"이라는 사실이다. 달러를 많이 지니고 있다는 뜻이 아니다. 달러 자체가 그들 소유라는 것이다. 맘만 먹으면 세계에 돌아다니고 있는 달러를 두 배로 늘릴 수도 있고, 반으로 줄일 수도 있다는 이야기다.

특히 '그놈들'이 달러를 세계 기축통화로 만드는 과정을 보면 참 치밀하다는 것을 알 수 있다. 종종 사람들은 "누가 미국 달러에 막대한 권력을 준 거야?"라는 근원적인 질문을 던진다. 분명 달러에 세계 기축통화 지위를 준 것은 우리들이다. 그런데 하나씩 따지고 보면 이해가 안 가는 부분이 많다. 미국은 과거 로마제국이나 대영제국처럼 세계 전역을 자신들의 식민지로 만든 후 자국의 화폐를 강제로 사용하게 만든 게 아니다. 어떻게 하다보니, 이렇게 저렇게 가다 보니까, 어쩔 수 없이 지금의 달러가 태어났다.

그 시작은 전쟁이었다. 엄청난 규모의 세계대전을 두 차례나 치르고 난 1944년 세계는 뒤숭숭했다. 모두들 자책했고, 모두 실의와 슬픔에 빠져 있었다. 바로 이때 미국은 '유엔 화폐 금융 컨퍼런스'라는 것을 개최하고 달러를 세계 기축통화로 격상시키는 데 성공한다. 이것이 바로 그 유명한 '브레턴우즈 협정'이다.

처음엔 달러를 기축통화로 사용하는 데 각국은 동의하지 않았다. "달러가 뭐 대단하다고?"라고 반문했다. 그러자 '그놈들'은 회심의 카드를 들고 나온다. 달러의 가치를 금에 연계하면 된다는 아이디어였다. 20세기에 등장한 금태환 정책, 바로 브레턴우즈 협정의 핵심 사안이다.

"다 편하자고 하는 겁니다. 이름만 달러지, 실은 금입니다. 금. 어때요? 금이라면 믿을 만하죠? 이제 전쟁도 끝났고, 달러를 기축통화로 해 열심히 경제를 재건해 봅시다."

이게 불과 60년 전의 일이었다. 달러를 기축통화로 만드는 과정은 이처럼 금의 지위를 빌려 시작됐다. 하지만 이건 엄청난 음모의 시작이었

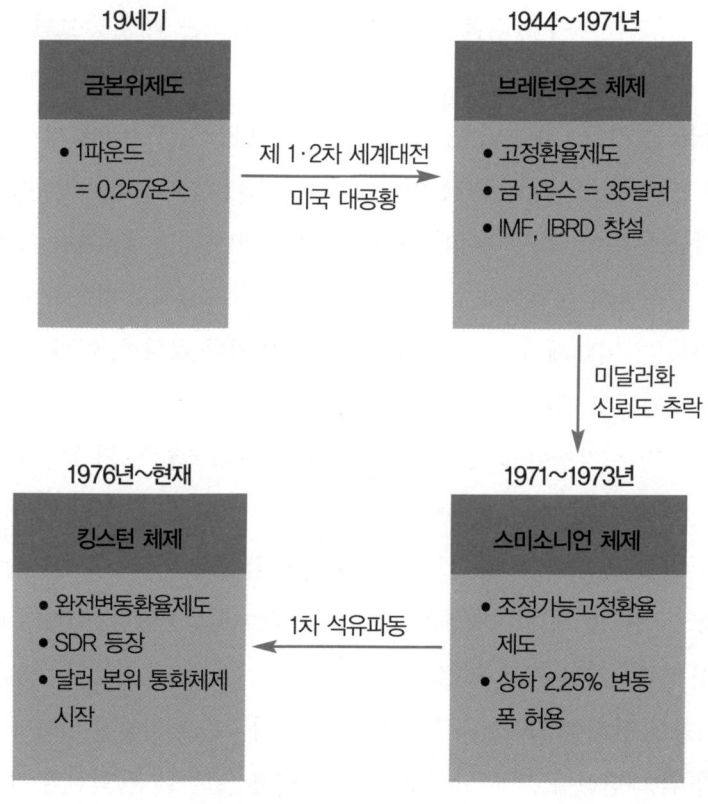

근대 이후 세계 통화(환율) 체제

다. 한동안 잘나가던 '브레턴우즈' 체제는 1960년대 후반 삐걱거리게 된다. 주범은 바로 미국 자신이었다. 당시 미국은 '위대한 사회' 건설을 위한 사회보장 시스템 구축 비용과 월남전 전비 지출 증가로 달러를 미친 듯 찍어냈다.

이처럼 미국이 달러를 남발해 가치가 폭락하자 각국은 "그럴 줄 알았다"고 불평하면서 달러를 팔고 금을 사들이기 시작했다. 설상가상 1971년 닉슨 대통령이 "더 이상 달러와 금을 바꾸어줄 수 없다"는 '금태환 정지 선언'을 하면서 달러는 결정타를 맞고, 금태환을 표방하던 브레턴우즈 체제는 붕괴됐다.

그런데 바로 이때부터 음모는 본격화된다. 원칙대로라면 달러의 기축통화 지위는 그 자리에서 박탈돼야 했지만 상황은 다른 국면으로 흘러간다. 1971년 미국 워싱턴의 스미소니언 박물관에서 열린 선진 10개국 재무장관 및 중앙은행 총재회의에선 뜻밖의 결론이 도출됐다.

"금에 고정된 달러보다 금태환을 상실한 달러의 신축성이 더 좋습니다. 기존 고정환율제를 수정하면 됩니다. 이번에 봤듯이 달러의 가치도 떨어질 수 있으니까 이에 맞춰 각국 통화가치도 변해야 합니다. 대신 변동환율폭을 기준율의 상하 각 2.25퍼센트로 합시다."

이렇게 조정 가능 고정환율제도인 스미소니언 체제가 시작됐고 이후 1976년 킹스턴 체제를 거쳐 완전변동환율제가 정착됐다. 달러가 금을 버리고 스스로 기준이 되는 본격 '달러 본위 통화 체제'의 시작이었던 셈이다. 이때만 해도 사람들은 완전변동환율제가 이후 어떻게 자신들의 나라를 노예화할지 전혀 깨닫지 못했다.

참고로 기축통화라는 지위는 정말 대단한 것이다. 국가 간 주식, 부동산 거래뿐 아니라 온갖 에너지, 곡물, 광물, 수산물 등의 결제가 달러로 이뤄진다는 뜻이기 때문이다.

예를 들어 내게 최상급 석유가 있다고 해보자. 그런데 이 석유는 달러로 매겨진 가격으로 거래된다. 내가 100만 원에 팔고 싶어도 시장에선 1,000달러, 900달러, 또는 1,100달러로 가격을 표시해야만 한다. 따라서 갑자기 달러 가치가 떨어지면 가만히 앉아서 손해를 보게 된다. 석유의 질도 그대로고, 수요와 공급도 변화가 없는데 한국에서 석유 사업을 하는 나는 아무 이유 없이 손해를 봐야만 한다.

그래서 사람들은 달러에 목을 매게 되었다. 달러 가치가 오르면 올라서 고민, 또 내리면 내려서 고민할 수밖에 없게 됐다. 더 아이러니한 건, 만약 세계에 기축통화가 없다면 이 또한 엄청난 문제라는 사실이다. 그렇게 되면 물물교환을 해야 하기 때문이다. 자원이 없는 대한민국 같은 나라는 몸을 팔아서 생존해야 한다. 그래서 달러의 몰락은 정말 무서운 일이다.

무한대의 돈은 결코 돈이 셀 수 없이 많다는 뜻이 아니라 돈을 무한대로 만들 수 있다는 뜻이다. 더 중요한 것은 그런 돈 앞에 세상 사람들을 굴복시킬 수 있어야 비로소 그 파워의 마지막 조건이 완성된다.

이런 관점에서 '그놈들'은 달러를 통해 비로소 무한대의 돈을 소유하게 됐다고 볼 수 있다. 달러로 우리의 삶을 직접적으로 지배하게 됐고 결국 우리를 달러의 노예로 만들었으니까 말이다.

# 03

## 무한대의 시간과 기회도 '그놈들'의 것

 철학자들이 말했다. 아인슈타인 이후에는 과학자들도 말했다. 시간은 상대적인 것이라고, 어떻게 쓰느냐에 따라 많아지기도 적어지기도 한다고. 그렇다. 시간은 만들어낼 수 있다. 자신이 주도권을 잡고 있으면 100년을 하루같이, 또 하루를 10년처럼 쓸 수 있다. '그놈들'은 이런 시간의 비밀을 알고 있었다. 그리고 무한대의 시간을 확보하는 데 성공했다.

 가령 미국 달러화의 기축통화 등극과 이후 고정환율 체제가 변동환율 체제로 이행한 것은 약 50년에 걸친 과정이었다. 하지만 절대적 시간은 '그놈들'에게 중요하지 않다. 중요한 건 그것을 이뤄냈다는 것이고, 이 기간 동안 수십, 수백 가지의 또다른 음모를 관철시키고, 자산도 늘렸다는 사실이다. '그놈들'은 달러를 손에 넣고, 달러를 기축통화로 만들어 50년 이상의 시간을 벌었지만 절대 자만하지 않았다. 그 1년차에, 2년차에, 3년차에 또다른 30년, 50년 동안 세계를 호령하고 단일 정부로 묶을 장치를 개발하고 떡밥을 던졌다. 그리고 이를 통해 다시 50년을 벌고 100년을 벌어 무한대의 시간을 창조한 것이다.

1929년 시작돼 10년 넘게 지속됐던 미국 대공황도 마찬가지다. 미국 대공황은 일석오조(一石五鳥) 이상의 가치가 있는 이벤트였다. 미국 내 FRB의 입지를 강화해 주는 계기였고, 유럽에선 영국이 금본위제를 포기하게 만들어 파운드화를 기축통화 지위에서 밀어내면서 '팍스 브리타니카' 시대를 종결시켰다. 또 독일(바이마르 공화국)을 건드려 제2차 세계대전을 일으켰고, 전쟁 후 브레턴우즈 협정을 통해 달러를 기축통화로 만드는 데 성공했다.

이뿐만이 아니다. 대공황은 70년 후 지역 통화인 유로화 탄생이라는 결과도 낳았다. 1919년부터 1933년까지 지속됐던 바이마르 공화국은 망하면서 단기적으로 히틀러를 등장시키기도 했지만 이때 독일인들이 겪었던 '하이퍼 인플레이션'은 1999년 유로화 탄생의 씨앗이 됐기 때문이다. 이처럼 '그놈들'은 60년 이후를 내다보는 음모를 꾸며 무한대의 시간을 창출했던 것이다.

### ▪▪▪
## 100년을 하루같이

석유를 손에 넣는 과정도 마찬가지다. '그놈들'에게는 석유가 없다. 생산량과 품질을 기준으로 한 세계 10대 유전은 모두 중동에 있다. 최근 급부상하는 카스피 해 연안 유전 역시 '그놈들' 것이 아니다. 신은 결코 그들에게 석유를 허락하지 않았다. 그러나 그들은 정유회사를 독

> ### ● 인플레이션 트라우마에 빠진 독일
>
> 대공황이 터지면서 미국은 바이마르 공화국에 주었던 차관을 거둬들이고 모든 투자를 회수한다. 당연히 독일은 국가 파산 위기에 처한다. 포인트는 바로 이 시기에 발생했던 살인적 인플레이션이다. 1920년대 바이마르 공화국은 이틀마다 물가가 두 배로 뛰었다. 당시 물가상승률은 300만 퍼센트라는 경이적인 수치였고 난방을 위해 돈다발을 태웠다는 건 널리 알려진 일화다.
>
> 그런데 주목할 점은 이 시기의 하이퍼 인플레이션이 향후 독일인들의 DNA 속에 '인플레이션 노이로제'를 심었다는 사실이다. 그리고 이것은 훗날 유로화 탄생이라는 결과를 초래한다. 독일인들은 위대했지만 결코 물가상승 노이로제를 극복하지 못했다. 독일은 1960~1970년대를 거치면서 '라인 강의 기적'을 일구어냈지만 유독 마르크화에 대해서는 엄격했고, 물가가 조금만 올라도 바로 금리 인상을 단행하는 조급함을 보였다.
>
> 이에 따른 문제는 의외로 컸다. 당시 유럽 경제권의 '톱'이었던 독일의 금리 인상은 유럽 전역의 금리 인상을 유도했고 이는 곧 실물 경기 침체로 이어지는 악순환으로 되풀이됐다. 그래서 유럽인들은 독일에 맞서기 위해 다각도의 해법을 고려했는데 '그놈들'은 기다렸다는 듯 '유로화'라는 아이디어를 꺼낸다. "유로화를 도입하면 독일의 독주를 막을 수 있다"라고 사람들을 유인했던 것이다.
>
> 이렇게 유로화에 대한 갈망은 커졌고, 결국 독일 마르크화가 유로화 교환의 기준 통화 노릇을 하고, 독일 분데스방크(중앙은행)가 유럽 중앙은행 노릇을 하면서 유로화 체제는 가동됐다. 이처럼 미국 대공황은 길게 보면 유로화 탄생까지 이어진다. 이는 정말 음모론 아니면 해석할 수 없는 시나리오다.

차지했고 소비자에게 이어지는 루트를 장악해 버렸다. 그렇지만 거기서 멈추지 않았다. 멈췄으면 길어봐야 20년 천하에 불과했을 것이다.

그들이 진정 원했던 것은 석유에 대한 영원한 지배, 즉 에너지 패권이었다. 그래서 그들은 석유에 달러라는 가격 꼬리표를 달 계획을 함께 추진한다. 국제 원유 가격이 달러로만 측정된다면, 달러는 석유만큼이나 중요한 위치를 차지할 수 있기 때문이다.

이뿐만이 아니다. '그놈들'은 중동 왕자들에게 높은 수익을 보장해 주면서 왕자들이 벌어놓은 천문학적 수준의 오일 달러를 다시 자신들의 은행 계좌로 가져왔고, 자신들이 만든 신용 창조라는 메커니즘을 이용해 가만히 앉아서 그 몇 배에 달하는 돈을 벌어들였다. 그렇게 석유 패권을 30년, 50년 더 연장시켰다.

인류의 마지막 유전이라고도 표현되는, 세계에서 가장 큰 호수인 카스피 해 유전. 원유 매장량은 조사기관에 따라 차이가 있지만 165억 배럴(미 에너지정보청 자료)에서 최대 394억 배럴(우드 매킨지 자료)로 추정되는데 이는 미국 내 전체 원유 매장량과 맞먹는 규모다.

'그놈들'은 이미 1980년대 중반부터 여기에 눈독을 들였다. 구소련 붕괴 계획을 짜면서 러시아, 카자흐스탄, 아제르바이잔 등에서 카스피해 유전 지배권을 빼앗아 오는 흉계를 함께 꾸몄던 것이다.

'그놈들'은 2000년 이후 이 지역의 쟁점을 유전에서, 원유와 천연가스를 수송하는 송유관과 가스관으로 바꾸어버렸다. 마지막 석유 한 방울이 남는 그 순간까지 석유 패권을 온전히 유지할 유리한 위치를 확보했다.

현재 카스피 해 원유를 러시아 영토를 지나 흑해 연안 쪽으로 빼 수출 루트를 만드느냐 아니면 터키의 지중해 쪽으로 빼느냐를 놓고 갈등

양상을 보이고 있다. 미국과 서유럽 국가들은 러시아를 거치지 않고 서방으로 운송하는 독자 파이프라인(BTC)을 건설했다. 반면 러시아는 카자흐스탄 석유를 자국 영토를 통과해 흑해로 곧장 빼오는 'CPC 송유관'으로 맞서고 있다. 러시아로서는 송유관이 무조건 자국 영토를 통과해야 한다. 그래야 원유 통과 수수료를 챙길 수 있고, 여차할 경우 카스피 해 석유에 대한 목줄을 죌 수 있기 때문이다.

이 지역의 천연가스도 마찬가지다. 서방 세력은 '터키-불가리아-루마니아-헝가리-오스트리아'로 이어지는 가스관을 통해 천연가스를 유럽에 보내는 '나부코 프로젝트'를 추진하는 반면 러시아는 흑해 지하 가스관을 건설 중이다.

여기서 포인트는 이 지역의 쟁점이 송유관과 가스관으로 바뀌면서 정작 카스피 해 지역의 유전 국가들은 힘을 잃고 희생양으로 전락했다는 사실이다. 이게 바로 '그놈들'의 방식이다. 본질을 훼손한 후 뒤에서 알맹이를 빼먹는 방식이다. 그들은 카스피 해 가스관 및 송유관 다툼을

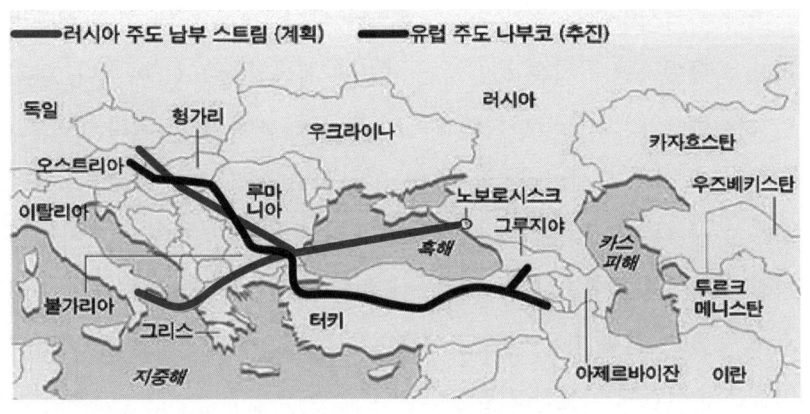

천연가스를 놓고 펼치는 러시아와 서방국가의 가스관 전쟁

어떤 식으로든 활용할 것이다.

미국이 주도권을 잡으면 미국에 붙고, 러시아가 기득권을 잡게 되면 러시아에 기생할 것이다. 또한 터키가 요충지로 떠오르면 그곳을 장악하면서 석유 지배권을 30년 이상 연장시켜 석유가 지구상에서 완전히 사라질 때까지 독점권을 소유할 것이다.

한편, 최근 '그놈들'은 석유 지배권과는 별도로 '지구온난화' '녹색기술' 등의 화두를 들고 나왔다. 석유는 환경오염의 주범이고, 필연적으로 고갈될 수밖에 없으니 새로운 에너지로 새로운 지구를 만들자는 주장이다. 에너지 지배권과 관련해 100년의 시간을 또 벌어보자는 속셈이다.

### ■■■ 시간과 기회를 창조한다

만약 주식시장에서 주가가 등락을 반복하다 1년 사이에 한 20퍼센트 정도 하락했다면 걱정은 하겠지만 공포에 휩싸일 정도는 아니다. 하지만 하루에 이렇게 급락한다면 사람들은 두려움에 떨게 된다. 1929년 10월 29일 미국 증시의 '검은 목요일(Black Thursday)'도 그랬다. 이날 하루 동안 다우존스지수는 평균 23퍼센트 하락했다. 연일 투자자들의 자살 소식이 들려왔고 사람들은 투매에 나섰다. 이 때문에 주가는 추가로 폭락했고, 집과 땅을 담보로 대출받은 돈으로 주식투자를 했던 미국인들은 순식간에 파산하고 말았다.

그렇지만 상황은 여기서 멈추지 않았다. 대규모 손실을 본 사람들은 소비를 줄였고, 물건이 팔리지 않자 기업들은 직원들을 해고했기 때문이다. 이는 대규모 실업 사태로 이어졌고 빚을 받아내지 못한 은행들도 문을 닫았다. 이렇게 1930년대 미국 대공황은 단 하루 만에 벌어진 증시 폭락으로 시작됐다.

지금도 사람들은 "왜 그날 주가가 그렇게 폭락했을까?"라고 궁금해한다. 혹자는 증시라는 게 원래 그런 것이라고도 한다. 몇몇 학자들은 당시 FRB가 할인율(연방준비제도이사회가 상업은행들에게 물리던 이자율)을 1925년 3퍼센트에서 1928년 2월 5퍼센트로, 그리고 8월 6퍼센트로 빠르게 올리면서 주식시장이 위축됐다고도 한다. 그러나 이날의 주가 대폭락은 '그놈들'이 즐겨 사용하는 방식이다. 단 하루를 이용해 수십 년을 흔드는, 시간을 창조해 내는 기술이다.

1930년대 미국은 지옥이었다. 실업률은 25퍼센트를 넘어섰고, 뉴욕 거리에서 아이들은 배가 고파 쓰레기통을 뒤졌다. 그런데 지옥이 시작된 이유를 아무도 모른다. 아니, 몰라야 한다. 그래야 지옥이 더 지옥스럽다.

특히 '그놈들'은 공황을 가속화하는 작업도 했다. 5년이 넘는 시간 동안 무자비하게 통화량을 축소시켰던 것이다. 극심한 디플레이션을 만들어 미국 국민들이 공황에서 빠져나올 탈출구를 원천 봉쇄했고, 결국 1929년에 시작되어 10년 넘게 지속됐던 '대공황'을 만들어냈다.

이 모든 작업은 딱 하루로 충분했다. 아무 이유 없이 대규모 물량을 던져버리면 되었다. 그날 주식을 그렇게 많이 판 명분은 나중에 경제학자라는 사람들이 만들어줄 터였다.

반면, '그놈들'은 대공황으로 모두 힘들어할 때 또다른 시간을 확보하고 있었다. '검은 목요일'에 투매해 증시를 빠져나왔던 '그놈들' 중

대부분은 미리 금을 사두었던 것이다. 이후 공황 중에 가격이 급등한 금을 팔아 가격이 폭락한 집과 토지, 기업, 은행을 쓸어 담았다. 이게 바로 그들이 시간을 활용해 부를 창조하고 지배력을 키우는 기술이다.

'희망 고문'이라는 말이 있다. 사람들은 아예 안 되는 것, 가질 수 없는 것이면 포기한다. 그 근처에 가지 않고, 쳐다보지도 않게 된다. 잠깐은 슬프고 괴롭지만 그것으로 끝난다. 그렇지만 잘 하면 될 것도 같은, 한 번은 대박이 터질 것 같은 희망이 있으면 상황은 또다른 국면으로 빠진다.

'그놈들'은 이 세상에서 '희망 고문'을 가장 잘 활용한다. 예를 들어 딱 3시간만 포커를 친다고 해보자. 이때 타짜는 절대 무자비하게 돈을 긁어대지 않는다. 2시간 30분을 따다가 이후 20분간은 잃어준다. 그리고 마지막 10분은 치열한 공방전을 펼친다. 그럼 상대방은 무조건 "딱 1시간만 더 합시다"라고 달라붙게 돼 있다. 2시간 30분간 엄청난 돈을 날렸으면서도 직전 30분간 펼쳐진 승리와 대등한 공방으로 인해 역전할 수 있다는 희망을 갖게 되는 것이다. 그럼 타짜는 "뭐, 그러죠"라면서 묵묵히 패를 돌린다.

이후 다음 1시간도 마찬가지다. 40분간은 돈을 쓸어 담고, 이후 10분은 잃어주고, 나머지 10분은 무승부의 판을 만들어간다. 그럼 이제 상대방은 집문서를 들고 와 승부를 내려고 한다.

증시도 마찬가지다. '그놈들'은 주식시장을 무조건 폭락시키지 않는다. 최대한 폭등시킨 다음에 폭락시킨다. 그래야만 마진이 커지기 때문이다. 어떤 사람에겐 안방 장롱 속에 숨어 있는 돈을 끌어오게 하고, 어떤 사람에겐 신용이란 이름으로 빚을 지게 만들어 판에 합류시켜야만 한다.

그래서 버블 생성 기간에는 수많은 사람에게 떡고물도 뿌린다. 그러면 이제 사람들은 "조금만 더, 조금만 더"를 외치면서 따라가다가 어느 순간 모든 것을 건다. '그놈들'은 바로 이때 단 며칠 만에 버블을 깬다. 그리고 싹쓸이를 한다.

그렇게 얼마의 시간이 지나면 모든 재산을 털린 사람들은 좌절하게 된다. 그렇지만 '그놈들'은 이 순간을 다시 이용한다. 사람들이 괴로워하고, 좌절하고, 모든 것을 버리려는 바로 그 순간 희망이라는 한 줄기 빛을 선사한다. 다시 돈 벌 수 있는 기회를 주는 것이다. 그럼 사람들은 다시 자리를 박차고 일어나 죽어라 일한다. 늙은 노모를 위해, 토끼 같은 자식을 위해, 자신의 명예를 위해 하루에 15시간씩 일을 한다. 그렇게 다시 버블을 만들어간다. 그렇지만 또 얼마간의 시간이 흐른 후 '그놈들'은 사람들이 열심히 일해 모은 돈을 털어먹게 한다.

사람들은 기회가 "찾아온다"고 한다. "기회가 올 때 잡아라"라는 말도 한다. 하지만 이렇게 되면 기회는 유한해진다. 누군가 기회를 만들어줘야만 비로소 기회를 잡을 수 있기 때문이다. 이것은 곧 누군가가 기회를 만들어주지 않으면 아무것도 할 수 없다는 말도 된다.

하지만 스스로 기회를 만들게 된다면, 그리고 스스로 기회를 만드는 자리에 올라선다면 그 순간 무한대의 기회를 갖게 된다. 남에게 기회를 주면서 자신도 기회를 잡고, 남의 기회를 빼앗으면서서도 자신은 더 큰 기회를 잡을 수 있기 때문이다. 이게 바로 '그놈들'의 전형적인 방식이다.

특히, '그놈들'은 될 듯 될 듯 안 되게 만들고, 안 될 듯 안 될 듯 되게 만드는 법을 알고 있다. 뒤에서 자세히 다루겠지만 아예 호황과 불황이 반복되는 '주기(cycle)'라는 것을 만들어 이런 자신들의 수법에 정당성까지 부여했다.

　예를 들어 호시절엔 부동산 가격을 올려 대출까지 받아서 투자하게 만들다가 어느 순간 가격을 폭락시켜 반값에 부동산을 빼앗아 간다. 이처럼 '그놈들'은 '경기 순환'이라는 미명 아래 언제든 맘만 먹으면 우리의 돈을 빼앗아 가고, 노동을 착취해 갈 수 있다. 기회를 만들고, 또 없애버릴 수 있는 능력을 확보했기 때문이다.

　그렇지만 바로 이때 우리가 취할 자세는 "그럼 투자를 하지 말아야겠군"이나 "그놈들보다 한발 앞서 치고 빠져 수익을 올리면 되겠네" 같은 대응이 아니다. 이미 '그놈들'이 만들어놓은 자본주의 시스템과 인플레이션 함정에 빠져든 이상 전자나 후자 모두 불가능한 방법이기 때문이다. 오히려 그놈들을 따라가자거나 그놈들 흉내를 내자와 같은 대처가 적절하다. 최저점에 사서 최고점에 팔지는 못하지만 덜 먹고, 덜 손해 보는 접근 방식을 취해야 하는 것이다. 이것이 바로 음모론 투자의 핵심이다.

# 04: '그놈들'이 바로 룰이자 권위다

"국제결제은행(BIS)은 줄기차게 조심하라는 경고의 목소리를 냈으나 여기에 귀를 기울이지 않아 결국 엄청난 경제 위기를 자초했다."

참 많이 듣는 이야기다. 해당 국가 이름이 영국, 일본, 한국, 남미 국가 등으로 바뀔 뿐이지 되풀이되는 구절은 매번 똑같다. 경제 위기가 발생한 이유도 한결같다. 마구잡이로 돈을 빌려 흥청망청 쓰다 빚을 갚지 못해 망했다는 시나리오다. 얼핏 들으면 맞는 것도 같다.

1997년 한국이 맞닥뜨린 IMF 구제 금융 사태도 마찬가지였다. 우리의 잘못은 '글로벌 스탠더드'를 지키지 않고 제멋대로 행동했다는 것이었다. 그렇지만 여기서 생각해 볼 문제가 있다. 과연 그 '글로벌 스탠더드'란 것을, 국가 경제 운용의 잘잘못을 가리는 그 룰을 애당초 누가 만들었느냐는 점이다. 답은 간단하다. 바로 '그놈들'이다.

음모론에선 세계은행(World Bank), 국제통화기금(IMF), 국제결제은행, 국제부흥개발은행(IBRD) 등을 모두 '그놈들'의 산하기관으로 본다. 제2차 세계대전 직후인 1945년 결성된 국제연합(UN)도 마찬가지다. 이 밖에 현재 세계적으로 통용되는 권위 있는 원칙을 만들어내는 곳의 대부분은 '그놈들' 것이라고 보면 맞다. 물론 안 믿어도 그만이다.

그렇지만 음모론 투자를 하려면 최소한 이런 기관들이 발표하는 국제법이나 룰(원칙)에 대해서는 관심을 가져야 한다. 왜 이런 것이 나왔고, 앞으로 어떻게 영향을 미칠 것이고, 나의 투자엔 어떤 영향을 미칠 것인가에 대해서 어렵고 귀찮더라도 생각해 봐야 한다. 그래야만 당하지 않는다.

### ■ ■ ■
## 기쁨 주고, 병 주고, 그리고 룰을 알려준다

우리는 이미 무조건 룰에 순응해야 하는 시스템에 갇혀버렸다. 가령 현재 지구상에서 가장 많은 회원국을 보유하고 있는 국제축구연맹(FIFA)을 살펴보자. FIFA 회원국은 200개국이 넘는다. 보통 FIFA 회원국이 되면 그 순간부터 FIFA가 정한 원칙을 따라야 한다. 물론 탈퇴하면 그 원칙을 지킬 필요도 없어진다.

하지만 온 국민이 축구를 좋아하고 월드컵은 세계인의 축제가 됐는데 자존심 상한다고 FIFA를 탈퇴할 순 없는 일이다. 그래서 FIFA의 룰을 따를 수밖에 없는 것이다. 국제연합도 마찬가지다. 우리는 국제연합이 정한 원칙에 무조건 따를 수밖에 없다. 탈퇴하면 '왕따'가 되기 때문이다.

또한 국제결제은행이 자신들과 연계된 각국의 모든 은행들에게 8퍼센트 이상의 지급준비율을 갖추라고 룰을 정하면 따라야만 한다. 따르지 않거나 따르지 못하면 해당 국가는 거기에 상응하는 대가를 치를 수밖에 없다. 이처럼 '그놈들'은 먼저 룰을 따를 수밖에 없는 상황을 만들어놓는다. 그러고는 은근슬쩍 교묘함으로 가득 찬 원칙들을 꺼내어놓는다.

물론 어떻게 보면 대단한 문제가 아닐 수도 있다. 잘해보자고 세계 각국이 모인 것이고 이런 모임에 룰이 있어야 하는 것은 당연한 일이기 때문이다. 하지만 '그놈들'의 음모는 간단하지 않다. 처음엔 룰을 부각시키지 않고 룰에 대해 자세히 설명해 주지도 않는다. 오히려 그 반대되는 행위를 조장한 후 뒤통수를 친다.

어느 날 선생님이 학생들에게 "건강이 최고다"라고 말한다. "너무 책상에만 앉아 있지 마. 허리도 펴고, 좀 돌아다녀"라고도 한다. 그래서 아이들은 교실에서 편하게 지낸다. 몇몇 아이들은 말뚝박기도 한다. 그런데 쉬는 시간에 교실을 찾아온 선생님이 갑자기 "편하게 해줬더니 완전 난장판이야. 안 되겠어. 지금부터 쉬는 시간에 돌아다니다 걸리면 벌금 1,000원씩 내"라고 한다. 아이들은 대부분 수긍을 한다. 일단 자신들이 잘못했고, 그러니 이제부터 이에 걸맞은 처벌이 있다 해도 당연하다고 생각한다.

1980년대 말 일본을 넘어뜨린 것도, 1990년대 후반 대한민국을 포함한 아시아에 닥쳐온 외환 위기도 그와 비슷한 과정이다. 2009년 IMF에 굴복한 아일랜드 역시 마찬가지다.

얼핏 보면 '그놈들'의 원칙은 명확하다. 틀린 구석도 별로 없다. 가령 '그놈들'은 항상 "흥청망청댔으면 그 대가를 치러야 한다"고 한다. 거품 없이 탄탄한 국가는 세계 경제를 위해 희생해야 하고, 거품이 많이 낀 경제는 응당 거품을 제거하는 아픔을 겪어야 한다는 논리다.

하지만 따져보면 이건 모순이다. 원칙을 적용하는 과정에서 그들은 비열한 방법으로 폭리를 취하고 있기 때문이다.

룰이란 천사의 얼굴을 내세우면서 뒤로는 자신들의 잇속을 챙기는

● **플라자 협정은 과연 '글로벌 스탠더드'였을까?**

1985년 미국, 영국, 프랑스, 독일(서독), 일본 등 선진 5개국은 뉴욕 플라자호텔에 모여 '플라자 협정(달러 약세화 협정)'을 체결한다. 당시 잘나가던 일본에게 "엔화 가치를 높이라"고 강제했던 협정이다. 일본 물건이 워낙 인기가 좋아 교역 상대국은 무역 적자를 기록했기 때문에 엔화 절상을 통해 일본의 가격 경쟁력을 떨어뜨리려는 목적이었다. '그놈들'은 당시 "엔화가 강해졌다는 건 일본 국력이 강해졌다는 증거"라며 일본을 부추겼다. 지금이라면 이런 강제 협정을 상상할 수도 없지만 당시엔 이렇게 하는 것이 원칙인 양 분위기를 연출했던 것이다. 그래서 결국 1달러당 240엔의 엔화 환율을 2년 후인 1987년 달러당 120엔으로 평가절상하는 합의가 체결됐다.

하지만 문제는 그 다음부터였다. 1987년 10월 19일의 난데없이 하루에 증시가 22.6퍼센트(508포인트)나 폭락하는 '블랙 먼데이(뉴욕의 주가 대폭락)'가 터져버렸기 때문이다. 뉴욕의 주가 폭락은 전 세계에 위기감을 불러일으켰고, 미국은 곧바로 전 세계 주요 중앙은행들에게 금리를 인하고 통화 공급을 늘리도록 압박했다. 지난

'그놈들'의 전형적인 도구이다.

20년간이나 계속되어 온 일본의 장기 불황이 단지 일본인들의 탐욕 때문에 생긴 결과일까? 그렇지 않다. 핵심 원인은 바로 '그놈들'의 음모 때문이다. 상식적으로 생각하기 힘든 플라자 협정이라는 것을 룰이라는 명목으로 받아들이고부터 일본의 비극은 시작됐다. 그리고 일본은 결코 헤어나지 못할 것만 같은 수렁에서 아직도 허우적대고 있다.

1990년대 말 외환 위기의 시발점이었던 태국도 마찬가지였다. '그놈들'은 처음엔 환율제도에 대해서는 전혀 알려주지 않았다. 대신 돈 장

2001년 9·11 테러 때와 2008년 말 세계 금융 위기 때 FRB가 금리를 대폭 인하하고 각국 중앙은행들이 그 뒤를 따랐던 것을 연상하면 된다.

게다가 이때 일본은 인위적인 엔화 절상 부담말고도 이미 다섯 차례에 걸쳐 금리를 인하해 연 5퍼센트이던 기준금리가 2.5퍼센트까지 내려앉은 상태였다. 당연히 시중엔 막대한 자금이 풀렸고, 이 돈은 증시와 부동산으로 흘러들어 갔다. 당시 도쿄 23개 구 집값으로 미국의 절반 이상을 구입할 수 있을 정도로 거품이 끼었으며 엔고를 바탕으로 일본 자금은 해외로도 나가 1989년 미쓰비시 부동산이 미국 뉴욕 록펠러 센터를 2,000억 엔에 매수하는 역사적인 상황도 펼쳐졌다. 일본은 흥청망청대고 있었다.

그런데 바로 이때 '그놈들'의 하수인인 하시모토 대장상과 미에노 야스시 일본은행 총재가 등장한다. 이들은 "일본 내 버블을 제거한다"면서 1989년 5월부터 1990년 9월까지 16개월간 금리를 2.5퍼센트에서 6퍼센트로 수직 상승시키는 초강수를 둔다. 물론 버블은 제거됐다. 하지만 제거된 것은 버블만이 아니었다. 일본 경제 전체가 날아갔던 것이다. 그리고 그때 사라진 일본의 부(富)는 고스란히 '그놈들'에게 들어갔다.

사의 꿈만 안겨줬다. 태국 정부는 당시 준(準)고정환율제(복수통화바스켓 제도 또는 관리변동환율제)였던 바트화가 어떻게 당하게 될지에 대해서는 무지했다. 복수통화바스켓 제도에서 변동환율제로 바뀌는 과정에서 해당국은 무조건 '그놈들'에게 당하게 돼 있다는 것을 몰랐던 것이다. 영국도, 남미도, 태국도, 그리고 한국도 마찬가지였다.

가령 고정환율제도를 유지하는 국가가 큰 폭의 무역 흑자를 냈다고 해보자. 그럼 달러가 흔해져 해당국의 통화가치는 올라가야 한다. 하지만 고정환율제도이기 때문에 통화가치를 고정시켜야 하고, 그러기 위해서 금융 당국은 시중에 풀린 달러를 사들여야만 한다. 그럼 이때 시중에는 해당국 통화량이 증가하고 국민들은 소비를 늘리게 된다. 슬슬 버블도 생긴다.

이후 정부는 시중에 풀린 통화량을 잡기 위해 채권을 발행하고, 이자율을 올리게 되는데 이 과정에서 문제는 오히려 악화된다. 이번엔 해외 자금이 대규모 유입되기 때문이다. 그럼 국민들은 더 즐기고, 더 많이 쓰고, 더 높은 임금을 요구하고, 덜 일하게 된다. 또한 수입은 빠르게 늘고, 수출은 줄어들면서 불과 몇 년 만에 무역 흑자국에서 무역 적자국으로 돌아서게 된다.

그런데 이런 상황이 되면 이제 해당국 통화가치는 떨어져야 한다. 그렇지만 고정환율제이기에 달러 대비 환율은 멈춰 있어 해당국 통화가 고평가되는 상황을 맞이한다.

물론 이때 정부는 시중에 달러를 풀어 해당국 통화가치를 적절히 맞춰야 한다. 그러나 이런 상황이 닥치면 외환 창고는 텅 비어 있게 마련이다. 더 이상 무역 흑자를 낼 수도 없는 데다 그간 높아진 자국 통화가치를 이용해 많은 자금을 빌려 쓴 터라 빚이 더 많다. 그럼 이제 '그놈들'의 공격이 시작된다. 먼저 해외 투기 자금이 해당국 통화를 팔아치운다. 그러면서 소문을 낸다. "달러에 비해 너무 고평가돼 있다"고. 그러면 기다렸다는 듯 신용등급회사는 해당 국가에 대해 안 좋은 평가를 내고, 이 국가에 투자했던 사람들이 일순 돈을 빼내 간다. 그럼 이 국가는 펀더멘털과 상관없이 유동성 부족과 병목현상으로 인해 단기간 부도 위험을 맞게 된다.

이런 상황에까지 이르면 이제 거의 예외 없이 IMF가 등장하고야 마는데 IMF는 늘 돈을 빌려주는 대가로 몇 가지 자신들의 원칙을 지키라고 강요한다.

"그러기에 누가 고정환율제도 하랬어? 빨리 변동환율제도로 바꿔. 이게 바로 원칙이야. 그리고 폭락한 너희 통화가치를 끌어올려야 하니까 금리를 두 배쯤 올려라. 외국인 투자 규제는 빨리 철폐하고. 참, 지금 외환 창고가 텅텅 비었지? 어서 빨리 건물 팔고, 기업 팔고, 땅 팔아서 달러를 두둑하게 채워놔. 시간이 급해? 그럼 갖고 있는 금 싹싹 긁어서 가져와. 내가 달러로 바꿔줄 테니까."

그러면 이제 그 나라는 '그놈들'이 갖고 놀기 좋은 장난감이 된다.

### ■■■ 룰을 만들기 전에 모든 것은 준비된다

모든 게 우리의 잘못이란다. 우리의 탐욕이고, 욕망에서 비롯된 파국이라고 한다. 하지만 그렇지 않다. 오히려 이건 '그놈들'의 음모다. '글로벌 스탠더드'라는 건 거기에 맞출 능력이 있는 사람에게만 전적으로 유리한 기준이다. 변동환율제도란 것도 마찬가지다. 룰 자체는 문제가 없지만 달러가 기축통화의 지위를 차지하고 '그놈들'이 달러 발행권을 쥐고 있는 상황에선 절대적으로 불합리한 제도다.

이처럼 '그놈들'은 모든 것을 준비하고, 독점하고, 가장 우월한 지위를 차지한 후 비로소 룰을 만들고 공표한다. 그리고는 이벤트를 만들어—그것이 전쟁이든, 경제적 원조든, 휴머니즘이든, 자연보호든—세계 각국에 이 룰을 따르게 만든다.

세계 저작권법이란 것도 비슷한 맥락에서 파악할 수 있다. 겉으로는 명확하고 뚜렷하고 반드시 있어야 할 원칙이지만 그 속내를 파고들어 가보면 뭔가 잘못됐다는 의구심을 떨쳐버릴 수 없다. 가령 '그놈들'은 1986년 시작된 우루과이라운드(UR) 협상에 지적재산권 조항을 끼워

### ● 결국 당하고 만 아일랜드, 탐욕(?)의 대가는 컸다

최근엔 아일랜드가 당했다. 아일랜드는 2008년 중반까지만 해도 온갖 언론에서 "그들의 모든 것을 본받자"고 하던 나라다. 불과 10년 만에 국민소득이 2만 달러에서 5만 달러가 된 나라, 경제협력개발기구(OECD) 회원국 중 지난 10년 동안 가장 뛰어난 도약을 이룬 나라가 바로 아일랜드였다. 그러나 미국발 금융 위기에 아일랜드는 한순간 무너져내렸고 경제는 완전 거덜이 났다. 이유는 간단하다. 과거 대한민국이 그랬던 것처럼 아일랜드 역시 엄청난 고성장에 거품이 끼었고 이 거품이 터진 것이다. 그러니 이제 아일랜드는 원칙에 따라 자금을 지원받는 대신 뼈아픈 구조조정의 아픔을 겪어야만 한다는 것이다.

그런데 아일랜드의 사례엔 음모론적으로 조금 복잡한 문제가 숨어 있었다. 바로

놓더니 결국 무역 관련 지적재산권(TRIPs)을 공식화했다. 기존에 세계지적재산권기구(WIPO)가 해왔던 지적재산권 보호와는 달리 침해에 대한 구제 수단을 명기했고, 세계무역기구(WTO) 회원국 모두에게 적용했던 것이다.

물론, 지적 재산을 보호해 주는 것은 당연하다. 많은 사람들도 지적재산권 공식화에 찬성표를 던졌고, 강제성을 부여한 것에 대해 오히려 긍정적인 입장을 나타냈다. 그렇지만 만약 어떤 세력이 룰을 정하기 앞서 그와 관련된 모든 것을 남몰래 차근차근 준비한 후 룰의 발표와 함께 먼저 치고 나가 선점해 버린다면 어떻게 받아들여야 할까?

실제 이런 일이 발생했다. 가령 농업 분야의 종자 관련 특허권 보호 같은 사안을 살펴보자. '그놈들'은 우루과이라운드에서 지적재산권에

---

2009년 10월 이뤄진 아일랜드의 리스본 조약 비준이다.

리스본 조약이란 유럽연합의 '미니 헌법'으로 '유럽합중국'의 기본이 되는 조약이다. 하지만 그동안 아일랜드는 27개 유럽연합 회원국 중 유일하게 리스본 조약 비준을 거부해 왔다. 아일랜드만의 독자성을 쉽게 포기할 수 없다는 국민의 의지 때문이다.

그러나 갑자기 터진 경제 위기 앞에 반골 기질이 강한 아일랜드인들은 물러설 수밖에 없었고, 결국 국민투표에서 찬성률 67.1퍼센트로 리스본 조약을 비준했다. 찬성 이유는 간단했다. "경제를 살리기 위해서는 유럽연합이라는 울타리가 필요하다"는 것이었다. 이 일련의 사태는 '그놈들'이 세계 단일 정부의 걸림돌을 어떻게 처리하는가를 여실히 보여준다. 앞에선 원칙을 내세우면서 뒤로는 아일랜드에게 '리스본 조약 비준 카드'를 내밀면서 자신들의 목표를 이뤄냈던 것이다.

대한 협상이 진행되고 지적재산권 원칙이 정리될 즈음 이미 세계 주요 곡물 종자의 90퍼센트 이상을 수집해 놓고 기다리고 있었다.

그러고는 지적재산권 조항이 통과된 직후 몬산토 같은 다국적기업을 통해 특허권을 확보하고, 특허권을 소유한 종자만을 전파해 다른 종자는 자연스럽게 도태시켜 버린다. 이어 유전자 조작을 통해 지속적으로 새로운 종자를 만들고 이를 전 세계에 보급하는 데 지적재산권은 '그놈들'의 독점력을 강화하는 수단이 된다. 이뿐만이 아니다. 이때 세계무역기구는 원칙이라는 미명 아래 '그놈들'에게 로열티를 챙겨주는 수금원 역할을 하게 된다.

세계 곡물 가격이 폭등한다고 해서 농민들이 돈을 버는 게 아니다. '그놈들'이 돈을 번다. 세계 곡물 가격이 폭락하면 '그놈들'이 손해를 볼까? 그 손실은 세계의 농민들이 피땀 흘려가며 메워야 한다. 애꿎은 룰 때문에 이렇게 돼버린 것이다.

■ ■ ■
## '그놈들'은 곧 권위다

나는 음모론을 설명하면서 단적으로 말하는 사실 한 가지가 있다. "세계 최고의 권위가 있는 그 무엇이든 '그놈들'의 하수인"이라는 것이다.

앞서 말했던 것처럼 음모론에선 IMF, 국제결제은행, 세계은행, 세계 유명 신용평가회사 등은 모두 '그놈들'의 대표적인 하수인으로 파악한다. 이 밖에 교황청, 이슬람 지하드 등과 같은 종교 조직, FIFA나 국제

올림픽위원회(IOC) 같은 거대 스포츠 조직, 노벨상, 퓰리처상, 세계적인 환경보호 단체 등 현재 권위를 갖고 있는 곳이라면 '그놈들'은 이미 그곳에 숨어 있다고 봐야 한다. 그렇다면 그들은 왜 권위에 집착하는 걸까?

권위의 힘은 권력보다 우월하기 때문이다. 권력은 자신이 만들 수 있지만 권위는 그렇지 않다. 권위는 다른 사람이 만들어주는 것이다. 그래서 권위가 있으면 주류가 될 수 있다. 하지만 권위가 없으면 아무리 진리를 말해도, 아무리 실력이 좋아도 비주류로 남을 뿐이다. 이뿐이 아니다. 대중들은 권력엔 반항해도 권위에는 굴복한다.

예를 들어 '스페셜 A'라는 세계적인 전염병이 돈다고 하자. 치명적이지는 않지만 노인이나 아기에게는 위험하다고 한다. 이때 의학계 권위자들이 "어서 빨리 백신 A를 접종하라"고 말한다. 그러면 대중들은 백신 A를 맞는다. 백신 A가 어떻게 만들어졌는지, 누가 만들었는지, 어떤 회사가 유통시키는지에 대해서는 관심도 없다. 아니, 당초 '스페셜 A'라는 전염병이 왜 나타났는지에 대한 근원적인 문제에 대해서도 별생각이 없다. 그저 병이 돌았고, 권위 있는 전문가들이 백신 A를 맞으라고 하니까 맞는 것뿐이다.

그런데 어느 이름 없는 할아버지가 '스페셜 A'에 대해 "백신 A에는 인간의 면역 체계를 파괴하는 치명적 물질이 포함돼 있으니 맞지 말라"고 주장한다고 해보자. 이때 대중은 그 할아버지에 대해 관심을 기울이기는커녕 "음모론에 미친 할아버지"라고 조롱한다. 정작 조롱하는 본인은 '스페셜 A'나 '백신 A'에 대해서 아무것도 모르면서, 아니 알려고 하지도 않으면서 말이다.

그래서 권위는 무섭다. 하지만 더 무서운 것은 권위의 획득 과정에

'그놈들'이 끼어든다는 사실이다. 필요에 따라 타인에게 권위를 주기도 하고 뺏기까지 한다.

예를 들어 어떤 학자가 경천동지할 만한 논문을 발표했다고 해보자. 그럼 이 학자는 곧바로 권위를 획득할 수 있을까? 절대 그렇지 않다. 칭찬은 받겠지만 권위까지는 아니다. 권위를 얻기 위해서는 실력과 힘, 그 이상의 뭔가가 필요하다. 누군가가 "대단하다"고 대중을 선동해 바람을 잡아줘야 한다. 그래야 대중으로부터 자연스럽게 권위를 획득할 수 있다.

그렇다면 인류의 최고 바람잡이는 누굴까? 바로 언론이다. 언론은 권위를 만들어내는 최고의 수단이다. 대중은 권위 있는 신문, 메이저 신문, 권위 있는 방송사, 힘 있는 미디어 그룹에서 나온 뉴스는 모두 사실이라고 믿게 돼 있다. 그래서 '그놈들'은 이미 수백 년 전부터 메이저 언론을 장악했다. 언론사에 자본을 대면서 대주주가 되고, 특정 언론인을 포섭하고, 자신들이 얻은 정보를 독점 공급해 언론사를 길들이는 등 수법은 다양하다.

이렇게 해서 '그놈들'은 뜻대로 수많은 권위를 창조해 낼 수 있다. 권위 있는 학자를 키우고, 권위 있는 교육자, 권위 있는 정치가를 배출한다.

이때 주의해야 할 점은 '그놈들=보수주의자'라고 단정 짓는 오류다. 그렇지 않다. '그놈들'은 필요에 따라 진보 세력에도 권위를 부여한다. 사용자와 노동자 수녀부 양쪽에 기생하고, 정부군과 반군 모두를 후원하고, 여당과 야당의 특정 인물 모두에게 권위를 만들어준다. 우리는 이처럼 양 극점을 모두 장악하고 흔들어대는 '그놈들'의 테크닉을 꿰뚫어 볼 줄 알아야 한다.

무엇보다 언론은 현상을 과장되게 전달하는 속성이 있다. 대중에게 공포를 더 공포스럽게, 더 흥분되게 만든다. 예를 들어 부동산에 아무 관심도 욕심도 여력도 없는 사람이라도 언론이 한목소리로 떠들기 시작하면 맘이 움직인다. 왜 그럴까? 바로 대중에게 언론은 하나의 권위로 자리 잡았기 때문이다.

그래서 우리는 음모론 투자를 위해 경제 뉴스와 비(非)경제 뉴스를 엮는 연습을 해야 한다. 신문 1면 헤드라인에 나오는 뉴스와 국제면 귀퉁이에 나온 2단 박스 기사를 함께 엮어서 통찰할 줄 알아야 한다. 이건 정답을 맞히는 게 아니다. 대단한 예언을 하려는 것도 아니다. 일종의 연습이다. 지속적으로 이런 연습을 하면 어느 순간 흐름을 읽을 수 있게 되고 성공적인 음모론 투자의 기틀을 마련할 수 있다.

혹자는 인터넷의 출현으로 언론의 권위가 추락했다고 한다. 인터넷은 탈(脫)권위의 상징이라고도 한다. 하지만 이건 속임수에 불과하다. 인터넷 악플, 잡다한 인터넷 언론의 난무, 뉴스의 신뢰성 상실 등 인터넷의 폐해가 극대화되고 무고한 수백, 수천 명의 사람들이 인터넷의 선동으로 인해 자살을 할 때쯤엔 대중은 다시 권위 있는 누군가를 찾게 될 것이기 때문이다.

그러면 인터넷에서도 새로운 권위가 생길 것이다. 대중의 반성으로 탄생되고, 대중이 자발적으로 부여한 권위이기에 그 힘은 더 막강할 것이다.

■ ■ ■
# 주류 경제학은 '그놈들'이 만든다

앞서도 말했듯 '그놈들'의 태생은 환전꾼이다. 돈으로 세상을 움직이기를 좋아한다. 또 그것을 가장 잘한다. 그런데 돈은 천박할 수밖에 없는 태생적 한계가 있다. 권력은 될 수 있어도 그 자체로 권위를 부여받기는 힘들다. 그래서 그들은 경제학이라는 학문을 자신들의 품으로 가져갔다. 그들이 통화량을 늘렸다 줄였다 하고, 인플레이션과 디플레이션을 반복하는 음모를 꾸밀 때 그것을 경제학이라는 학문으로 포장해서 사람들로부터 권위를 얻어내는 수법이다.

한번 생각해 보자. 만약 돈이 많이 풀려서 인플레이션이 발생했다면 핵심 고려 대상은 바로 '누가 돈을 많이 풀었는가' 하는 문제이다. 그러나 경제학은 '돈이 많이 풀리면 무슨 문제가 생기나' '풀린 돈은 어떻게 거둬들이나' 등에 대해서만 설명한다. '누가'에 대한 부분은 쏙 빠져 있는 것이다. 그러고는 문제를 복잡하게 꼬아버리거나 시장이니 또는 국가니 하면서 '누가'에 대한 문제를 얼버무리려고 한다. 분명 돈을 많이 풀게 만드는 세력과 통화량을 줄이게 만드는 주체가 존재하는데 여기에 대해서는 침묵한 채 온갖 말도 안 되는 가정으로 대중을 현혹하는 것이다.

나는 '그놈들'의 경제학 장악과 관련해 영화에서처럼 검정색 수트를 입은 남자가 어떤 경제학자에게 다가가 거액을 주고 포섭하는 장면을 떠올렸다. 하지만 시간이 흐를수록 이런 유치한 수법은 아닐 것이라는 확신이 들었다. 노벨 경제학상 수상자이자 '유로화의 아버지'로 불리는 미국 컬럼비아 대학교의 로버트 먼델(Robert A. Mundel) 교수를 예로 들어보자. 이 사람은 유로화 제정에 큰 역할을 했다. 그리고 최근에는 "이번 세계 금융 위기를 계기로 향후 10년 내 아시아에서 통화연맹이 탄생할 것"이라고 주장하고 있다. 그야말로 '그놈들'이 딱 좋아하는 이론이다.

그럼 먼델 교수는 그들에게 엄청난 돈을 받고 이런 일을 하는 것일까? 그렇지 않다. 먼델 교수는 자신의 신념대로, 자신이 연구한 결과로 지역 통화 체제가 우월하다는 결론을 낸 것이다. 그런데 때마침 유럽 대륙에 유로화라는 지역 통합 화폐를 만들려고 하고 있었고 그가 그 프로젝트에 참가해 눈부신 활약을 펼친 것뿐이다. 그리고 마침내 유로화가 성공적으로 정착됐을 때 최고의 권위를 갖게 된 것이다.

그래서 이후부터는 그가 아시아에 공동 통화가 필요하다고 말하면 언론은 기다렸다는 듯 먼델의 말을 대서특필하고, 대중 역시 그 의견을 반감 없이 수긍해 버린다. 그리고 이 의견은 하나의 이슈로 자리 잡게 된다.

'그놈들'이 언론, 학계, 실물경제를 엮어 권위를 활용하는 방법은 대개 이런 식이다. 구미에 맞는 이론을 선택한 후 실물을 움직여 해당 이론에 힘을 주고, 언론을 이용해 바람을 잡아 권위를 부여한 후, 마지막엔 대중이 굴복하게 만든다. 특히 '신자유주의' 같은 정말 중요한 트렌드가 필요할 때는 노벨 경제학상 등 세계의 권위를 움직여 탄탄한 이론적 정당성을 확보하기도 한다.

노벨상은 지구상에 현존하는 가장 권위 있는 상이다. 그러나 음모론에서는 이 노벨상 역시 '그놈들'의 장난감이라고 일관되게 주장한다. 특히 노벨 경제학상은 '그놈들'이 대놓고 좌지우지한다. 원래 노벨상은 "인류 복지에 공헌한 사람을 기린다"는 알프레드 노벨의 유언에 따라

1901년부터 물리학, 화학, 생리·의학, 문학, 평화 등 5개 부문에 수여했다.

그러나 1969년 스웨덴 중앙은행 창립 300주년 기념 사업의 하나로 은근슬쩍 노벨 경제학상이 끼어들었다. 그래서 실제 명칭도 다른 노벨상과는 다르다. 노벨 경제학상의 정식 명칭은 '알프레드 노벨을 기리는 경제과학 분야 스웨덴 중앙은행상(The bank of Sweden Prize in Economic Sciences in Memory of Alfred Nobel)'이라는 긴 이름이다. 기금도 노벨 가문에서 받지 않는다. 노벨 경제학상의 재원은 스웨덴 중앙은행 300주년 기금에서 조달된다. 이 때문에 노벨 재단 내에서도 노벨 경제학상에 관한 많은 논란이 있었고 스웨덴 한림원에서조차 폐지론이 나오기도 했다.

하지만 현재 노벨 경제학상은 사회과학 분야에 주어지는 유일한 상이라는 지위 때문에 아직까지 그 권위를 크게 떨치고 있다. 분명 어떤 식으로든 사회과학 분야에서도 권위 있는 상은 있어야 하고, 대중은 언제나 권위를 원하기 때문이다.

# 05: 커튼 뒤에 숨어 세상을 조종하다

"너희들이 유태인으로 자칭하는 자들에게 괴로움을 당하고 있는 것을 안다. 하지만 그들은 유태인이 아니라 사탄의 무리다. …… 그들은 스스로를 유태인이라고 하지만 실은 그렇지 않다. 스스로 꾸며낸 거짓말일 뿐이다."

– 『요한계시록』 2장 9절과 3장 9절

서기 2045년. 마침내 세계 단일 정부가 수립됐다. 세계 인구는 3개 대륙에 5억 명씩, 15억 명이 됐고 이들의 모든 기록은 전자 칩을 통해 관리된다. 그럼 이때 세계 단일 정부의 초대 대통령은 '그놈들'의 후손이 되는 것일까? 우리는 비로소 '그놈들'의 정체를 확인할 수 있게 되는 것일까?

장담컨대 절대로 그렇지 않다. 오히려 이때 세계 단일 정부의 대통령이나 내각은 중국 사람이거나 아프리카 소말리아의 지도자가 될 확률이 훨씬 더 높다. 분명 이때에도 '그놈들'은 지금처럼 모습을 전면에 드러내지 않을 것이다. 그들의 본질은 기생 인간이기 때문이다.

기생성은 앞서 소개했던 '환전꾼의 후예'라는 것과 함께 '그놈들'을 파악하는 중요한 특징이다. 우리는 뒤에 숨어 모든 사건을 조작하는 일당을 가리켜 일명 '커튼 뒤의 사람들(The Man behind the Curtain)'이라는 표현을 쓰는데, 바로 '그놈들'에게 딱 맞는 말이다.

그놈들은 역사상 많은 핍박을 받았다. 스스로 잘못했기 때문에 그런 괴롭힘을 당한 것인지, 아니면 너무나 뛰어나서 사람들이 시기해서 그런 것인지는 알 수 없지만 이상하리 만치 사람들은 그들을 미워했다. 종교와 음모론을 연관시키는 사람들은 "하나님이 메시아로 보낸 예수 그리스도를 못 박은 대가"라고도 주장하고, 이중 음모론적 관점에서는 "사회적 약자로 자신을 포장하기 위해서 일부러 핍박을 자처했다"는 해석도 나온다.

하지만 어떤 식으로든 '그놈들'은 많이 당했고, 그 결과 커튼 뒤에 숨는 능력이 엄청나게 발달하게 됐다. 아무리 뛰어난 숙주라도 결국 죽게 돼 있지만 기생충은 살아남는다. 따라서 제때에 숙주를 바꿔 올라타기만 하면 영원한 생명력을 누릴 수 있다.

미국 정치권에서 유태인이 활동하는 방식을 살펴보자. 잘 알다시피 미국 권력의 심장부에서 유태인의 파워는 막강하다. 그렇다면 미국 대통령 자리는 유태인들이 독차지해 왔을까? 그렇지 않다. 버락 오바마 대통령 이전까지는 줄곧 WASP(White Anglo-Sexon Protestant : 백인 앵글로 섹슨 계열 개신교도)가 미국 대통령 자리를 차지했다. 그나마 아일랜드계의 존 F. 케네디가 가톨릭 신자로서는 유일한 대통령이다. 유태계 엘리트 출신으로는, 어머니가 유태계였던 프랭클린 루스벨트 대통령(네덜란드계 유태인) 단 한 명뿐이다.

반면 상·하원 의원과 주요 장관들, 참모진은 유태계 엘리트들로 가득 차 있다. 또한 지난 18년간 FRB 의장으로 세계 경제를 좌우했던 앨런 그린스펀, 시티그룹의 샌포드 웨일, 세계 최대의 보험회사인 AIG의 모리스 그린버그, 리먼 브러더스의 리처드 펄드, 골드만 삭스의 헨리 폴슨 등 돈과 관련된 집단의 수장은 모두 유태계였다. 그래서 이들은 미국 대통령이 수백 번 바뀌어도 끝까지 세력을 유지하면서 살아남았다.

물론 나는 지금 '그놈들'을 유태인 엘리트 세력으로 단정하려는 게 아니다. '그놈들'은 '그놈들'일 뿐이니까. 다만 온갖 핍박을 받으면서 성장한 유태인 세력을 통해 그들의 본질과 행태를 더 빨리 이해할 수 있을 것이다.

자신들은 절대 앞에 나서지 않고 뒤에서 모든 것을 조정하는 수법, 철저한 비밀주의를 통해 신변을 철저하게 감추는 수법, 사람들의 이목이 집중되는 토지나 건물 등 부동산보다는 귀금속이나 유동성 자산을 선호하는 스타일, 에너지나 식량처럼 유사시 생존을 위해 필수적인 것은 반드시 독점하는 욕심 등이 '그놈들'의 본질과 일맥상통하는 게 정말 많다. 특히 유태인이 트라우마(정신적 상처)를 극복하는 방식에 주목해야 한다.

가령 1492년 발표된 '알함브라 칙령'을 살펴보자. 이는 나치 정권의 홀로코스트(대학살)보다는 덜 알려져 있지만 음모론에선 중요한 위치를 차지한다. 1492년 1월 스페인은 이베리아 반도에 남아 있던 이슬람 왕국인 그라나다를 함락시키는데 이때 이슬람 교도를 추방하면서 유태인들도 함께 쫓아낸다. 기독교적 열정이 유태인에게까지 증오의 화살을 향하게 했던 것이다.

그들에게 예수를 십자가에 못 박았던 유태인들은 이슬람교도 이상의 분노의 대상이었다. 그래서 1492년 3월 스페인은 "유태인들은 모두 떠나라"는 유태인 추방령 알함브라 칙령을 선포한다. 유태인은 스페인의 지리상 발견과 패권 형성에 큰 역할을 했지만 결국 버림받았던 것이다. 그리고 이런 경험은 하나의 트라우마로 자리 잡는다.

이후 유태인에 대한 대중적 탄압은 반복적으로 나타났는데 그 마지막이 제2차 세계대전 중 히틀러 나치 정권의 홀로코스트인 셈이다. 커튼 뒤에 숨는 유태인의 속성이 100퍼센트 완성된 계기였다고 할 수 있다.

## ■ ■ ■
## 정보를 가진 자가 살아남을 수 있다

그런데 커튼 뒤에 숨어서 세상을 움직이려면 뭔가 특별한 것이 있어야 한다. 그것이 바로 정보다. 옆집 아저씨가 바람을 피웠다는 건 그저 동네 미용실의 수다거리지만 모 재벌 그룹 회장이 A여배우와 불륜 관계라는 사실은 중요한 정보가 된다. 인권운동가 K가 야동 마니아라는 사실은 '그놈들'에게 정말 요긴한 정보일 수도 있다. 특히 남들이 모르는 정보일수록 더 큰 힘이 된다. 그 정보를 갖고 '딜(deal)'을 할 수 있기 때문이다.

그래서 '그놈들'은 현재 지구상에 존재하는 정보기관을 모두 장악하고 있다. 미국 CIA와 이스라엘 MOSAD를 휘하에 거느리고 있으며 러시아의 KGB, 영국의 MI5, MI6와는 긴밀한 관계를 유지하고 있다. 이렇게 해서 그간 미국과 유럽 대륙 및 중동 지역의 쓸 만한 정보는 모두 손에 넣을 수 있었고, 이 정보는 '그놈들'이 수렴청정할 수 있는 파워가 됐다. 물론 이성적인 생각하면 이런 사실이 잘 믿어지지 않는다. 나도 그랬다. 음모론자들은 종종 "'그놈들'이 우리나라 국정원도 손에 쥐고 있어"라고 하는데, 국가정보원의 조직 구조와 운영 방식을 잘 알고 있는 나로서는 이 사실을 도대체 믿을 수가 없었기 때문이다.

하지만 이때도 '커튼 뒤의 사람들'이라는 시각에서 접근해야 한다. 즉, 해당 정보기관의 수장이 돼야만 그곳을 장악하는 게 아니다. 자신이 원하는 사람을 수장으로 앉힐 수 있으면 그것 또한 장악이다.

또한 영국 MI6와 러시아 KGB 양측을 오갈 수 있고, 이스라엘 MOSAD에서 벌어지는 일을 하나의 정보로 미국 CIA에 자유롭게 넘기는 채널을 갖고 있다면 이 역시 장악이다. 굳이 각 첩보 기관의 기관장이 되지 않더라도 그 이상의 힘을 발휘할 수 있는 것이다. 그래서 각 첩보 기관의 이중간첩은 '그놈들'의 주요 포섭 대상이다.

투자의 성공에서도 정보가 차지하는 비중이 매우 크다. 재테크도 마찬가지다. 가령 미국의 9·11 테러를 미리 알고 있던 사람과 그렇지 않은 사람의 투자 결과는 하늘과 땅의 차이가 난다. 리먼 브러더스가 망할 것이라는 사실을 정확하게 알고 있던 사람은 2008년 말의 재테크가 참으로 행복했을지도 모른다.

그런데 '그놈들'은 이미 정보를 모두 장악하고 있다. 그래서 음모론 투자는 역설적으로 나름의 의미가 있는지도 모른다. 모든 정보를 알고, 만들고, 그에 따라 행동하는 '그놈들'을 통찰하는 데서 시작하기 때문이다.

## 변증법이라는 매력적인 포장 수단

　변증법 예찬론자에게는 미안하지만 '그놈들'이 가장 좋아하는 이론, 그리고 '그놈들'이 일을 풀어가는 모든 방식은 정확히 변증법의 과정을 따른다. 지금 관념론적 변증법이나 유물론적 변증법에 대해 설명하려는 것이 아니다. "헤겔이나 마르크스는 모두 유태인"이라는 단세포적인 음모론을 말하려는 것도 아니다. '정반합(正反合)'이라는 논리 구조는 기생충처럼 살아가는 '그놈들'에게 아주 매력적인 사고 유형이라는 사실을 말하려는 것이다.

　'그놈들'은 세계 단일 정부라는 목표 아래 지속적으로 전진해야만 한다. 절대 후퇴는 없다. 무조건 앞으로, 또 앞으로 나아갈 뿐이다. 그런데 이를 위해서는 끊임없이 좋은 놈과 나쁜 놈이 필요하고, 지속적인 갈등과 화합이 있어야만 한다. 오늘의 적이 내일의 동지가 되고, 그리고 이 세력이 뭉쳐서 또다른 적을 물리치거나 그 적에게 패배해야 하고, 다시 새로운 세력으로 양분돼 그 다음 판을 펼쳐야만 한다. 그래야만 지속적인 전진을 이뤄낼 수 있다.

　따라서 '그놈들'에겐 늘 새로운 이분법이 필요하고, 새로운 지정학적 편가르기가 있어야 하는데 바로 변증법이 이에 대한 정당성을 마련해준다고 보면 된다.

　예를 들어 갈등 관계인 A와 B에게 모두 지원을 해준 후 이들을 부추겨 한판 싸우게 하고 나서 새롭게 탄생된 C에 붙어 안정된 자리를 차지하는 행태는 '그놈들'의 전형적인 수법이다. 이렇게 하면 갈등을 빚고 있을 때도 돈을 벌고, 싸움이 끝났을 때도 돈을 벌 수 있다. 아예 최종 승자를 직접 고를 수도 있다.

특히, 대중에겐 이렇게 갈등하고 화합하는 것을 개선 혹은 발전이라고 느끼게 해줘야만 하는데 변증법은 이때도 좋은 포장 수단이 된다. "선과 악의 구분은 없다. 생각의 차이만 있을 뿐"이라는 멋들어진 묘한 말을 통해 끊임없는 순환 논리를 개발하는 것이다.

또한 1960~1970년대 미국의 히피 문화처럼 지능적인 믹스(MIX) 방식도 활용한다. 좌파 진보 운동이 결국 우파 보수주의의 사상적 기틀을 마련하도록 교묘하게 섞어버리는 것이다. 미국의 히피 문화는 극우주의자들에 대한 반항과 기존 권위에 대한 도전으로 좌파적 특징이 매우 강한 반문화 운동이었다.

하지만 역설적으로 히피 문화는 1980년대부터 시작되는 '신자유주의 경제체제'의 정신적 토대를 마련했다. 신자유주의에서 외쳐댔던 '세계화'라는 이슈는 히피 문화에서 주창했던 "인류(인간)는 하나다"라는 사고 체계를 통해 더 쉽게 받아들일 수 있기 때문이다. 단적으로 말해 금발에 장신인 미국 여인과 키 작고 왜소한 동남아시아 남자가 스스럼없이 관계를 가질 수 있다는 게 히피 문화이고, 경제적 측면에서 보면 신자유주의가 된다는 이야기다. 그래서 종종 음모론에선 히피 문화를 당연히 '그놈들'이 만들어냈다고 주장하는 것인지 모르겠다.

경제는 결국 발전했고, 인류는 계속 진보해 왔다. 하지만 그 단면에는 수많은 퇴보가 있었고 공황이 존재했다. 누군가는 이를 정반합으로 이해하고, 인간의 힘에 의한 것이라고도 여긴다. 하지만 음모론에선 '그놈들'의 흉계라고 파악한다.

'그놈들'에겐 늘 갈등이 필요하다. 위기와 공포, 대립이 있어야 한다. 그러다가 극적으로 이런 문제들이 해결돼야 자신들이 모든 수익을 챙길 수 있기 때문이다. 그들로서는 가령 5억짜리 아파트가 조금씩 올라 10억이 되면 절대로 안 된다. 그럼 돈 벌 기회가 없어지기 때문이다. 오히려 5억짜리 아파트가 2억으로 떨어졌다가 7억으로 오르고, 그러다가 다시 4억으로 떨어졌다가 8억으로 오르고, 이후 다시 한 번 정도

### ● 남북전쟁의 갈등이 해소되자 미국은 '그놈들'의 것이 되었다

1861년에 시작된 미국 남북전쟁이 결코 노예 문제 때문에 시작된 것이 아니라는 사실은 이제 널리 알려져 있다. 음모론에 따르면 남북전쟁은 미국으로 건너간 일루미나티, 더 구체적으로 말하면 로스차일드 카르텔의 작품이다. 그들은 미국을 장악하기 위해 중앙은행 시스템이 필요했는데, 청교도 성향이 강했던 당시 미국인들이 이를 받아들이지 않았다. 그래서 그들이 선택한 것이 바로 전쟁이었던 것이다. 즉, 현재 우리를 돈의 노예로 만들어버린 지급 준비 제도와 FRB라는 중앙은행 시스템을 만들기 위해 '전쟁'이라는 해법이 필요했다.

그들은 먼저 정반합을 통해 지속될 수 있는 갈등 이슈를 찾았는데 그것이 바로 노예였다. 당시 북부연방(Union, 당시 미국)을 이끌었던 링컨은 결코 노예제 폐지를 주장하지 않았다. 링컨은 남부 지역이 노예 없이는 제대로 유지될 수 없다는 것을 누구보다도 잘 이해하고 있었기 때문이다. 하지만 '그놈들'은 남부 사람들을 부추겨 연방에서 탈퇴해 남부연합(Confederation)을 구성하게 했고 본격적인 싸움이 시작됐다.

갈등 만들기는 식은 죽 먹기였다. 당시 북부 연방 측은 유럽의 값싼 물품의 수입을 막으려고 관세를 부과했는데 이에 대한 보복으로 유럽에선 미국 남부 지역의 목화 수입을 중단했던 것. 당연히 남부 사람들은 광분했다. 밥줄이 달려 있었기 때문에 그 분노는 더 치열했고 모든 것을 링컨과 북부 사람들 탓으로 돌렸다. 결국 전쟁은 시작됐다.

더 떨어졌다가 결국 10억이 되는 게 훨씬 유리하다. 그래야 많은 돈을 챙길 수 있고, 사람들의 공포와 탐욕을 보면서 즐길 수 있다.

그렇다면 음모론 투자를 위해서는 변증법을 무조건 배격하고 무시해야 하는 것일까? 그렇지 않다. 적절한 대응은 오히려 갈등을 즐기고 공

> 로스차일드 카르텔은 영국, 프랑스를 앞세워 막대한 자금력으로 남부를 적극 지원했다. 그러나 신은 링컨의 편이었다. 이렇게 남북전쟁은 마무리되는 듯했다. 하지만 '그놈들'은 이번엔 북군 내부를 흔들어 갈등을 만들어낸다. 북군 내 극우파들은, 항복한 남군에 대해 배상을 요구하거나 포로로 잡지도 않고 그냥 고향으로 보내주는 링컨에 반기를 들었다. 링컨파와 반(反)링컨파로 새로운 갈등을 유발시킨 셈이다.
>
> 링컨은 이에 대해 묵묵히 대응했는데 1865년 4월, 두 번째 대통령 임기를 시작한 지 41일 만에 암살당하고 만다. 암살, 그것은 '그놈들'이 막판에 몰렸을 때 사용하는 마지막 수단이었다. 정반합을 통해 미국은 새롭게 탄생했지만 새로운 미국은 남부의 것도, 북부의 것도, 링컨의 것도, 노예의 것도 아니었다. 바로 '그놈들'의 것이었다.
>
> 전쟁이 끝난 후 미국은 극심한 인플레이션에 빠졌다. 전쟁 중 엄청난 돈이 풀렸기 때문이다. 바로 이때 '그놈들'은 마지막 작업에 돌입한다. 은행을 조정해 당시 통용되던 지폐 그린백(greenback)과 은화 등의 유통을 철저하게 막은 것이다. 대출은 회수하고, 재융자는 거절하면서 통화량을 축소시켰다. 결국 디플레이션이 시작됐고, 공황이 찾아왔다.
>
> 당시 미국인들은 누군가 하늘에서 돈을 맘껏 뿌려주기를 간절하게 원했다고 한다. 그리고 이런 소망이 극에 달했을 무렵 '그놈들'은 의도대로 1913년 연방준비은행을 만드는 데 성공하게 된다. 그리고 여기에 기생하면서 본격적으로 돈을 뿌리고, 또한 거둬들이는 작업을 시작하게 된다.

포에 초연해지는 자세를 갖는 것이다. 꽃이 떨어졌다고 절대 슬퍼하거나 괴로워하거나 포기할 필요가 없다. 두려워할 이유도 없다. 이때 더 정신 차리고 파고들어야 한다. 끝까지 따라붙어야 한다.

어차피 '그놈들' 논리대로라면 새로운 꽃이 피려면 지금의 꽃은 져야 한다. 새로운 꽃이 언제 필지는 알 수 없으나 '그놈들'은 반드시 꽃을 피워줄 것이 확실하다. 그래야 그들도 살 수 있고, 전진할 수 있으니까 말이다. 따라서 만약 우리가 끝까지 버틸 수만 있다면 우리에게도 분명 승산은 있다.

## 집단 린치와 신기술, 그리고 버그

커튼 뒤로 숨어버린 '그놈들'은 집단 린치에 대해 트라우마가 있다. '그놈들'은 대중을 우습게 보지만, 누구보다도 대중의 무서움을 잘 알고 있다. 일부 음모론자들은 "나치의 유태인 학살은 조작됐다"고 주장하곤 한다.

인류 역사상 끊이지 않았던 유태인 포그롬(pogrom: 대박해. 당국의 묵인 속에 군중들이 종교적·인종적·민족적 약자의 재산에 대해 가하는 공격. 19세기 말과 20세기 초 러시아에서 일어난 유태인 공격을 지칭)에 대한 최후 방지책으로 그들 스스로 인류 최대의 홀로코스트를 계획했다는 것이다. 다시는 그 누구도 유태인에게 집단 린치를 가하지 못하게 하고, 아예 그것을 입 밖에도 내지 못하게 하려고 스스로 상상할 수 없을 만큼 어마어마한 피해자가 됐다는 의견이다.

물론 지금 이런 음모론을 믿으라는 게 아니다. 하지만 집단 박해에 대한 근원적 두려움이 어떤 행동 방식으로 나타나는지에 대해 한번 생각해 보는 계기로 삼을 수 있다. 그렇게 똑똑하고, 실력 있고, 자신감 넘치고, 떳떳하다면서 왜 정정당당하게 앞에 나서지 못하는 것일까? 그렇게 잘났다면서 왜 항상 비밀결사 운운하면서 정면승부를 하지 못하는 것일까?

분명 '그놈들'을 장막 뒤로 숨어버리게 만든 데는 뚜렷한 이유가 있다. 그리고 나는 '그놈들'이 앞에 나서지 못하고 뒤에서만 흉계를 꾸미는 가장 큰 이유로 집단 린치에 대한 트라우마를 첫손에 꼽는다. 아흔아홉 번 대중을 갖고 놀다가도 단 한 번의 변수로 프로젝트가 어긋났을 경우 성난 군중이 가해 오는 반격을 몇 번 경험한 이후 아예 수면 아래로, 지하 세계로 몸을 감춰버린 것이다. 반대로 생각하면 집단 린치는 우리를 지켜낼 마지막 방어책이 된다는 말도 된다. '그놈들'에게 사용할 마지막 투쟁 방법은 결국 집단 린치일 수밖에 없다는 이야기다.

이와 관련해 '그놈들'이 두려워하는 것들을 한번 살펴보기로 하자. 앞서 말했듯 '그놈들'은 집단적인 핍박을 태생적으로 무서워한다. 혹자는 이런 성향 때문에 '그놈들'이 부동산보다 동산을 더 선호하게 됐다고 한다. 유사시 현금화하기가 곤란한 토지나 건물 등에 그리 집착하지 않는다는 뜻이다.

두 번째, '그놈들'이 특히 두려워하는 것은 바로 신기술이다. 기술이라는 것, 과학이라는 것은 종종 통제할 수 없는 범위로 튀어 나가기 때문이다. 그래서 '그놈들' 스스로 노이로제에 걸린 듯 과학에 매진한다.

그리고 혹여 자신들이 의도하지 않은 신기술이 등장할 때는 돈으로 매수하든지, 엄청난 자금력을 동원해 따라잡든지, 아니면 여론을 이용해서 그 싹을 초장에 잘라버린다. 마지막엔 해당 과학자를 죽이는 방법까지 사용한다. 그래서 음모론 투자를 펼친다면 신기술에 대해 늘 촉수를 곤두세우고 있어야 한다.

세 번째는 바로 '버그(Bug)'다. '그놈들'은 자신들이 짜놓은 완벽한 계획이나 시스템에서 종종 출몰하는 버그를 굉장히 싫어한다. 버그는 자칫 시스템 붕괴가 우려될 만한 충격을 주기 때문이다. 100억 원을 벌었으면 강남으로 이사를 가고 벤츠 S600을 몰아야 하는데 그 모든 것을 기부해 버리고 흐뭇하게 미소 짓는 사람이나, 돈 300만 원 때문에 직장과 가족까지 버리고 진실을 밝히려고 집요하게 달려드는 사람은 '그놈들'에겐 모두 버그다.

'그놈들'이 생각하기에 인간이라면 누릴 때 누려야 하고, 슬플 때 울고, 두려울 때는 공포에 떨어야 한다. 노력 없이 대박이 터졌으면 타락해야 하고, 꽃뱀에겐 반드시 물려야 한다.

"인간은 기하급수적으로 늘어나고 식량은 산술급수적으로 늘어, 인류의 생존을 위해선 인구를 제한해야 한다"는 맬서스의『인구론』앞에 선 성생활도 참고 아이도 한 명 이상 낳으면 안 되는 게 정상이다. 무엇보다 생명은 버그 출현 확률을 높이는 존재다. 그래서 '그놈들'은 이미 중국에서 혹독한 산아제한 정책을 유도해 냈다. 생명의 탄생을 최대한 막아 버그의 출현을 최소화하겠다는 의도다.

그런데 그냥 아무 생각 없이, 부자도 아니면서 무턱대고 여섯, 일곱씩 아이를 낳는 버그들을 도무지 참을 수가 없다. 풍요로움에 따른 허무감으로, 아니면 미래 경제생활에 대한 두려움으로, 혹은 사교육이라는 굴레로 아이 낳는 것을 막아왔건만 그것에 아랑곳하지 않고 4~5명씩 아이를 낳는 사람들을 '그놈들'은 도대체 이해할 수가 없는 것이다.

따라서 우리가 집단 린치 외에 '그놈들'을 이기는 방법이 있다면 바로 버그처럼 행동하는 것일 게다. 하지만 안타깝게도 버그는 학습하는 것이 아니라 타고나는 것이다. 되고 싶다고 아무리 노력해도 될 수 없는 게 바로 버그다. 그래서 '그놈들'이 버그를 더 경계하는 것인지도 모르겠다.

하지만 앞으로 펼쳐질 음모론 투자에선 "버그라면 이때 어떻게 행동할까?"라는 물음을 늘 품도록 하자. 중요한 선택의 순간 이런 변수까지 생각해 본다면 우리의 통찰력은 더욱 강해질 것이다.

한 사나이가 운 좋게 동물원에 취직하게 됐습니다. 그런데 그때 마침 동물원에서는 고릴라가 죽어 차질이 생겼습니다. 이때 그 사나이는 새로운 고릴라가 올 때까지 봉제 옷을 입고 고릴라가 돼달라는 요청을 받게 됩니다. 사나이는 흔쾌히 승낙했죠. 그런데 우리 안 생활은 대단히 지루했습니다. 그래서 운동도 하고, 구경꾼들을 기쁘게 해주려고 로프에 매달려 타잔처럼 이리저리 몸을 흔들어대는 묘기도 펼쳤죠.

그러던 어느 날이었습니다. 아뿔싸! 로프를 너무 심하게 흔드는 바람에 옆에 있는 사자 우리에 떨어져버린 것입니다. 사자는 무서운 눈빛으로 이 침입자를 노려보았죠. 이에 겁이 난 가짜 고릴라는 가면을 올려 얼굴을 보이면서 "난 사람이야. 여기서 내보내줘"라면서 사자를 쳐다봤습니다. 그때였습니다. 사나이를 노려보던 사자가 이렇게 말하는 것이었습니다.

"조용히 해. 떠들다 들키면 우리 둘 다 실직하게 될 테니까."

― 로널드 레이건 미국 전 대통령, 1985년 12월 미국 하원의원 연설회에서

| 2장 |

음모론 투자를 위한
5가지 통찰 코드

■ ■ ■

요즘 유학을 떠나는 경제학 전공 후배들에게 이런 충고를 한다.
"지금부터는 시카고를 버려. 무조건 케인스다. 알겠지? 앞으로 최소 10년간 대한민국 대학의 경제학부 교수들은 케인스 학파로 채워질 거야. 명심해."

이 조언은 경제사적인 흐름에 입각한 통찰에서 비롯된 것이다. 20세기를 보면 1929년 대공황을 기점으로 국가의 시장 개입을 긍정적으로 보는 수정자본주의가 주도권을 잡는다. 하지만 1970년대 초 제1차 석유파동과 함께 케인스식 수정자본주의는 '영광의 30년'을 마감한다. '정부의 실패'가 공식적으로 확인된 것이다.

그리고 1980년대 중반 이후부터는 대처리즘, 레이거노믹스 등 시장에 모든 것을 맡기고 금리정책을 통해 경제를 이끌어갈 수 있다는 신자유주의가 패권을 잡는다. 그런데 지난 2008년 말 세계 금융 위기를 기점으로 이번엔 '시장의 실패'가 부각되고 신자유주의는 몰락하고 있다.

따라서 이제 케인스 학파가 득세할 것이고 예측해 볼 수 있다. 그래서 내가 후배들에게 시카고 학파가 아닌 케인스 학파 쪽에 서야 한다고 조언하는 것이다.

이런 나의 충고는 음모론을 활용한 통찰로도 설명된다. 최근 15년 가까이 노벨 경제학상은 시카고 학파 경제학자들이 휩쓸었다. 그런데 2008년 노벨 경제학상 수상자로 뜬금없이 프린스턴 대학교의 폴 크루그먼 교수가 등장한다. 크루그먼은 '부시 저격수' '신자유주의 비판가' 등과 같은 별명에서 알 수 있듯 그간 자유주의 시장경제를 맹렬하게 비판했던 인물이다. 그런데 '그놈들'은 노벨 경제학상을 바로 이 크루그먼에게 안겼다. 게다가 2009년에는 미국 인디애나 대학교 엘리너 오스트롬 교수와 UC 버클리의 올리버 윌리엄슨 교수가 공동으로 수상했다. 이들은 경제학자라기보다는 "시장은 누군가 개입해야 한다"고 주장하는 정치학자들이다. 그렇다면 이것은 과연 무엇을 의미하는 것일까?

경제학의 권위를 이용해 자신들의 행동을 정당화하는 '그놈들'의 방식을 아는 음모론자라면 지금부터는 인류 노예화 과정에 정부가 직접 나서는 전술이 구사될 것이라고 통찰할 수 있어야 한다. 또한 이제 케인스 학파가 득세하리라는 추론까지도 가능한 것이다.

## ■ ■ ■ 음모론을 이용한 투자 통찰 연습

음모론을 삶에 직접 적용한다는 것은 한심해 보이고, 무모해 보인다. 게다가 이 음모론을 내 피 같은 돈이 걸린 투자에 이용한다는 것은 난센스다. 다시 한 번 강조하지만 음모론을 맹신해 거기에 모든 인생을 걸라는 게 아니다. 투자의 필수 요소가 통찰이라면 음모론적 요소도 그 한 구성 요소로 포함하라는 소박한 주장이다. 어렵게 느낄 필요도 없다. 통찰이 맞고 틀리고는 그렇게 중요하지 않을 수도 있다. 지금 우리에게 필요한 건 통찰 연습을 통해 얻는 추론이지 노스트라다무스적 예언이 아니기 때문이다.

공상을 해도 좋다. 하지만 뭔가 그 과정을 궁금해하는 습관을 길러야 한다. 어떤 식으로든 자신만의 그림을 그리는 연습을 해야 한다. 그래야 실력이 붙고, 음모론 투자에 성공할 수 있는 기틀을 마련한다. 앞서 말한 시카고 학파와 케인스 학파의 학문적 흐름에 대한 통찰 방식을 떠올리면 된다. 음모론적으로도, 실증적으로도 유사한 해석이 가능한 사안이라면 자신의 통찰에 자신감을 가져도 된다.

그런데 막상 음모론을 투자에 이용하려면 이 세상에 존재하는 온갖 음모론을 모두 공부해야 할 것 같은 부담감이 엄습해 온다. 틀린 이야기는 아니다. 많이 알수록 이해는 빨라진다. 하지만 나는 오히려 몇 가지 큰 틀과 '그놈들'의 행태만 익혀 지속적인 통찰 연습을 한다면 세세한 음모론 지식과 상관없이 성공적인 음모론 투자를 할 수 있다고 본다.

이제 여러분과 함께 음모론 투자를 구성하는 다섯 가지 핵심 키워드를 놓고 통찰 연습을 해보려고 한다. '그놈들'의 방식을 파악하는 다섯 개의 기준점을 잡은 것이다. 어떤 하나의 사건에 대해 다섯 가지 측면에서 뚫고 들어가면서 그 속에 담긴 음모를 통찰해 보고 투자에 대한 감을 잡는 방법이기도 하다. 수만, 수십만 가지의 음모론을 모두 학습하지 못해도 이 다섯 개 코드로 통찰 연습을 지속한다면 음모론 투자의 기초를 마련할 수 있다.

나는 이 분석법을 '오각 분석 시스템(Penta-Analysis System)'이라고 이름 붙였다. 이때 다섯 가지 키워드는 '단일화', 기축통화인 '달러', 호황과 불황으로 구성되는 '주기', '자원과 신기술', '종교'이다. 음모론 투자를 위해 일상에서 만나는 사건(이벤트)을 꿰뚫는 다섯 개의 창이라고 생각하면 좋을 것 같다. 매 순간 다음의 다섯 가지 질문을 던져보면서 자신의 통찰 흐름을 잡아보고 확인하다가 직접 투자로 이어지도록 활용하면 된다.

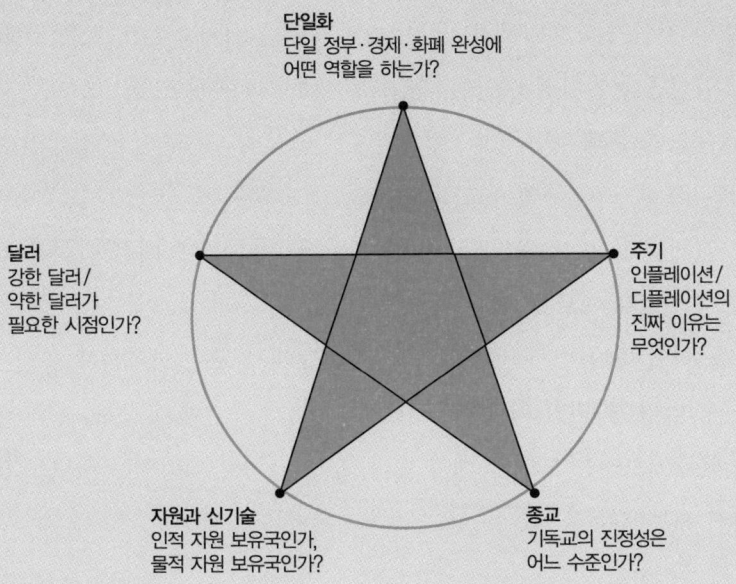

음모론 투자를 위한 오각 분석 시스템

　예를 들어 브라질이 2014년 브라질 월드컵에 이어 2016년 리우데자네이루 올림픽까지 유치하게 됐다는 뉴스를 접했다고 해보자. 이것을 음모론 투자에 어떻게 활용할지 고민될 때 앞서 말한 다섯 가지 통찰 키워드에 넣어보고 이를 통해 '그놈들'에게 당하지 않는 방법을 생각해 보면 된다.

　첫째, '단일화'의 관점에선 세계 단일 정부로 가는 데 브라질은 과연 어떤 역할을 해야 하는가를 고민해 볼 필요가 있다. 둘째, 미국 달러화 가치의 변동과 함께 브라질 헤알화의 가치는 강해져야 할까, 약해져야 할까에 대한 연구다. 셋째, '주기'의 측면에서는 이머징 마켓 버블(인플레이션) 또는 버블 붕괴(디플레이션) 과정에서 브라질은 어떤 경기 흐름을 탈 것인가를 파악해 본다. 넷째, '자원과 신기술' 코드로는, 브라질의 엄청난 천연자원은 어떤 과정으로 '그놈들'에게 빼앗길까(또는 지켜낼까)를 통찰해 보면 좋다. 마지막으로 다섯째, '종교'의 관점에선 브라질의 현 종교는 무엇이고, 국민들의 종교관은 어느 정도 수준이고, 기독교(개신교)는 브라질에서 어떤 위치에 있나 등에 대한 분석을 하고 투자 전략을 짜보는 것이다.

물론 어떤 하나의 사건이 다섯 가지 관점에서 모두 명확하게 풀리지 않을 수 있다. 하지만 이때에도 최소한 2~3개 측면에서 '그놈들'의 음모를 꿰뚫어보려는 노력을 해야 한다. 분명 마지막 지향점은 하나로 모아지기 때문이다.

### ■■■ 통찰 연습의 1차 관문, 2012년

한편, '그놈들'의 음모를 통찰할 때 기간 예측이라는 게 과연 의미가 있을지는 모르겠지만 일단 2012년이라는 시한을 명시해 보았다. 음모론에서 2012년은 상당한 의미를 내포하고 있는 해이기 때문이다. 가령 음모론은 '11년 주기설'을 강조하는데 1990년 아버지 부시 대통령이 공식적으로 '신세계질서'를 선포한 후, 11년 후인 2001년 9·11 사태가 터졌고, 이후 11년인 2012년에는 또하나의 이슈가 등장한다는 해석이다.

또한 2012년은 기원전 3114년 8월 13일을 원년으로 시작한 마야력의 시기로 여기저기서 '지구 멸망의 날'로 지목하고 있고, 3,600년 주기로 공전하는 행성 '니비루(일명 '플래닛X')'와 지구의 충돌설도 2012년에 맞춰져 있다(뒤에서 본격적으로 설명하겠지만 나는 2012년의 핵심 이슈를 '울트라 버블'이라고 통찰했다. 이후 찾아올 마지막 파국을 위해 상상 이상의 거품을 만든다는 해석이다).

이뿐만이 아니다. 2012년은 공교롭게도 한국, 미국, 러시아, 중국 등에서 모두 최고 통치자가 바뀌는 해가 된다. 엄청난 선거가 치러지는 시기로, 한국은 단임제이지만 미국에선 오바마의 재선을 놓고 치열한 승부가 예상된다. 또한 현재 러시아 총리인 블라디미르 푸틴이 만약 2012년 선거에 출마해 대통령직에 복귀하면 12년간(연임 포함) 권좌에 더 머물 수 있게 된다.

특히 중국은 시진핑 국가 부주석이 후진타오 주석으로부터 권력을 승계받는 중요한 해다. 음모론에선 시진핑이 '그놈들'로부터 낙점을 받았다고는 하지만 낙관할 순 없다. 아직 장쩌민 전 주석과 후진타오 현 주석 간의 권력 암투가 치열하기 때문이다. 경우에 따라 후진타오 측이 장쩌민 라인의 시진핑 부주석과 갈등을 벌여 판을 엎을 가능성도 있다.

재미있는 것은 일본 역시 선거에서 자유롭지 못하다는 것이다. 일본은 법적으로 총리에 대한 임기 제한이 없지만 중의원 선거가 평균 3년마다 열리는 것을 감안하면 2012년은 매우 의미 있는 한 해가 될 것이다. 또한 남미 베네수엘라 차베스 대통령의 정권 연장이 결정되는 것도 2012년이다.

이 밖에 2012년은 지구온난화 문제와 관련된 교토 의정서의 1차 의무 이행 기간이 종료되고 포스트 교토 의정서 체제의 시작을 준비하는 시기이기도 하다.

그래서 나는 2012년을 음모론 투자 통찰의 중요한 시기로 삼았다.

2012년을 전환점으로 많은 것이 급속도로 변해갈 것이라고 생각했기 때문이다. 물론 이처럼 기간을 한정하는 것이 음모론에서 치명적임을 안다. 하지만 음모론 투자를 하는 데에 나름의 로드맵을 그릴 수 있어 상대적인 이점도 있다고 볼 수 있다.

그럼 지금부터 음모론 투자 통찰 연습을 시작해 보자. 그러나 본격적인 논의에 앞서 한 가지 주의할 점이 있다. 예를 들어 금값이 향후 온스당 2,000달러까지 간다고 통찰하고 확신한다고 해도 실전 음모론 투자에서는 지금 당장 자신의 모든 자산을 탈탈 털어 금을 사 모아서는 안 된다. 이와 관련된 실제적인 대응 방법은 3장에서 다룰 예정이다.

# 01:
## 단일화:
## 단일 정부와 단일 경제, 그리고 단일 통화

음모론을 투자에 활용해 실행할 때 첫 번째로 활용해야 할 통찰 코드는 바로 '단일화'와 '통합'이다. '그놈들'은 결국 바벨탑 이후 뿔뿔이 흩어진 인류를 다시 모두 합친 후 이 꼭대기에 서겠다는 목표가 있기 때문에 우리는 이 계획에 대해 통찰해야 한다. 퍼즐 맞추기의 마지막 그림을 명확하게 알아야 효율적 통찰이 가능하다.

먼저 '유럽-아메리카-아시아(러시아 포함)'로 이어지는 3각 대륙 통합 체제에 주목해야 한다. 또한 그 이전 단계인 경제 통합과 지역 화폐 출범에 대해서도 촉각을 곤두세우고 있어야 한다. 심지어 종교 단일화까지도 머릿속에 넣어야 한다. 통합은 무조건 이뤄진다고 가정해야 하며 이 과정 속에서 과연 나는 무엇을 해야 하는지 고민해야 한다.

가령 2009년 말 현재 노르웨이, 스위스, 터키 등 유럽에서 꽤 지명도 있는 국가들이 아직 유럽연합에 가입하지 않거나, 못하고 있다. 또한 유로화가 지역 통화로 사용되고 있는데도 영국의 파운드화는 물론이고 노르웨이 크로네화, 스위스의 스위스 프랑 등은 아직도 버젓이 생존해 있다.

그럼 이때 먼저 취해야 할 자세는 미가입 국가도 결국 유럽연합으로 통합되고, 나머지 통화도 유로화로 합류할 것이라는 데서 시작해야 한다. 이런 관점에서 통찰을 풀어가야 한다.

그러고 나서 이 국가들이 향후 유럽연합에 가입하고 유로화에 합류할 때 어떤 득실 관계가 생길 것인가에 대해 통찰하는 연습을 이어가는 것이다. 이렇게 하면 앞서 설명했던 아일랜드의 리스본 조약 가입과 같은 사건의 수수께끼도 쉽게 풀리게 된다.

유럽연합에 가입하고 싶어 안달하는 터키를 유럽연합 기존 회원국들이 받아주지 않는 이유로 터키가 이슬람 문화권이기 때문이라고 하는 것은 표면적인 것일 뿐이다. 오히려 '그놈들'의 술책이라고 봐야 한다.

결국 막판에는 터키를 유럽연합에 넣어줄 것이지만 그 대가로 '그놈들'은 뭔가를 얻을 것이며, 또한 유럽연합 내부에도 터키를 이용해 '그놈들'이 원하는 뭔가를 심어 넣을 것이라고 통찰해야 한다. 그것은 '나부코 프로젝트'에서 기득권을 잡는 것일 수도 있다. 터키는 카스피 해 천연가스를 유럽으로 배분하는 마지막 거점이기 때문이다.

또한 '그놈들'은 터키를 통해 유럽연합 내에 개신교든 가톨릭이든 이슬람이든 다 괜찮다는 종교 무용론을 퍼뜨릴 수도 있다. 2050년경에는 유럽연합 전체 인구의 30퍼센트 정도는 무슬림이 될 것이라는 전망은 그다지 놀랍지 않다.

특히, 스페인, 네덜란드, 영국 등 과거에 패권을 경험했던 기독교 국가들은 향후 인구 구성에서 무슬림 인구 비율이 유럽연합 평균보다 더 높아질 것이다. 무엇보다 무슬림들은 다산을 중시해 출산을 기피하는 유럽인들과 달리 수적으로 빠르게 늘고 있다.

크롬웰의 청교도혁명의 치열함이 아직도 숨쉬고 있는 영국에서 무슬림들이 조화를 이루며 사는 모습을 생각해 보라. 15세기 말 이슬람교도의 거점지였던 그라나다를 쑥대밭으로 만들었던 스페인에서 무슬림 대통령이 나오는 장면을 상상해 보라. 이것은 사회학적으로는 화합과 조화라고 표현되겠지만 음모론에서는 세계 단일 정부 탄생의 한 단면이라고 본다.

이뿐만이 아니다. 노르웨이가 왜 유럽연합에 가입하지 않고 있는가에 대해서는 현대판 노아의 방주라고 불리는 '스발라르 국제 종자 저장소(지구 최후의 날 저장소)'를 떠올려야 하며, 스위스에 대해서는 스위스 프랑과 '그놈들'의 더러운 돈이 숨어 있는 비밀 금고를 염두에 두고 있어야 한다.

아마도 스위스는 유럽연합에 가입하는 마지막 국가가 될 것이며, 스위스 프랑은 가장 마지막에 유로화 통화 체제에 합류할 것이다(스위스는 심지어 2002년에야 비로소 국제연합 회원국이 되었다). 달러가 망하더라도 스위스 프랑은 끝까지 명맥을 유지할 것이라고 통찰할 수 있다. '그놈들'이 스위스 비밀 금고에 넣어둔 돈을 모두 환전해 외부로 빼돌릴 때까지 말이다.

### 단일 정부는 단일 통화에서 시작된다

그런데 세계 단일 정부는 세계 단일 경제체제에서 시작하고, 이는 결국 단일 통화에서 비롯된다. 그리고 세계 단일 정부가 3개 대륙의 지역 정부를 기반으로 수립된다는 점을 감안하면 결국 지역 경제체제, 그리고 지역 화폐에서부터 '그놈들'의 음모가 시작될 것이라는 사실을 알 수 있다. 단일 정부는 결국 '돈'에서 시작된다. 언어나 문화는 돈에 비하면 미미한 존재다.

음모론자들에게 유로화는 확실히 결정된 지역 통화이다. 또한 이제 아메리카 대륙에는 미국-캐나다-멕시코의 통합 체제가 가시화되고 있고 북미연합 화폐의 등장도 자주 거론되고 있다. 그렇다면 당연히 아시아에서도 유럽연합 같은 지역 통합 경제 및 통합 정부가 만들어질 것이고, 지역 통합 화폐가 등장할 것이다. 그리고 우리는 이 과정 속에서 어떤 일이 펼쳐질 것인가에 대해 시나리오를 짜봐야 한다.

예를 들어 아시아 각국이 뭉치게 된다면 결코 먼저 의회가 통합된다거나 통합 대통령이 등장하는 일부터 시작되지 않는다. 먼저 먹고사는 걱정을 할 것이고 단일 경제체제 논의가 선행된다. 그리고 이 과정에서는 당연히 기준 화폐 논의가 나올 것이다. 유로화가 탄생할 때 독일 마르크화의 역할처럼 누군가 기준을 잡아줘야만 지역 화폐라는 것이 등장할 수 있기 때문이다.

일단 아시아 대륙에서는 중국 위안화를 생각해 볼 수 있다. 하지만 이런 추론에는 중국의 환율제도가 변동환율제로 바뀌어야 한다는 전제가 필요하다. 자국 통화가 달러화 환율에 고정돼 있는 상황에서는 기준

통화가 될 수 없기 때문이다.

하지만 환율제도가 바뀐다면 이것은 곧 '그놈들'의 총공세를 예고하는 것이기도 하다. 고정환율제에서 완전변동환율제로 전환되는 과정에서는 항상 '그놈들'의 맹공이 집중됐기 때문이다.

그럼 엔화는 어떨까? 오히려 음모론 투자 관점에서는 엔화가 아시아 지역 화폐 탄생에 기준을 잡아줄 것이라는 가능성을 열어둘 필요가 있다. 물론 중국인들은 이 말에 매우 흥분할 것이다. 여러모로 봤을 때 위안화만큼 출중한 통화는 드물기 때문이다.

하지만 이에 못지않은 심각한 문제가 있다. 먼저 위안화는 변동환율제를 채택할 시기를 이미 놓쳤다. 그리고 미국 국채라는 엄청난 '트로이의 목마'를 본토 안으로 끌어들였다. 잘 알다시피 중국은 미국의 최대 채권국이다. 2009년 말 현재 중국의 외환보유고는 2조 달러를 훌쩍 넘어섰다. 하지만 이런 채권으로 인해 중국이 미국보다 우월하거나 심지어 '그놈들'과 맞설 수 있다고 생각하면 큰 오산이다. 1억 원을 빚진 사람은 채권자에게 꼼짝도 못하지만 만약 100억 원대 채무자라면 오히려 채권자들로부터 보호를 받는다.

중국은 어서 빨리 변동환율제를 택하고 위안화 절상을 해야 한다. 30퍼센트, 40퍼센트 절상을 하게 되더라도 지금 해야 한다. 하지만 중국은 결코 하지 못할 것이다. 위안화 절상을 하더라도 찔끔찔끔 실행해 오히려 더 큰 부작용을 낳게 될 것이다. 현재 중국은 너무 성급해하고 있다. '만만디'를 더 이상 찾아볼 수 없다.

중국에게 위안화 가치 상승은 수출 타격을 의미한다. 그래서 중국 공산당은 어떻게든 현재 상태로 고성장이 유지되길 원하고 있다. 그렇지만 이는 버블을 더 크게 만들 뿐이다. 향후 위안화 절상을 예상하는 더 많은 해외 자본이 중국으로 들어갈 것이고, 이는 필연적으로 중국 인민들을 방만하게 만들게 된다.

중국은 위안화 약세로 당분간 수출은 힘을 받게 되겠지만 한순간 버블이 광속도로 증가하고 있음을 깨닫게 될 것이다. 그리고 스스로 뭔가 잘못되고 있다는 것을 느낄 때쯤 위안화는 '그놈들'에 의해 박살이 날 것이다. 결국 그간 자신들이 한 달에 10달러를 받으면서 피땀 흘려 벌

### ● 파운드화와 위안화의 평행이론

1992년 9월 16일 영국 파운드화가 대폭락했던 '검은 수요일(Black Wednesday)'의 이야기는 이제 하나의 전설처럼 전해온다. 파운드화 가치 폭락에 베팅해 무려 10억 달러의 수익을 올린 조지 소로스는 이후 파생투자가들의 영웅으로 등극하기도 했다.

이날 사건은 1979년 이후 유럽 통화를 독일 마르크화에 고정시켰던 유럽환율조정체제(ERM)에 따라 영국 파운드화와 독일 마르크화의 교환 비율이 1대 2.95로 고정됐다는 사실에서 시작된다. 조지 소로스는 아무리 봐도 영국 파운드화 가치가 여기에 못 미친다고 생각해 파운드화를 비싸게 공매도하고 달러를 싸게 사들인 다음, 파운드화를 싸게 환매수하고 달러를 비싸게 팔아 돈을 챙겼다는 이야기다.

실제로 파운드화 가치는 폭락했고 영국 중앙은행은 이를 막으려고 외환보유고의 3분의 1을 쏟아부었지만 다 털리고 결국 조지 소로스에게 항복하고 말았다. 또한 이 시기에 유럽환율조정체제에서 탈퇴한 영국(파운드화)은 완전변동환율제로 전환했으며 지금까지 유로화 체제에서 이탈해 있다. 일각에선 영국인들이 자존심 때문에 유로화를 사용하지 않는다고 하지만 실은 이런 가슴 아픈 사연이 담겨 있는 것이다.

그러나 음모론에선 '왜 파운드화가 처음부터 고평가돼 유럽환율조정체제에 편입됐

었던 달러를 다 털어먹는 결과를 초래할 것으로 보인다.

  왜 미국이 힘이 있는가? 왜 미국이 강대국인가? 많은 요인이 있겠지만 그중 핵심은 소비 대국이라는 점 때문이다. 전 세계에서 만든 물건을 가장 많이 소비해 주는 곳이기 때문에 세계 경제를 지배하는 것이다. 그런데 중국은 미국 못지않게 소비 대국으로 성장할 잠재력이 있는 곳이다. 가령 GDP에서 국내 소비가 차지하는 비중은 미국이 70퍼센

을까'에 주목한다. 그리고 당시 존 메이저 영국 총리는 왜 이런 상황에서도 굳이 유럽 환율조정체제를 유지하려고 동분서주했는지 의문을 제시한다(메이저 총리의 행동은 아직도 많은 경제학자들의 연구 대상이다). 아예 메이저 총리가 '그놈들'의 사주를 받아 파운드화의 고평가를 의도적으로 심화시켰다는 주장도 나온다. 심지어 영국 엘리자베스 여왕이 조지 소로스의 퀀텀펀드에 투자해 파운드화 폭락으로 큰돈을 벌었다는 이야기도 공공연하게 돌고 있다.

  '그놈들'이 과거 영국 패권 집권기에 모았던 자산(파운드화)을 유로화로 바꿀 경우 신분이 드러나기 때문에 돈세탁을 위해 파운드화 수명을 연장하려는 계략이 바로 '검은 수요일' 사건이라고 보는 음모론도 있다.

  우리가 기억해야 할 점은 어떤 식으로든 통화가치가 고평가된 상태로 고정환율제에 묶여 있을 경우 '그놈들'에게 당한다는 점이다. 1990년대 말 태국 바트화도 한국의 원화도 모두 마찬가지였다.

  그렇다면 현재 중국 위안화도 예외는 아니다. 혹시 10년 후 경제학자들은 과거 파운드화에 대해서 의문을 가졌던 것처럼 '왜 중국은 고평가된 위안화의 약점을 알고서도 이를 조금이라도 빨리 바로잡지 못했을까' 하고 궁금해할지 모르겠다. 파운드화와 위안화를 놓고 펼쳐지는 '평행이론(유사한 사건, 비슷한 인물의 생애 등이 일정한 시간차를 두고 병렬적으로 반복된다는 학설)'인 것도 같다.

트, OECD 국가가 50~60퍼센트 정도인 데 반해 중국은 아직 35퍼센트 정도에 불과하다.

중국이 체계적인 경기 부양책을 쓰고 지금이라도 미국 못지않은 소비를 해준다면 생각보다 더 빨리 패권을 장악할 수 있다. 하지만 중국은 스스로 이를 포기하고 있다. 수출을 위해 위안화를 붙잡고 있기 때문이다. 일각에선 중국이 위안화를 큰 폭으로 절상하면 지금 당장 수출이 감소해 망할 것처럼 떠들지만 그렇지 않다. 순 수출 기여도는 중국의 GDP 성장을 '조금 많이' 또는 '조금 적게' 만드는 정도의 영향력에 불과하다.

분명 중국은 내수 소비만으로 충분히 성장할 수 있다. 그러나 중국은 이 모든 것을 포기한 채 아직도 '세계의 공장' 노릇만 하려고 한다. 백조인 자신의 정체를 모르고 미운 오리 새끼처럼 행동하고 있는 것이다. 어떻게 보면 '그놈들'의 흉계일 수도 있겠다.

### ■■■ '그놈들'의 하수인, 일본

세계 단일 정부 관점에서 바라본 일본은 언제 봐도 신기하다. 파고들면 들수록 알쏭달쏭한 나라다. 심지어 "일본은 포르노를 통해 세계인의 정신세계를 흔들어놓는 임무를 받았다"는 주장에 나도 몰래 고개가 저절로 끄덕여진다. 종교 음모론자들은 "기독교 없이 선진국이 된 유일한 국가"라면서 일본의 정체성에 대해 파고들기도 한다.

음모론에선 일본을 '그놈들'의 하수인으로 파악한다. '그놈들'이 종종 일본을 짓누르기도 하지만 이것은 더 큰 목적을 위한 한낱 속임수에 불과하고, 마지막 순간 일본으로 하여금 한칼 날리게 할 것이라고 본다.

과거 역사를 돌이켜봐도 일본은 항상 '그놈들'의 부하였다. 20세기만 봐도 러일전쟁을 통해 러시아 차르 황제 체제를 무너뜨리는 역할을 했고, 일본의 중국 침략은 장제스 정권을 몰아내고 마오쩌둥의 공산 세력이 중국 본토를 점령하게 하는 데 절대적 공헌을 했다.

또한 일본은 제2차 세계대전의 주범임에도 불구하고 전후에 '그놈들'로부터 막대한 자본과 기술력을 전수받아 아시아에서 '그놈들'의 우군이 됐다. 그리고 플라자 합의를 통해 엔화 가치를 올리라고 하면 반항하지 않고 올렸고, 또 제로 금리를 유지해 엔화 가치를 급락시켜 세계 경제에 거품을 만들라고 하면 순순히 명령에 따랐다.

미국의 우주 개발에 들어간 자금 역시 일본 돈이다. 만약 미국 우주항공국(NASA)의 우주 개발이 멈춘다면 그것은 아마도 일본이 돈을 대지 않기 때문이라고 보면 된다. 지난 2008년 말 망했던 리먼 브러더스를 인수했던 두 곳은 바로 바클레이스(북미사업부 인수)와 노무라 증권(유럽 중동 및 아시아 부문)이었다. '그놈들'이 계획적으로 일으킨 사고의 뒷수습을 일본이 담당했던 것이다.

이처럼 '그놈들'은 일본인들이 죽자 살자 열심히 일해 번 돈을 자신들의 목적과 편의에 따라 전용해 왔다. 그런데 오는 2012년까지 일본은 '단일화'를 위해 맡은 역할이 있다. 바로 '달러(미 국채) 지킴이'와 '아시아 단일 통화체제 출범' 임무이다.

음모론자라면 지난 2009년 2월 로마 G7 석상에서 일명 '만취 기자회견'을 이유로 정계를 떠났던 나카가와 쇼이치 전 재무상이 그해 10월

자택에서 돌연사로 세상을 떠났을 때 뭔가를 직감했어야 한다. 또한 2009년 9월 제93대 총리에 올랐던 하토야마 유키오 일본 민주당 대표가 1년도 못 돼 총리직에서 사퇴했을 때쯤엔 확신을 가졌어야 한다. 일본이 다시 한 번 '그놈들'의 확실한 일꾼 노릇을 할 것이란 사실을 말이다.

나카가와와 하토야마의 공통점은 미국 눈치를 안 보고 독자적인 경제정책을 펼치겠다는 데 있다. 더 이상 일본 국민이 어렵게 번 돈으로 휴지조각에 불과한 미 국채를 사주지 않겠다며 목소리를 높였고, 더 이상 미국에만 목을 매선 안 된다고 역설했던 사람들이었다.

### ● 일본의 거품, 이렇게 터졌다

일본 거품 붕괴 과정은 웬만한 음모론 책에서는 빠짐없이 다루고 있다. 그 과정은 첫째가 플라자 합의, 둘째가 1987년 10월 19일의 블랙 먼데이, 셋째는 풋옵션, 이 세 가지로 압축된다. 플라자 합의로 엔고(高)를 만들고, 여기에 뉴욕 주가 폭락을 통한 전 세계 금리 인하를 통해 일본에 상상도 못 할 거품을 만들었으며, 마지막 풋옵션 파생상품으로 싹쓸이를 한 것이다.

일본은 1989년 상반기까지 금리에 손을 대지 못했다. 겨우 5월에 콜금리를 고작 2.5퍼센트에서 3.25퍼센트로 높일 뿐이었는데, 잘 알다시피 이 시기에 일본 증시와 부동산의 버블은 최고조에 달했다. 특히 '그놈들'은 막판에 치명적인 일격을 가하기 위해 마지막엔 주식선물지수(Stock Index Futures)를 이용한 풋옵션 파생상품을 동원했다. 모건 스탠리, 살로몬 브러더스 같은 세계 투자은행들은 일본 증시에 상륙하면서 가방 한가득 풋옵션을 채워놓고 있었다.

하지만 이들은 모두 역사의 뒤안길로 사라져버렸다. 그렇다면 결국 앞으로 일본은 더 열정적으로 미국(달러)의 뒤치다꺼리를 하게 될 것이라고 통찰해야 한다. 그리고 뒤에서 본격적으로 설명하겠지만 '통화 버블'을 생성하는 데 큰 역할을 할 것이다.

한편, 나는 2012년까지 엔화 강세를 예측한다. 많은 경제 전문가들은 엔화 강세 정책을 밀던 하토야마 전 총리의 사퇴 이후 엔화 약세를 예측하지만 오히려 그 반대라고 생각한다. 일본에겐 엔화를 통해 아시아 공동체의 단일 통화 출범을 수월하게 만드는 임무가 있기 때문이다. 아시아 공동체의 경우 중화경제권으로 편입되지만 단일통화체제 출범의

초반엔 일본의 승리였다. 1989년 12월 29일 일본 니케이 지수는 3만 8,915를 찍으며 최고점을 기록했다. 하지만 딱 거기까지였다. 이후부터 풋옵션 물량이 힘을 쓰며 니케이가 조금씩 방향을 틀기 시작한 것이다. 그러자 '그놈들'은 기다렸다는 듯 미국에서 일본 증시가 하락하면 수익을 얻는 '니케이 풋 워런트(NPWs)'라는 신종 금융 상품을 대량 판매한다.

이 상품은 막강한 마케팅 속에 엄청난 속도로 팔렸는데 상품 구조상 미국 투자은행들은 일본 현물 주식을 지속적으로 팔았고 결과적으로 니케이가 하락하는 순환 구조가 만들어졌다. 그리고 '니케이 풋 워런트'가 미국에서 각광받기 시작한 지 두 달만에 일본 증시는 급락했고, 금융 당국의 급격한 금리 인상과 함께 완전 붕괴됐다.

일본이 이때 받은 충격은 아직도 남아 있다. 일본 사람들은 그 누구도 '투자'라는 것을 하지 않는다. 돈이 생기면 우정국(우체국)에 집어넣거나 비교적 금리가 높은 호주나 뉴질랜드 채권을 사는 게 전부다. 당연히 경기는 더욱 위축될 수밖에 없다.

기준통화로는 과거 EU의 유로화 탄생 당시 마르크화처럼 엔화가 사용된다는 뜻이다. 위안화는 지역통화 출범 때 그 본질가치만큼 높게 평가받으면 된다.

이런 관점에서 2012년까지는 강한 엔화를 예측하는 것이 옳을 것이다. 무엇보다 이 기간 동안 엔화는 아시아에서 할 일이 많다. 아시아 전역에 진출해 거품을 만들어놓아야 하는데, 이처럼 자본 수출을 하려면 엔화 강세로 갈 수밖에 없다. 같은 10억 엔을 바꿔서 140억 원 하는 빌딩을 사는 게 110억 원짜리 빌딩을 구입하는 것보다 유리하니까 말이다.

단일 정부 관점에서도 더 이상 일본은 해외에 자동차를 많이 팔아 돈을 많이 벌어들일 필요가 없다. 지금부터는 엔화가 중국과 한국 및 아시아 전역을 돌아다니면서 이런저런 실물을 사들여야만 한다. 과거엔 엔화 약세를 이용해 헤지펀드가 엔화를 빌려 투자했지만 이번엔 강한 엔화를 들고 일본 정부가 직접 출격하는 양상으로, 이 두 가지는 양태는 정반대이지만 결과는 동일하게 나타난다. 바로 '거품 생성'이다.

물론 일반적인 경제상식으로는 "일본처럼 공공채무가 GDP 규모의 두 배나 되고, 디플레이션 상태인 국가의 통화가 강세를 띨 수 있는가?"라고 반문할 수 있다. "도요타 같은 일본 기업은 부진해도 엔화는 강해질 것"이라는 말에 경제학자들은 헛소리라고 비난할 것이다. 그러나 더 이상 수출을 많이 해 외화(달러)를 많이 벌어야만 해당국 통화(엔화)가 강해진다는 이론은 언급하지 말았으면 좋겠다. 역사상 엔화의 가치는 단 한 번도 이런 경제 이론에 따라 움직이지 않았으니까.

일본은 1990년대 이후 '그놈들'의 허락을 얻어 엔화 약세로 돌아섰고 결국 엄청난 무역 수지 흑자를 냈지만 엔화는 강해지기는커녕 오히려 더 약해졌다. 엔화가 강해진 것은 바로 '그놈들'이 만들어낸 2008년 말 금융 위기 때였다.

## ■■■ 재정 적자와 국가 채무는 단일 정부의 신호탄

2008년 말 세계 금융 위기 이후 급작스럽게 재정 적자, 국가 채무 등과 같은 경제 용어가 급부상하고 있다. 2010년 초 그리스의 재정 적자 문제가 신호탄을 터뜨린 후 이제 그것은 그 어떤 국가도 안심할 수 없는 문제로 떠오르고 있다.

재정 적자란 간단히 말해 정부의 빚으로, 총수입보다 총지출이 많다는 이야기다. 일반적으로 지출 규모가 커지면 정부는 국채 발행을 통해

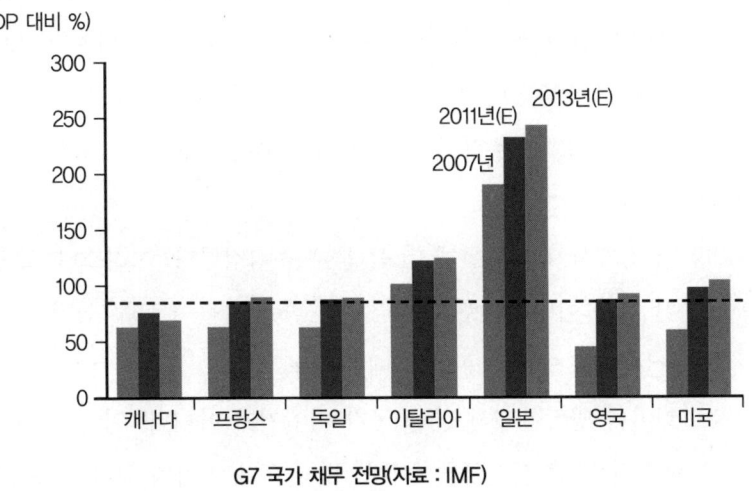

G7 국가 채무 전망(자료 : IMF)

더 많은 빚을 지게 된다.

반면 국가 채무란 일정 시점에서 파악한 해당 국가의 빚의 총량을 가리킨다. 가령 재정 적자가 지속적으로 증가하면 이 적자분은 고스란히 쌓이게 될 텐데, 이때 누적분을 국가 채무라고 생각하면 이해하기 쉽다 〔2009년 말 한국의 재정 적자는 21조 원이고 국가 채무는 407조 원으로, 약 1,000조 원(8,575만 달러) 수준인 GDP 대비 각각 2퍼센트 및 40퍼센트 수준이다〕.

한 국가에서 재정 적자가 증가하고 국가 채무 또한 커져간다는 것은 단순하게 생각해도 큰 문제다. 첫째, 빚(국채)에 대한 이자를 갚아야 하고, 둘째, 신규로 다시 돈을 빌리려고 할 때는 더 높은 이자를 약속해야만 한다. 그래서 해당 국가는 국채의 신규 발행이 더 어려워진다. 셋째, 대외 신뢰도가 추락해 어느 순간 아예 돈을 빌릴 수 없는 상황에까지 이르게 된다. 이때 빚쟁이들이 한꺼번에 몰리면서 빚을 갚으라고 협박하는 상황이 겹치면 그대로 망하게 된다.

그리스는 국가 채무가 이미 GDP 대비 100퍼센트가 넘어버렸다. 국민들이 1년간 번 돈을 모두 빚 갚는 데 써도 채무가 변제되지 않는다는 뜻이다. 2년간, 5년간 나눠서 갚는다는 것도 미지수다. 그 기간 동안 이자는 계속 증가하고, 추락해 버린 신뢰도 때문에 돈 벌 기회도 줄어들기 때문이다.

그러나 경제학자들은 현재 더 큰 문제를 걱정한다. 그리스나 스페인, 포르투갈 혹은 이탈리아뿐 아니라 웬만한 국가들이 모두 심각한 채무국으로 전락하고 있는 상황이기 때문이다.

소말리아나 방글라데시 같은 국가 이야기가 아니다. 미국, 영국, 일본, 프랑스 등 기존 선진국들이 모두 빚의 굴레에 빠져 있다. 현 속도라면 2013년 이후엔 캐나다를 제외한 G7 국가 모두 GDP 대비 90퍼센트가 넘는 채무를 지게 된다. 그나마 중국이 여유가 있지만 중국은 미국 국채라는 '트로이의 목마'를 안고 있다. 미국이 위기라면 중국도 그 여파를 피해 갈 수 없는 상황이다.

그런데 과연 어떤 사건이 이렇게 세계 모든 정부의 재정 적자 상황을 촉발시켰을까? 그 핵심엔 2008년 말 금융 위기가 존재한다. 무엇보다 2008년 말 금융 위기 이후 세계 각국 정부가 위기를 헤쳐나가기 위해 막대한 자금을 풀었는데(막대한 국채의 발행) 이로 인해 재정 적자는 순간 광속도로 증가했고 국가 채무는 급증했다. 그런데 현 시점에서 갑자기 흑자 재정을 펼칠 순 없다. 지금 긴축정책을 펼치면 다시 경기 침체로 돌입하기 때문이다.

반대로 재정 적자를 종전처럼 이어간다면 세계의 선진국들은 모두 국가 채무의 덫에 걸린다. 그리고 이건 경기 침체 이상의 핵폭탄 급 위기다. 시간차를 두고 스페인, 이탈리아, 영국, 일본, 그리고 미국이 차례로 무너진다면 세계 경제는 그야말로 아노미 상태로 돌입하기 때문이다. 결국 세계 경제는 빚을 져도, 반대로 빚을 갚아도 어떤 식으로든 한계에 도달한 것은 마찬가지다.

그런데 이처럼 모든 국가가 빚 부담에 허덕이고 있는데 과연 이 엄청난 빚의 채권자는 누구일까? 그 빚이 모두 1경 달러라면, 그 돈을 빌려준 주체는 과연 누구일까? 바로 인플레이션이다. 궁극적으로 말하면 인플레이션을 만든 '그놈들'이다. 어디선가 돈을 찍어내면서 이 세상 종이돈의 가치를 끝없이 떨어뜨려 결국 열심히 일하는 대중들의 자산 가치를 반 토막 내고, 생존을 위해 빚을 지게 만들고, 이후 그 빚 부담을 지역사회 전체와 국가 전체, 그리고 인류 전체의 책임으로 덮어

씌우는 것이다.

이런 상황에서 음모론자라면 진지하게 고민해 봐야 한다. 2008년 금융 위기, 그 해법으로 내세운 엄청난 빚을 통한 유동성 공급, 그리고 그 여파로 찾아온 세계 각국의 빚 부담, 양쪽 출구가 모두 막혀버린 상황들……. 이것이 어디를 향하고 있는지 말이다.

아마도 2010년 하반기부터 유럽중앙은행(ECB)은 유로 국가들의 재정위기를 막아내기 위해 미국의 FRB처럼 막대한 유동성 공급에 돌입할 것이다. '더블딥(double deep : 경기 반등 후 재하락)' 운운하면서 혹독한 긴축정책 대신 울며 겨자 먹기로 '눈 가리고 아웅' 식의 정책을 펼칠 수밖에 없다.

그러나 이건 절대 근원적 해법이 될 수 없다. 오히려 이런 대응은 불필요한, 엄청난 규모의 버블과 가짜 호황을 가져와 결국 이후 찾아올 파국의 강도를 높일 뿐이다. 하지만 '그놈들'에게 파국은 항상 세상을 뭉치게 하는 좋은 수단일 뿐이다. 결국 재정 적자 위기는 각국 정부가 똘똘 뭉치는 상황으로 이어질 것이며, 말도 안 되는 거품과 필연적인 거품 붕괴 이후 '그놈들'의 단일 정부 수립 계획은 더 공고해질 것이다.

결국 우리는 조만간 또 한 번의 거대한 위기를 맞게 된다는 걸 인정해야 한다. 그리고 위기는 항상 세상을 뭉치게 하는 좋은 계기가 됐다는 점도 염두에 둬야 한다. 결국 재정 적자 위기는 각국 정부가 똘똘 뭉치는 상황으로 이어질 것이다.

# 02: 달러: 강해져야 할까, 약해져야 할까

음모론 투자의 두 번째 통찰 키워드는 '달러'다. 달러 가치의 변동과 향후 달러의 운명에 대한 통찰 연습이라고 할 수 있다. 얼핏 달러와 음모론이라는 두 단어가 어울리지 않는다고 생각할 수 있다.

하지만 달러는 '그놈들'에게 무한대의 돈을 소유하게 만드는 핵심 수단이다. '그놈들'은 달러를 소유함으로써 돈은 더 이상 버는 게 아니라 맘대로 찍어내는 존재로 바뀌게 된 것이다. 만약 달러가 없다면, 달러를 손에 넣지 못했다면, '그놈들'의 존재 의의도 사라진다고 볼 수 있다. 그래서 달러는 음모론 투자에서 매우 중요한 통찰 코드가 된다.

또한 '환율'이라는 문제도 결국 달러의 운명과 궤를 같이한다. 현재 환율은 곧 기축통화인 달러에 대한 상대 가치를 표시하는 것이기 때문이다. 그런데 환율은 달러를 갖고 있지 않은 상대국들의 발목을 잡는 좋은 수단이 된다. 석유를 파는 중동 국가도, 반도체를 파는 한국도 결국 환율에 울고 웃는다. 달러가 강해지는지, 약해지는지에 따라 자국 경제의 운명이 바뀌는 것이다. 따라서 음모론 투자에서 달러는 항상 긴장을 늦추지 말고 쫓아가야 할 투자 지표가 된다.

이뿐만이 아니다. 달러 가치 변동은 또 하나의 통찰 키워드인 '주기'와 맞물려 있기도 하다. 호황과 불황, 인플레이션과 디플레이션이 모두 달러 가치의 변동과 직접적으로 연관돼 있기 때문이다. 이 밖에도 세계 기축통화인 달러의 운명은 중국 위안화와도 연결돼 있어 음모론 투자 키워드의 핵심 중 핵심이라 할 수 있다.

## ∎∎∎ 달러는 결국 휴지로 전락한다

현재 음모론에서 달러는 필연적으로 모든 자산 가격에 대해 0의 가치가 되는 휴지 조각이 될 것이라고 통찰하고 있다. 우리는 앞서 세뇨리지에 담긴 뜻을 알아보았다. 돈을 찍어내는 사람으로서는 돈의 가치가 높아지면 수익을 낼 수 없다. 그래서 무조건 화폐 발행 규모를 늘려왔다. 그런데 이런 돈 찍어내기 테크닉도 한계 상황에 도달했다.

공식적으로 달러를 소유한 패권국 미국의 재정 적자는 1조 5,000억 달러를 넘어섰고, 국가 채무는 10조 달러에 육박한다. GDP 대비 각각 10퍼센트와 60퍼센트를 넘는 수준이다. 국가 채무가 GDP 대비 100퍼센트를 넘어설 날도 머지않았다. 이건 매우 심각한 문제다. 아일랜드가, 그리스가, 이탈리아가, 심지어 영국이 빚에 시달려 파산을 선고하는 것과 미국이 이런 상황을 맞이하는 것은 전혀 다른 차원의 문제다. 미국은 바로 기축통화 국가이기 때문이다.

하지만 아무리 생각해 봐도 미국은 빚을 갚을 능력이 없다. 지속적으로 빚을 지면서(달러를 무작위로 찍어내면서) 하루하루 연명해 갈 뿐이다. 더욱 웃기는 상황은 자기들의 빚으로 빚을 진 다른 나라를 도와주는 현실이다. 빚의 가치를 감안하면 현재 미국 1달러의 가치는 도대체 얼마일까. 50센트? 30센트? 5센트? 그런데 이 달러를 가지고 그리스를 도와주고 스페인을 돕는다고 한다. 결국 이런 아이러니한 상황은 달러를 비롯한 각국 모든 화폐를 타락시키고, 그 누구도 원치 않는 거대한 통화 버블을 만들어내고 있다.

오각 분석 시스템의 두 번째 코드인 달러를 통찰해 보건대, 나는 달러가 몰락하면서 '울트라 버블'과 이후 '슈퍼 공황'이라는 두 가지 엄청난 '선물(?)'을 인류에게 남겨줄 것이라고 본다. 2012년에 정점을 찍는 울트라 버블은 그야말로 온갖 버블의 정점이며 이후 세계는 과거 1930년대 펼쳐졌던 대공황을 능가하는 아픔을 겪게 된다는 주장이다.

아마도 이 기간에는 인종, 종교, 돈, 자원 등을 놓고 수많은 갈등과 증오가 표출될 것이며 대형 전쟁도 발발하게 된다. 그리고 이 '울트라 버블 및 슈퍼 공황'이라는 거대한 '마지막 사이클(Last Cycle)'이 마무리될 쯤엔 세상은 '유럽·중동·아프리카' '북중미·남미' '아시아·러시아·호주'의 삼각 구도로 완성될 것이다.

이때부터 세계 통합은 마무리 단계에 접어들 것이다. 종교는 무기력해지고, 인간의 정신세계를 정복하는 사업이 본격적으로 펼쳐질 것이다.

따라서 2012년까지 음모론 투자의 핵심은 달러의 운명과 관련된다. 제3장에서 다시 심도 있게 논의하겠지만 이 책은 달러가 결국 몰락하고 미국이 모라토리엄(Moratorium: 대외 채무에 대한 지불유예)을 선언한다는 것을 전제로 썼다. 따라서 만약 이런 통찰과는 달리 미국이 힘을 내고, 달러가 되살아난다면 이 책은 아무 소용이 없다. 그대로 휴지통으로 들어가면 좋을 것이다.

그렇지만 한 가지 명심할 점은 끝까지 달러의 운명을 추적해 보고, 따라붙어야 한다는 것이다. 일시적 이벤트로 인해 달러 강세가 연출될 때 "역시 달러야!" 하고 맘을 놓을 것이 아니라 막판까지 두 눈으로 확실히 확인해야만 한다. 그리고 그때까지는 어떤 식으로든 투자를 진행하고 있어야 한다는 뜻이다.

굳이 음모론만으로 몰아가서도 안 될 것 같다. 2008년 말 터졌던 세계 금융 위기는 100년 만에 찾아온 쇼크였다. 그런데 이런 쇼크가 불과 1~2년 만에 회복될 것이라고 생각한다면 그 자체가 순진무구한 바람일 뿐이다.

우리는 지금 과거와는 전혀 다른 시대로 돌입했다는 것을 직시해야 하고 또다른 100년이 열리는 순간임을 깨달아야 한다. 과거엔 아무렇지 않게 이용했던 편리함과 평범함이 어느 순간부터 아주 비싼 대가를 지불해야만 얻을 수 있는 세상이 찾아온다는 뜻이다. 그리고 그 모든 것의 원인 제공은 세계 기축통화의 붕괴, 즉 달러화의 몰락이 하게 될 것이다.

## 달러 대신 위안화라고?

일각에선 달러가 붕괴되면 그 자리를 중국의 위안화가 차지할 것으로 전망한다. 아주 자연스럽게 달러 시대에서 위안화 시대로 옮겨 갈 것으로 말이다. 물론 다수의 음모론에서는 미국 다음의 패권국으로 중국을 지목한다.

그러나 중국의 패권과는 별개로 중국 위안화가 향후 세계 기축통화가 된다는 주장에는 많은 의문을 던져봐야 한다. 중국은 분명 세계 패권국으로 부상하겠지만 위안화가 지금의 달러와 같은 지위에 올라설지는 의문이라는 이야기다.

중국 인민은행은 지난 2005년 환율제도를 달러에 대한 단일통화연동제(US Dollar Peg System)에서 복수통화바스켓 제도로 변경했다. 복수통화바스켓에는 주요 교역 상대국인 미국의 달러화, 유럽연합의 유로화, 일본 엔화, 한국 원화, 싱가포르·영국·말레이시아·러시아·호주·태국·캐나다 통화 등이 포함돼 있고 이들을 가중 평균해 위안화 환율을 결정한다.

하지만 중국은 이 제도 운영이 임의적이라 아직 고정환율제라고 해도 과언이 아니다. 가령 위안화의 가치는 복수통화바스켓을 실시한 지 4년 만에 21퍼센트 절상됐지만 2008년 말 글로벌 금융 위기 이후 중국 정부는 환율을 1달러당 6.82~6.83위안 박스에 임의적으로 묶어버렸다. 고정환율제와 다름없이 운영되는 모습이다.

그런데 위안화가 고정환율제처럼 운영되고 있다는 사실은 음모론 투자에서 중대한 의미가 있다. 먼저 위안화가 완전변동환율제로 바뀔

때 엄청난 충격을 받을 것이라고 추론해 볼 수 있다. 과거 한국을 비롯한 수많은 국가들이 '그놈들'에게 당했던 것처럼 말이다. 게다가 위안화는 현재 달러와 같은 배를 탄 운명이 돼버렸다. '그놈들'의 치밀한 계획에 따라 달러가 죽으면, 2010년 2월 말 현재 7,554억 달러 상당의 미국 국채를 보유하고 있는 중국의 위안화 역시 혼수 상태에 빠질 상황에 처해 있는 것이다.

이 때문에 중국은 결국 자신들의 패권을, 패권국이 누릴 수 있는 다양한 특권을 완벽하게 쟁취하지 못할 것이다. 2012년까지 엄청난 버블이 닥쳐오는 시기에도 떨어지는 달러 가치로 인해 반 토막 나고 있는 채권 가치에 전전긍긍해야 하고, '그놈들'이 쥐고 흔드는 곡물 가격 때문에 늘 신경이 쓰이고, 티베트·위구르 등 소수민족 문제가 불거지면서 한 번씩 발목을 잡힐 것이다. 여기에 준(準)고정환율제에 묶여 있는 위안화와 공산주의 정치체제의 한계는 번번이 중국의 약진을 막을 것이다.

따라서 미국보다 중국은 세계 경제에 긍정적 역할을 더 많이 하면서도 확실하게 패권을 잡지 못한 채 '울트라 버블' 시기를 보내게 될 것 같다. 그리고 이어 찾아오는 거품 붕괴 시기에 상대적으로 가장 큰 피해를 보게 될 것이며 대규모 전쟁을 겪을 수도 있다. 분명 중국은 차세대 패권국이 될 것이 확실하지만 속을 들여다보면 기축통화를 갖지 못하는 반쪽짜리 패권이 될 가능성이 크다.

## 환율과 증시의 상관관계를 파악하라

환율은 달러의 다른 이름이다. 원화 대 유로화, 원화 대 엔화, 원화 대 호주 달러 등 각국간의 통화가치 비교인 환율의 움직임도 결과적으로 미국 달러화의 가치 변동에서 시작되기 때문이다. 그런데 환율은 모든 투자에서, 특히 주식투자자에게 매우 중요한 지표가 된다. 가령 한국 증시는 역사적으로 원화가 달러 대비 강세를 보일 때면 항상 강세를 나타냈다.

그런데 이게 참 묘하다. 수출 의존도가 높은 우리나라에서는 원화 가치가 높아지면 가격 경쟁력은 떨어져 기업 이익이 나빠지고 그렇다면 당연히 주가도 하락해야 하기 때문이다. 그런데 주가 흐름은 그간 반대로 나타났다. 원화가 강세를 보일 때 주가는 올랐고 원화 약세 시기엔 증시가 부진했던 것이다.

경제학자들은 이에 대해 "원화 강세라도 기술 경쟁력으로 가격 경쟁력을 커버하기 때문에 주가가 오른 것"이라거나 "원화 약세의 긍정적 효과가 증시에는 1~2년 후에 나타나기 때문에 원화 강세 시기에 주가가 오르는 것"이라고 설명한다.

음모론에선 환율을 "달러를 소유한 '그놈들'이 쥐락펴락하는 수단"으로 파악한다. 환율은 무조건 조작된다고 단정 짓는다. 달러를 귀해지거나 흔해지게 만들면서 환율을 맘대로 한다는 것이다. 환전꾼답게 환율을 올리고 내리면서 상대국의 부를 강탈한다는 뜻이다.

가령 '그놈들'이 환율을 활용해 돈을 버는 방법은 항상 위기로 시작한다. 원화(혹은 달러 이외의 통화) 강세가 한껏 절정에 달했을 무렵, 어느 날 갑자기 주식·부동산 등 자산 가격을 폭락시켜 공포 분위기를 조성하고 달러 품귀 현상을 유발해 본격적인 작업에 돌입하는 것이다. 그리고 이처럼 사람들이 괴로워할 때 '그놈들'은 막강한 자본력으로 헐값에 매물을 거둬들인다.

또 달러가 부족해 공포에 떠는 사람들을 하루에 열두 시간 이상 일하게 만들고 자신들은 뒤로 물러나 뒷짐을 지고 서 있는다. 이후 '그놈들'은 자신들이 공짜로 찍어낸 달러를 공급해 주고는 상대국 국민이 죽어라 일해서 만들어놓은 물건을 수입해서 평평 써댄다.

재미있는 건 이렇게 '그놈들'이 달러를 퍼부어주면 해당국 통화가치는 다시 올라가고 달러 가치는 떨어지는데 '그놈들' 입장에선 이런 상황 또한 너무나 좋다는 것이다. 상대국의 통화가 강세로 움직일 때도 구사할 방법이 있기 때문이다. 가령 위기가 극복되면 일반적으로 해당

## ● 음모론과 환율 주권

그간 원 달러 환율은 주식투자자에게 항상 1년의 시차를 두고 주기를 만들어왔다. 가령 올해 환율 급등(원화 약세)이 나타났으면 거의 1년의 시차를 두고 다음 해엔 주가 상승이 발생했다. 또한 상대적인 환율 하락(원화 강세)이 진행되면 1년~1년 반 이후 주가는 하락 반전됐던 것이다.

일각에선 이를 수출 기업이 대거 포진한 대한민국 증시의 한계라고도 평가한다. 원화 약세에 따른 수출 증대의 긍정적 효과가 1년의 시차를 두고 발생하고, 원화 강세로 인한 수출 부진의 악영향 역시 일정 기간 후 발생한다는 해석이다. 그래서 심지어 "원 달러 환율을 1,800원까지 올려야 한다"고 주장하는 사람도 있다. 이렇게 될

국 국민들은 뭔가를 이뤄냈다는 자신감을 갖게 되고, 서서히 탐욕에 빠져 투기에 나서게 된다. 자국 통화가 강세로 전환되면서 자연스럽게 버블도 생긴다.

'그놈들'은 바로 이 기회를 놓치지 않는다. 과거 헐값에 사 모았던 자신들의 보유 물량을 털어낼 수 있는 좋은 상황이 만들어졌기 때문이다. 당초 헐값에 주식을 매수했기 때문에 주가 상승에 따른 이익을 챙기고, 여기에 해당국 통화가 강해진 데 따른 환차익까지도 고스란히 가져갈 수 있다(예를 들어 환율이 1달러에 2,000원일 때 한국 주식을 10달러어치 샀다면, 1달러에 1,000원일 때 한국 주식을 팔면 20달러를 가져갈 수 있다).

그러고는 마지막 단계에 돌입해서 남아 있는 보유 물량과 자금을 대규모로, 그것도 빠른 속도로 매도 또는 회수하면서 주가 폭락을 일으킨

경우 삼성전자가 세계 반도체 시장을 완전히 휩쓸고, 현대자동차와 포스코 등 한국 기업이 1등 기업으로 약진한다는 것이다.

물론 반론도 있다. 이렇게 환율을 높이면 수입 원가(재료비) 부담이 커져서 기업 마진이 떨어지고, 사회적으론 극단적인 인플레이션이 발생해 일반인들의 삶이 피폐해진다는 주장이다. 2008년 말 인위적인 환율 인상 정책을 폈던 강만수 전 기획재정부 장관이 여론의 뭇매를 맞았던 것도 바로 이 때문이다.

그러나 음모론에선 환율 주권을 강하게 주장한다. 원화 환율, 즉 원화의 가격을 '그놈들'에게 맡길 것이 아니라 우리 스스로 마치 버그처럼 흔들어대야 교묘한 음모를 버텨낼 수 있다는 것이다.

다. 다시 위기에서 시작되는 사이클을 만드는 것이다.

그래서 환율을 고려할 땐 늘 달러를 생각해야 하고 또한 '그놈들'을 떠올려야 한다. 현 시점에서 '그놈들'이 달러 가치를 떨어뜨렸거나 높여놓은 의도에 대해, 어떤 사건이 달러를 강하게 만들지 혹은 약하게 만들지에 대해 항상 통찰해야 한다. 단순히 맞고 틀리고를 떠나서 이런 통찰 연습은 어떤 식으로든 우리의 투자에 많은 도움을 줄 것이다.

# 03:
## 주기:
## 인플레이션과 디플레이션 타이밍을 읽어라

　　음모론 투자에선 과연 현재 상황이 버블을 만드는 과정인지, 아니면 버블을 깨는 과정인지에 대해 통찰해야 한다. 즉, '그놈들' 입장에서 버블을 필요로 하는 상황인지, 아니면 위기를 통해 사람들을 긴장시킬 타이밍인지를 파악해 보는 과정이다. 호황과 불황, 인플레이션과 디플레이션 구간을 음모론적으로 통찰하는 것이다.

　　이것은 투자에서 상당한 의미가 있다. 왜냐하면 투자의 생명은 주기를 지혜롭게 타는 것인데 이런 연습은 바로 '주기'를 읽어내는 과정과 일치하기 때문이다.

　　순진한 사람들은 종종 그런다. "음모론 투자? 좋아, 그럼 재테크 안 하면 될 거 아냐. 주식? 부동산? 그냥 은행에 저축하고 현금 들고 살면 되잖아"라고.

하지만 아쉽게도 우리는 이렇게 단순하게 살고 싶어도 그럴 수가 없다. '그놈들'이 인플레이션(화폐 가치 절하)이라는 독초를 우리네 생활에 심어놓았기 때문이다.

덕망 높은 투자 전문가라는 사람은 "탐욕을 버리고 은행에 차곡차곡 저축하십시오"라고 말한다. 그럼 대중은 "역시 옳은 말씀!"이라고 탄복하고 존경심을 표한다.

그러나 이건 엄청난 모순이다. 그냥 듣기 좋은 공자님 말씀일 뿐이다. 바로 인플레이션 때문에 그렇다. '그놈들'은 우리가 투자에 대해 고민하지 않고 저축해 현금만 모아놓을 경우 결국 전세, 월세 내기도 빠듯한 삶을 살도록 만들어놓았기 때문이다.

무엇보다 인플레이션은 그 무섭다는 복리로 올라간다. 그래서 우리는 투자를 할 수밖에 없다. 주식이든, 부동산이든, 금이든 뭔가를 사야만 한다. 어떤 투자 자산도 결국 가격이 오르게 돼 있는 구조 때문이다. 그래서 결국 우리는 떨어지는 화폐가치 이상으로 오르는 자산을 소유할 수밖에 없다.

한편, 음모론 관점에서 인플레이션은 세뇨리지의 결과라고도 볼 수 있다. '그놈들' 입장에선 무조건 인플레이션을 통해서만 공짜 수익을 챙길 수 있기 때문이다. 그들로서는 1달러 가치의 금화에 10달러 가치에 달하는 순도 높은 금을 섞어놓을 이유가 전혀 없다. '그놈들'이 대놓고 용감하게, 무계획적으로 달러를 발행해 세상에 쏟아버리는 것도 이런 이유다.

## 인플레이션은 필연, 디플레이션은 가장된 우연

그런데 문제는 '그놈들'이 인플레이션이라는 극약뿐 아니라 디플레이션(자산 가격 하락)이라는 또 하나의 용병을 소유하고 있다는 점이다. 사람들이 투자에 몰입하고, 자산 가격 상승에 흥분해 있을 때쯤 디플레이션 상황을 만들어 단박에 자산 가치를 반 토막으로 만들어버린다. 그리고 이때쯤 슬쩍 나타나 선심 쓴다는 듯 반값에 우리 것을 송두리째 빼앗아 간다. 그래서 투자라는 것이 하면 할수록 어려워진다. 분명 인플레이션에 베팅하는 게 맞는데, 구간마다 디플레이션이라는 복병이 등장하기 때문이다.

그럼 도대체 인플레이션은, 그리고 디플레이션은 누가, 언제, 어떻게 만드는 것일까? 인플레이션에는 수많은 원인이 있다고들 하지만 핵심은 한 가지다. 돈이 풀린 것이다. 통화량을 늘리고, 기준금리를 낮추면 인플레이션이 생긴다. 유동성의 함정 같은 예외가 있다지만 돈이 돌면 사람들은 소비를 늘리고, 기업들은 물건을 더 많이 만들어 원자재가 동이 나고, 경제가 활력을 찾는다. 이때 통화량을 조절하는 곳이 바로 각국의 중앙은행인데 세계의 중앙은행 노릇을 하는 FRB가 최종 컨트롤 타워라고 할 수 있다.

예를 들어 미국 기준금리가 연 3퍼센트인데 한국만 혼자 연 10퍼센트로 책정할 수는 없다. 이렇게 되면 세계를 떠도는 유동성이 더 높은 이자를 노리고 우리나라로 몰려드는데 이 과정에서 원화에 대한 수요가 높아지면서 원화 가치가 높아진다. 그리고 이것은 곧 수출 주도형 국가인 우리나라에 치명타가 된다. 그래서 국내 통화 당국은 어쩔 수 없이 미국 FRB의 눈치를 볼 수밖에 없다.

'그놈들'이 돈을 풀어 경기를 부양하고 인플레이션을 만들면 우리도 여기에 순응해야 한다. 한국만의 문제도 아니다. 미국을 제외한 세계 모든 국가의 상황이라고 할 수 있다.

더 심각한 문제는 '그놈들'은 디플레이션을 만들어내는 능력도 있다는 것이다. 전 세계를 대상으로 만들어낼 수도 있고 동아시아, 남미, 동유럽, 아프리카 등 특정 지역만 따로 골라 디플레이션 폭탄을 던져버릴 수도 있다. 이뿐만이 아니다. 명확한 인플레이션 상황인데도 각종 지표나 주류 경제학, 언론 등을 이용해 끝까지 인플레이션이 아니라고 우길 수 있고, 디플레이션이 확실한데도 돈을 풀기는커녕 오히려 돈줄을 더 움켜쥐고 사람들을 철저하게 굴복시키기도 한다.

그래서 음모론적 투자에서는 이 주기에 대한 통찰이 정말 중요하다. 버블을 만들어놓았다면 '그놈들'에게 왜 버블이 필요했는가를 파악하고, 100년에 한 번 온다는 경제 위기 때는 왜 그런 위기를 만들어냈는가를 파고들어야 한다. 그리고 이 통찰을 기반으로 포트폴리오를 구성하고, 투자를 결정해야 한다.

음모론에선 2008년 말 세계 금융 위기를 '그놈들'의 의도적인 계획으로 파악하고 있다. 자신들의 수족과 같은 리먼 브러더스와 씨티그룹이 붕괴되는 수치를 겪으면서도 꼭 이뤄내야만 하는 중요한 목적이 있었다는 뜻이다. 서브 프라임 모기지 상품 부실이 이렇게 큰 충격이 될 줄 몰랐다는 건 말이 안 된다. 아무리 어린이와 같은 순진무구한 마음으로 받아들이려고 해도 절대 이해할 수 없는 일이다. 그렇다면 '그놈들'은 왜 갑자기 이런 위기가 필요했던 것일까?

앞서 오각 분석 시스템의 '단일화' 코드로 봤을 때는 세계 각국 정부의 재정 적자 또는 국가 채무 증가에 의한 시스템 붕괴 계기로 볼 수 있지만 '달러' 코드로 봤을 때 2008년 금융 위기의 핵심 이유는 '달러의 목숨 연장'이라고 할 수 있다. 아직 달러의 역할이 더 필요했고, 그래서 어쩔 수 없이 위기를 고의적으로 만들어냈다는 것이다.

현재 달러―정확하게 말해 미국 국채―는 99퍼센트 부도가 날 수밖에 없다. 미국인들이 하루에 15시간씩 한 10년 이상 일해도 그 빚을 갚는다는 보장이 없다. 그렇지만 '그놈들'은 '신세계질서'를 위해 아직 달러를 더 사용해야만 한다.

그런데 이런 상황에서 뜻하지 않는 문제가 발생했다. 반역의 조짐을 포착한 것이다. 달러를 죽이고 미국을 패권국 지위에서 끌어내리는 것은 '그놈들' 자신의 계획과 선택에 따른 것인데도 여기저기서 모반의 움직임이 나타난 것이다. 실제 세계 각국이 미국 국채를 기피하고, 최대 채권국인 중국, 석유를 보유하고 있는 중동 국가, 러시아 등이 반발 양상을 보이기 시작했다. 아예 미국은 기존에 발행한 국채 이자를 내는 것도 부담스러워했다.

이때 '그놈들'이 생각해 낸 것이 바로 '위기'라는 폭탄이다. 사람들을 공포에 내몰아, 세상에서 가장 안전하다는 미국 국채를 사려고 FRB에 애원하게 하는 상황을 만들었던 것이다. 또한 사람들의 뇌리에 "그래도 달러가 최고"라고 인식시켜 놓아야 할 필요도 있었다.

계획은 성공적이었다. 달러는 건재함을 과시했고, 신규로 발행되는 국채를 받아가겠다는 사람들이 다시 줄을 서게 됐다. 또한 이 과정에서 미국은 기준금리를 0퍼센트로 인하했기 때문에 신규 발행 국채에 대한 이자 부담이 줄어들었다. 이뿐만이 아니다. '그놈들'은 마지막 남은 달러의 힘을 사용할 수 있는 계기도 마련했다.

그렇다면 '그놈들'은 달러의 최후를 어디에 이용하려는 것일까? 다양한 이유가 있겠지만 가장 직접적인 목적은 바로 아시아 통합의 기틀을 마련해 단일 정부를 구현하는 것, 그리고 미국 다음의 패권국이 될 중국 '길들이기'라고 할 수 있다. 또한 '주기' 관점에서 파악해 보면 이것으로 곧 마지막 거대한 호황과 불황의 사이클이 찾아올 것이라고 통찰할 수 있다.

분명 '그놈들'은 2008년 말 금융 위기 때 이미 1930년대와 같은 대공황을 만들어낼 수 있었다. 하지만 결코 그렇게 하지 않았다. 이대로 공황으로 빠지면 중국, 인도, 일본, 한국, 그리고 넓게 봐서 러시아까지 포진돼 있는 아시아를 한데 묶을 수 없기 때문이다. 특히 중국은 더 확실하게 손을 봐줘야 한다. 그러기 위해 더 큰 버블이 필요하고 이를 위해서는 반드시 달러의 역할이 필요했던 것이다.

따라서 이제부터 달러는 아시아에 엄청난 버블을 만들어놓을 것이다. 석 달 동안 머리를 안 감는다는 중국인들이 매일 머리를 감고, 최소한 한 집에 자동차 한 대는 굴려야 하고, 불과 몇 년 전까지 아무렇지 않게 사용했던 재래식 화장실에서는 더 이상 볼일을 보지 못할 정도로 잘살아야 한다. 바로 그때 버블이 터져야 중국 인민들이 공포를 느끼게 된다.

또 죽음 보기를 돌같이 여긴다는 인도인들도 삶의 윤택함 속에 죽음을 두려워하게 되는 순간 버블이 터져야 영혼이 잠식된다. 최소 이만큼은 되어야 아일랜드 국민들처럼 중국 인민들도, 인도인들도, 그리고 한국인들도 '그놈들'이 내리는 명령에 고분고분하게 될 것이다.

## 짜고 치는 고스톱, 통정매매

그런데 이처럼 경제에 주기를 만들어내려면, 그리고 인플레이션과 디플레이션을 맘대로 조작하려 할 때 필요한 핵심 능력이 있다. 바로 가격 결정 능력이다. 재화나 노동의 가격을 맘대로 올리고 내릴 수 있어야 본격적으로 주기를 만들어낼 수 있다.

자, 이렇게 한번 생각해 보자. 만약 삼성전자 주가가 주당 100만 원이라고 할 때 이 가격은 누가 만들까? 바로 시장에서 삼성전자 주식을 사고파는 사람들이 정한 것이다. 현재 최악의 실적을 기록하고 있다고 해도 사고파는 사람들이 "내년에는 시장을 석권할 것"이라면서 한 주당 100만 원에 거래하면 이게 바로 적정가격이 된다. 강남의 30평형대 아파트가 10억 원이라고 할 때도 마찬가지다. 원가는 채 3억 원도 안 된다고 따질 필요 없다. 투자 자산에 원가라는 개념은 없으니까.

원자재 가격도 마찬가지다. 국제 금값이 온스당 2,000달러로 올랐다고 하면 그게 바로 적정가격이다. 여기다 대고 "금이 뭐라고 그렇게 비싸?"라고 따져봤자 아무 소용이 없다.

물론 투자와 투기는 뚜렷한 차이가 있지만 팔려는 사람이 가격을 부르고, 사려는 사람이 여기에 동의해 돈을 지불한다는 측면에서는 다르지 않다.

종종 바로 이 가격 결정에 대해 많은 전문가들은 "시장이 모든 것을 알아서 한다"고 말한다. 시장은 똑똑해서 시간이 좀 걸려도 적정 가치 이상 오른 가격은 내리고, 터무니없이 낮게 매겨져 있는 가격은 올리면서 결국 본질가치에 회귀시킨다는 이야기다.

## ● '그놈들'과 작전 세력의 공통점

이어 춘근이의 통정매매에 대한 실전 강의가 시작됐다.

"작전의 기본 개념은 아주 간단해. A, B, C, D 4명의 친구가 있는데 A, B, C 3명이 D란 한 놈을 갖고 논다. 이렇게 보면 쉽다."

실전 트레이딩은 변수가 많다. 하지만 기본 콘셉트는 반드시 이해해야 할 필수 개념이다.

"A가 한 회사 주식을 1,000원에 산다. 다음엔 B가 A가 매수한 주식을 1,100원에 사줘. 그리고 이번엔 C가 B가 받은 주식을 다시 1,200원에 사. 그럼 1,000원 하던 주가는 단박에 1,200원이 되지. 이후 다시 A가 등장해서 C의 주식을 1,300원에 또 사준다. 다시 B는 A의 주식을 받고. 이렇게 지네들끼리 주식을 사고파는 거야."

말로는 힘들다고 생각했는지 춘근이가 자리에서 일어난다. 화이트보드로 다가가 검정색 마커팬을 손에 든다.

"이렇게 3명이 막 놀고 있으면, 이때 D가 판을 기웃거리는 거야. 어릴 때 노는 거랑 똑같아. 자기도 끼고 싶어 안달하는 거지. 첨부터 끼워주면 안 돼. 일단 애간장을 태워야 해."

학원 강사처럼 그림까지 곁들여가며 춘근이가 유연한 설명을 이어간다. 필기를 해 가며 강의를 듣는 민재 모습도 영락없는 고3 수험생이다.

"첨엔 D를 좀 무시해 줘야 돼. '얘들아 모하니?' 물어봐도 그냥 씹어, 알겠어?"

자기가 생각해도 웃긴 듯 춘근이가 살짝 웃음을 짓는다. 민재도 킥킥댄다.

"그러다가요?"

"A, B, C 중에서 그나마 착해 보이는 C가 D한테 조용히 접근하는 거야. 그러곤 살짝 귀띔해. 주식이 하나 있는데 장난 아니라고. 삼성전자가 인수한다든지, 태양광 원천기술 개발 특허를 다음 달에 받는다, 뭐 이런 식으로 D를 꼬시기 시작하는거야."

"D가 안 넘어오면요?"

"그땐 가격을 순간 확 높여버려야 돼. 급하게 통정 랠리를 한 번 더 펼치는 거야.

A는 1,300원 하던 C의 주식을 1만 원에 사버리는거야. B는 A의 주식을 2만 원에 사고, C는 B가 사들인 주식을 아예 3만 원에 매수해 버려"

"1,000원 하는 주식이 순식간에 3만 원이 돼요?"

"그래. 이쯤 되면 D는 완전 미쳐버리게 돼 있어. 인간인 이상 미칠 수밖에 없어. 생각해 봐라 1,300원 할 때만 샀어도 지금 3만 원이 됐는데. 아주 돌아버리지"

"근데요. 나라면 너무 많이 올랐다고 생각할 텐데. D가 더 안 들어오지 않을까?"

민재의 지적이 제법 날카롭다. 춘근이는 이런 반응에 오히려 흥이 더해진다.

"바로 그거야. 여기서부터가 묘미야. 우리 C가 다시 한 번 작업을 걸어줘야 할 타이밍이지. 매수 기회를 놓쳐 답답해하는 D한테 다시 말을 건네는 거야. 1주일 남았다고. 지금 들어가도 30퍼센트는 먹고도 남는다고. 내일부터 정보 새니까 지금이라도 들어가야 한다, 뭐 이렇게."

D는 고민 끝에 결국 3만 원 하는 주식을 사고야 만다. 바로 그 순간이다. 3만 원에 주식이 D에게로 넘어간 바로 그날 밤 A, B, C는 조용한 호프집으로 모일 것이다.

"감 잡았지? D는 3만 원에 주식을 샀는데 이때부터 A, B, C가 바로 안면몰수야. 더 이상 주식을 안 사줘. 그럼 주가는 어떻게 되겠어? 바로 나락이야. 원래부터 사려는 사람이 없는 쓰레기 주식인데 D 혼자서 뭘 할 수 있겠냐."

호프집에 모인 A, B, C 3명의 친구들은 이제 분배 작업을 시작한다. 1,000원에 산 주식을 3만 원에 팔았으니 2만 9,000원의 이익이 남았다. 먼저 통정매매에 사용했던 자금을 한자리에 털어놓는다. 자기들끼리 매매를 했기 때문에 손실은 전혀 없다. 최종 정산은 1인당 9,670원씩. D가 날린 2만 9,000원을 3명이 고루 나눠 갖게 되는 것이다.

―소설 「작전」 중에서

하지만 음모론에선 버블이 깨지고 흙 속에 파묻혔던 진주가 제값을 찾는 건 시장이 아니라 '그놈들'의 능력이라고 본다. 주기를 만들어내는 장본인이 바로 '그놈들'이듯 투자 자산의 가격의 상승과 하락을 결정하는 것도 바로 그들이란 이야기다.

예를 들어 주식 세계에서 작전주를 움직이는 세력들이 흔하게 구사하는 테크닉 중 '통정매매(通情賣買)'라는 것이 있다. 이 통정매매라는 것이 '그놈들'의 테크닉과 꽤 비슷하다. 자신들의 막대한 자금력으로 서로 치고받으면서 자산 가격을 지속적으로 올리다가 어느 순간 이방인들이 합류하면 기다렸다는 듯 물량을 팔고 유유자적 떠나버리기 때문이다.

그러면 이후 가격은 폭락한다. 그래서 상당수 음모론자들은 '그놈들'이라는 표현 대신 '세력'이라는 용어도 사용한다. 투자 관점에서만 보면 꽤 적절한 단어라고 생각한다.

### ■■■ 사이클에 올라타라

현존하는 최고의 투자 귀재라고 불리는 워런 버핏에게 디플레이션 이야기를 꺼내면 항상 "디플레? 웃기지도 않는 소리!"라고 말한다. 왜 일까? 워런 버핏 같은 장기 투자자에게 왜 디플레이션은 전혀 고려 대상이 아닌 걸까?

여기엔 상당히 중요한 의미가 내포돼 있다. 버핏은 달러는 물론이고 그 어떤 기축통화든 모두 지속적으로 가치가 하락하게 돼 있다는 것을 이렇게 표현한 것이다. 그 어떤 투자 자산이든 버티기만 하면 결국 다 가격이 오른다는 뜻이기도 하며 그렇기 때문에 투자를 해야 한다는 말이기도 하다.

그러나 우리가 여기서 반드시 주의해야 할 것이 있다. 앞서 말했듯 바로 혜성처럼 다가오는 경제 위기 폭탄이다. 그래서 돈 많은 버핏은 버틸 수 있지만 일반인은 자칫 폭락 구간에 나가떨어질 수도 있다. 과거 경험상 장기 인플레이션 속에 갑자기 터지는 디플레이션 시기에 우리는 항상 '그놈들'에게 털렸다. 한 달 후, 1년 후 가격이 분명히 오를 걸 알면서도 오늘 우리는 -40퍼센트의 손실을 확정지어야만 했던 것이다. 음모론 투자의 핵심이 당하지 않는 법에 초점을 맞추고 있는 것도 바로 이 때문이다.

분명 달러의 가치는 지속적으로 하락한다. 하지만 향후 2012년까지만 봐도 한순간 달러가 강세로 돌아서는 시기는 꽤 많이 나타날 것이고 우리는 그때 반드시 버텨내야 한다.

반면, 아예 이 책의 모든 통찰과 달리 2020년까지 달러가 멀쩡하게 목숨을 부지하고 기축통화로 이곳저곳을 돌아다닐 수도 있다. 하지만 그렇다고 해도 우리는 인플레이션은 필연이고 디플레이션은 순간 나타나는 눈속임이라는 것을 명심해야 한다. 그래야 '그놈들'이 만들어놓은 주기를 탈 수 있다.

일반적으로 투자를 위해 주기를 타는 대표적인 방법은 금리 지표를 따라가는 것이다. 단적으로 말해 추세적인 금리 인상기에는 자산 가격도 함께 오른다. 왜냐하면 금리를 올린다는 것은 그만큼 인플레이션 또는 성장, 버블의 조짐이 보인다는 것이기 때문이다. 따라서 이때는 공격적인 투자를 할 타이밍이다.

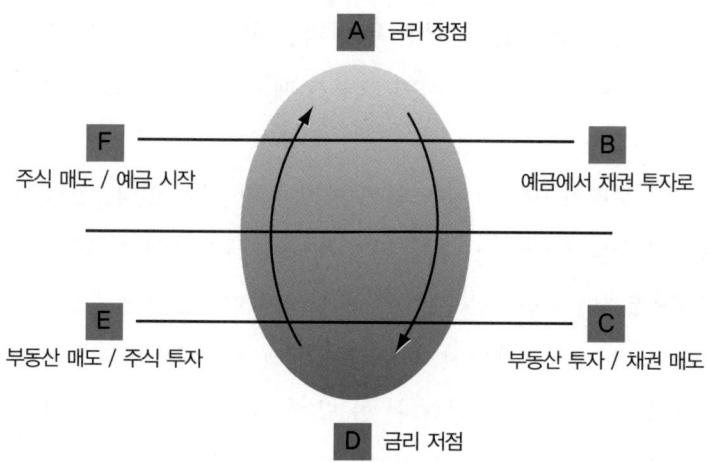

금리와 앙드레 코스톨라니의 달걀

반면, 금리가 정점을 찍고 내려올 때는 공격적인 투자를 접고 안전자산으로 회피하라는 신호가 된다. 경기 침체 조짐이 보이고 이 때문에 금리를 낮춰 경기를 부양해 보려는 것이기 때문이다. 하지만 이때 투자자는 막판까지 기다려야 한다. 금리 인하의 마지막 저점까지 확인해야 한다.

# 04

## 자원과 신기술: 석유에서 전기 자동차까지, 어떻게 접수당하는가

음모론 투자 관점에서 '자원(천연자원 또는 인적자원)과 신기술' 코드 통찰은 먼저 자원과 신기술의 실체를 정확히 파악하는 것으로 시작된다. 그리고 벌어진 사건에 대해 "자원 약탈 측면에서 '그놈들'이 어떻게 처리할까?"라는 것과 "이 신기술은 어떻게 '그놈들'의 돈벌이로 활용될까?"라는 질문으로 이어져야 한다. 이렇게 '그놈들'의 의도를 꿰뚫어보아야 한다.

기본적으로 '그놈들'은 이것을 모두 독점하는 것을 목표로 한다. 일단 해당 국가(소유 주체)를 공격하고 거기서 자신들이 필요한 자원과 기술을 모두 빼앗아 오는 방식이 일반적이다.

따라서 천연자원이 많은 국가나 인적자원이 뛰어난 국가가 있다면 어떤 식으로든 마수의 손길을 뻗치게 돼 있다. 또한 신기술이 언론에

공개될 무렵엔 이미 그것이 '그놈들'의 손아귀에 들어가 있는 상태라고 보면 된다.

먼저 자원에 공략 방법을 살펴보자. '그놈들'은 천연자원 보유국과 인적자원 보유국을 공격하는 전술이 다르다. 천연자원이 풍부한 러시아와 기름 한 방울 나지 않는 한국을 상대하는 방식은 완전히 다르다는 이야기다. 마찬가지로 일본, 독일, 인도를 대하는 방식과 중동 국가, 브라질을 비롯한 남미 국가를 다루는 방식은 완전 딴판이다. 호주, 캐나다, 아프리카를 상대하는 방식도 또 다르다. 이처럼 천연자원 유무와 인적자원의 수준에 따라 한 국가의 경제를 접수하는 양상이 구분된다.

한편, 신기술에 대해서는 거의 노이로제에 걸려 있다. 신기술은 '그놈들'에게 엄청난 버그의 역할을 하기 때문이다. 그래서 그들은 어떤 식으로든 신기술을 독점하려고 전력투구한다. 그것이 국가의 것이면 전쟁도 불사하고, 개인의 것이면 억만금을 주더라도 빼앗아 오고야 만다. 고의적인 사고나 암살 등의 방법도 불사한다.

이렇게 신기술을 완전 통제한 후에는 다음 단계로 넘어간다. 바로 이 신기술을 돈벌이 수단으로 활용하고 이어서 통제의 한 방편으로 이용하는 것이다.

따라서 1970~1980년대에 '그놈들'이 멀쩡하게 잘살고 있는 아프리카를 짓밟았던 것에도 어떤 이유가 있었던 것이고, 또한 최근 들어 갑자기 맘을 바꿔 G20(주요 20개국) 정상회의에 남아프리카공화국을 끼워 넣은 것에도 뭔가 또다른 음모가 숨어 있을 것이라고 의심해 봐야 한다.

또한 느닷없이 지구온난화가 등장하고, 지구온난화 이슈가 탄소배출권으로 둔갑했다면 여기엔 당연히 '그놈들'의 엄청난 돈벌이 의도가 숨어 있을 것이라고 통찰해야 한다.

### ■■■ 천연자원을 빼앗는 방법

15년 전까지만 해도 근거 없는 음모론이라고 폄하되던 '경제 저격수(economic hit man)'는 이제 기정사실로 받아들여지고 있다. 경제 저격수란 한 나라의 경제권을 빼앗기 위해 특별 훈련을 받고 파견되는 전문가들을 말한다. 자원이 풍부한 남미 국가, 중동 국가들을 점령하고 그 자원을 약탈하는 데 바로 경제 저격수를 활용했던 것이다(한국, 독일 같은 인재 보유국에는 사용되지 않는다).

방법은 의외로 간단하다. 해당 국가의 통치권자를 포섭하고 '경제 개발'이라는 명목으로 엄청난 자금을 빌리게 만든다. 처음엔 이 돈으로 발전소도 짓고, 자원 개발 공장도 만들고, 항만·고속도로도 건설한다.

하지만 이 과정에서 자연스럽게 오버하거나 흥분하게 만들어놓고는 일정 단계를 넘어서면 갑자기 동시다발적으로 자금을 회수한다. 이렇게 되면 해당국 경제는 예외 없이 파산하는데 이때 '그놈들'은 단박에 '영원한 채권자'의 지위에 오르게 된다. 이 올가미에 걸려들면 결코 벗어날 수 없다. 악덕 고리대금업자의 후손들인 만큼 빚 관리나 채권 추심에 대해서는 이골이 나 있기 때문이다.

그럼 이제 해당 자원 보유국은 완전히 노예 국가로 전락하게 된다. 자국의 석유나 천연가스 등 자원을 빼앗기는 것은 물론이고 국토를 군사적 요충지로 활용하게 허락해 줘야 하고, '그놈들'을 옹호하는 발언도 해야 한다. 에콰도르, 베네수엘라, 사우디아라비아, 인도네시아, 나이지리아 등 자원 보유국들이 모두 이렇게 당했다.

가령 아시아 지역에서 '자원의 보고'로 손꼽히는 인도네시아에 발전소를 건설한다고 해보자. 이때 '그놈들'은 관대한 척 자본을 대준다. 발전소 건설도 도맡아 하면서 인도네시아 사람들에게 빛을 선사한다. 하지만 인도네시아인들은 빛을 얻은 대가로 빚을 지게 되고, 이 빚 때문에 자국의 석유를 빼앗긴다.

에콰도르에서는 100달러 규모의 원유를 뽑아내면 75달러를 '그놈들'의 정유회사가 가져간다. 그럼 나머지 25달러는 에콰도르 몫인가? 그렇지 않다. 그중 20달러 정도는 빚 갚은 데 사용되기 때문이다. 자국의 석유를 100달러어치 팔면 고작 5달러만 챙기는 셈이다. 이런 악순환을 끊어버리려고 석유 산업을 국유화하려고 하면 '그놈들'은 1981년 에콰도르의 하이메 롤도스 대통령이 탄 헬리콥터의 폭발 사고처럼 더 강한 전술로 맞선다.

물론 자원 보유국이 빚을 갚으면 된다. 혹자는 "자원이 풍부한데 그거 팔아서 갚으면 되잖아?"라고 반문도 한다. 하지만 힘들다. 대한민국 국민은 가능하지만 인도네시아 국민, 남미의 국민들은 안 된다. 역설적으로 자원이 많기 때문에 불가능하다.

'석유의 저주' '자원의 저주(resource curse)'라는 말이 있다. 석유가 많고 지하자원이 넘치는 나라는 신기하게도 후진국으로 전락하고 만다는 뜻이다. 그래서 풍부한 자원은 신의 축복이 아닌 신의 저주라는 이야기다.

경제학자들은 '자원의 저주'에 대해 '자원 수출 → 외화 대폭 유입 → 자국 통화 평가절상→수출 타격' 등과 같은 과정으로 설명한다. 자원을 팔다 보니 통화가치가 올라가서 제조업이 발달할 수 없고 그래서 경제성장이 안 된다는 것이다. 또 사회학자들은 "자원이 많은 나라 국민들은 태생적으로 게을러질 수밖에 없고, 일을 안 해서 후진성을 벗어날 수 없다"는 분석을 한다. 하지만 이보다 더 큰 문제가 있다. 이런 약점을 파악한 '그놈들'이 의도적으로 자국민간, 종족간, 통치권자간의 내분을 만든다는 점이다.

자원을 놓고 국민(종족)끼리 싸우게 만들어놓고, '그놈들'은 이 싸움의 승자를 따로 포섭해 자원을 모두 소유하는 것이다. 왜 아프리카에서 그렇게 슬프고도 안타까운 동족상잔의 비극이 이어지는가? 왜 이라크에선 수니파와 시아파가 목숨을 걸고 서로 싸우는가? 이건 엄밀히 말해 동족간 전쟁이 아니다. 이런 내분을 틈타 자원을 빼돌리려는 '그놈들'이 배후에서 부추기며 숨어 있는 것이다.

중동 지역을 살펴보자. 이곳의 극소수 아랍 왕자들은 상상을 초월하는 호화로운 생활을 한다. 그렇다면 과연 석유는 이 왕자들의 것일까? 아니다. 이들은 '그놈들'이 석유 사업에서 얻는 수익의 미미한 부분만을 받고는, 거기에 중독돼 살아가는 불쌍한 중생이다. 중동의 석유는 '그놈들' 것이다. 르완다, 에티오피아의 커피도 '그놈들' 것이고 멕시코의 석유도 당연히 '그놈들' 것이다(다만 주의할 점은 이때 '그놈들'을 미국이라거나 CIA 혹은 세계 패권 금융 등으로 한정하면 안 된다는 것이다).

### ■■■ 인적자원을 악용하는 방법

반면 독일이나 일본, 한국 같은 인재 보유국을 다루는 방식은 다르다. 이런 국가들의 공통된 특징은 바로 '사람이 자원'이라는 것이다. 이런 국가에선 웬만해선 서로 목숨을 걸고 무모하게 싸우지 않는다. 다만 이데올로기 싸움이 대립 유발 요소라고 할 수 있겠다. 그래서 '그놈들'은 자원 약탈 목적이 아닌 다른 필요로 인해 인재 보유국 내 갈등이 필요할 때는 이를 활용한다.

대신 '그놈들'은 이런 인재 보유 국가에 대해서는 끊임없이 일을 시키는 구조(시스템)를 통해 약탈한다. 인재가 포진돼 있는 만큼 양질의 노동력을 착취해 돈을 벌겠다는 의도다. 그래서 '그놈들'은 자원 보유국에서처럼 영원한 채권자 행세를 하지 않고, 특정 계층에만 부를 몰아주지도 않는다. 이런 국가들은 국민들이 평균적으로 그럭저럭 살 만한 수준이어야 한다.

또한 '희망 고문'처럼 열심히 일하면 잘살 수 있다는 희망을 지속적으로 주입해 줘야 한다. 그래야 이런 국가의 국민 전체가 죽어라 일을 하기 때문이다. 인재 보유국을 활용하는 대표적인 행태이다.

'그놈들'은 이런 국가들에겐 세계 경제의 풍차를 돌리는 역할을 맡긴다. 자원 보유국들에서 빼앗아 온 자원을 가공해 물건을 만들게 하고, 여기저기 공장도 지어줄 기술자로 성장시키는 것이다. 교육에 열을 올리게 해서 노동의 질도 높인다. 휴식 시간도 있고, 맛있는 음식도 먹을 수 있다지만 한평생 매일 최소 10시간씩은 일해야 하는 구조를 만들어 놓는다.

때론 이 인재 보유 국가들이 항명을 한다. 능력이 있고, 자신감이 차오르고, 실제 결과물도 나올 때 대개 이런 현상이 나타난다. 그러나 '그놈들'은 전혀 걱정이 없다. 바로 앞서 말한 '환율'이라는 핵무기를 준비해 놓고 있기 때문이다. 환율은 '그놈들'이 인재 보유국을 약탈하는 최상의 무기가 된다. 수출로 먹고사는 국가들은 예외 없이 환율에 벌벌 떨 수밖에 없다. 독일도, 일본도, 한국도 마찬가지다.

무엇보다 '그놈들'은 기축통화인 달러를 지니고 있기 때문에 여차하면 환율을 움직여 판을 뒤집을 수 있고, 반항하는 국가들을 쑥대밭으로 만들어놓을 수 있다.

그런데 더 재미있는 건 이 인재 보유국들은 이 모든 사실을 알면서도 끝까지 달러 편을 들 수밖에 없는 시스템에 갇혀 있다는 점이다. 기축통화가 없어질 경우 자원 보유 국가들과 달리 인재 보유 국가들은 살아남을 방법이 없기 때문이다.

가령 현 상황에서 달러가 없어질 경우 석유 가격, 철강 가격, 펄프 가격은 자원 보유국에서 부르는 게 값이 된다. 반면 인재 보유국들은 밥 한 끼를 제대로 먹을 수 없다.

그래서 향후 자원을 놓고 자원 보유국과 인재 보유국 사이에 종교전쟁을 방불케 하는 자원전쟁이 펼쳐진다면 인재 보유국들은 무조건 달러 편을 들 수밖에 없다.

분명 갈등의 원인은 '그놈들'이 만들어놓았는데 정작 증오의 대상이나 싸우는 당사자는 그들이 아니다. '그놈들'이 만들어놓은 자원과 인재(기술) 간의 기가 막힌 이분법 구조라고 할 수 있다.

### ■ ■ ■
# 신기술이 없으면 돈벌이도 없다

1879년 에디슨이 백열전등을 발명했을 때 석유는 더 이상 설 자리가 없었다. 단지 불을 켜는 데만 사용됐던 석유는 전구의 발명으로 저 깊은 땅속으로 사라질 운명에 처했던 것이다. 하지만 1886년 독일의 고틀리프 다임러와 카를 벤츠가 세계 최초로 휘발유 자동차를 발명하면서

### ● '토탈 리콜'은 노예화의 시작이다

20세기 최대의 신기술은 바로 '디지털(digital)'이다. 인간 세계의 삼라만상을 유한한 숫자의 조합으로 변환하는 이 신기술은 인류에겐 성장을, '그놈들'에겐 통제의 혜택을 안겨줬다. 그리고 이제 디지털 혁명은 그 마지막 단계인 전자 기억에 도달하고 있다.

'완전한 기억(total recall)'이라고 불리는 이 신기술은 우리의 기억을 모두 디지털로 저장해 놓는 것이다. 가령 한 사람이 안경 프레임이나 귀걸이, 혹은 재킷에 부착되는 펜던트에 미니 캠코더를 부착한 후 이곳저곳을 돌아다닌다면 이 사람의 일상은 왜곡 없이 정확하게 기록되고 저장된다는 콘셉트이다. 이렇게 된다면 인간의 불완전한 기억으로 인한 각종 폐해가 없어지고 후대에도 진실된 역사만 남길 수 있다는 뜻도 된다. 그야말로 '토탈 리콜'이다.

싸이월드나 마이스페이스닷컴 등 일종의 개인 전자 일기는 이에 대한 전초전 성격을 띠고 있으며 트위터 등 라이프 로깅(life logging : 장소와 시간에 구애받지 않고 간단히 온라인에 접속하는 행위)도 같은 범주에 속하는 것들이다. 특히 전자 기억이 최종적으로 완성되면 하나의 생명체(인간)는 온라인이라는 가상의 영역 속에서 시공을

부터 상황은 급반전됐다. 이어 1895년 프랑스의 앙드레 미슐랭과 에두아르 미슐랭 형제가 자동차용 공기 주입식 타이어를 발명하면서부터 자동차 산업이 본격화되고 곧 석유의 화려한 귀환이 시작되었다. 그리고 그것은 석유왕 록펠러 1세가 세상의 엄청난 물질적 부를 거머쥐는 순간이기도 했다.

이처럼 신기술은 '그놈들'의 흉계는 물론, 그들의 운명 자체를 바꾸어놓는 중요한 역할을 한다. 그래서 '그놈들'은 기술 개발 연구소에 막초월해 떠돌아다니면서 활동할 수도 있다. 손자가 요람에서 무덤까지 디지털로 저장돼 있는 할아버지의 삶 속에 들어가 할아버지와 만날 수도 있다는 이야기다. 일명 '아바타(Avatar : 가상의 인격)' 체제의 완성이다.

하지만 이런 토탈 리콜의 신기술은 바꿔 말해 우리의 일상과 기억이 어느 누구에게나 공유될 수 있고, 곧 '그놈들'에 의해 모든 것이 조작될 수 있다는 이야기도 된다. 무엇보다 가장 큰 문제는 우리 스스로 삶을 기억하는 능력이 퇴화한다는 결정적 문제를 낳게 된다는 점이다.

만약 인간의 기억이 불완전하다면 이때는 기술의 힘에 전적으로 의지할 게 아니라 인간 자체의 능력을 키우고, 인간들끼리 네트워크를 통해 해결할 방법을 찾아야 한다.

하지만 불가능하다. 아무리 노력해도 결국 '그놈들'의 숱한 이간질과 의도적인 사건 사고로 인해 헛수고로 돌아갈 것이기 때문이다. 그리고 머지않아 어느 영화의 한 장면처럼 우리의 기억들은 거대 아카이브(archive) 속에 저장되고, '그놈들'은 이것을 멋대로 조작할 것이다.

이처럼 우리가 우리의 과거 기억마저 디지털 기술에 맡기게 될 때 그것은 노예의 삶에 한층 더 가까워졌다는 신호일 것이다.

대한 자본을 투입하고, 특허권 취득 등과 같은 방식으로 신기술을 선점한다. 특히 질병이나 기후변화 등과 관련된 분야에는 엄청난 자금력을 투입한다.

왜냐하면 신기술은 그 어떤 음모나 흉계, 이분법으로 해결될 수 없는 부분이고, 변증법이 통하지 않는 영역이기 때문이다. 어쩌면 그래서 '그놈들'은 이 부분에 더 신경을 곤두세우고 있는지도 모른다.

무엇보다 신기술은 그들에게 환전이나 갈등 없이도 돈벌이의 정당성과 합법성을 부여해 주기 때문에 더욱 매력적이다. 또한 신기술은 인류에게 성장의 동력을 제공하는데 '그놈들'로서는 이런 신기술이 너무 예쁠 수밖에 없다. 세상을 자신들의 손바닥 위에 놓고 통제하는 상황을

### ● 로마클럽을 아시나요?

세계의 환경과 인구 문제를 해결하기 위해 록펠러 재단 후원으로 1968년 이탈리아에서 설립된 '로마클럽'은 음모론에서 자주 거론되는 조직이다. '프리메이슨의 자치단체' 또는 '300인 위원회의 외교정책 지부'라고 말하기도 한다. 겉으로는 환경오염, 인구 증가, 자원 고갈 등의 문제를 다루지만 실은 세계 지하자원과 식량 자원을 합법적으로 독점할 수 있는 방법을 연구하는 단체라는 의견도 있다. 에너지원과 식량은 사람들을 노예로 만드는 핵심 수단이기 때문에 이를 통해 대중을 움직인다는 분석이다.

그래서 음모론자들은 "로마클럽 보고서는 무조건 음모론적으로 파악해야 한다"고 주장한다. "바이오 무기를 만들고 유포시키는 온상지" "로마클럽이 중국을 압박해 한 가족 한 자녀 갖기 운동을 펼쳤다" "아프리카에 홍역 접종을 한다면서 AIDS균을

중생들이 오히려 성장으로 인식하는 데 신기술이 중요한 역할을 하기 때문이다.

특히 '신기술' 코드는 '자원' 이슈와 함께 서로 엮이면서 음모론 투자에서 큰 부분을 차지한다. 기술은 종종 어떤 자원으로 만들어지는 구조를 갖기 때문이다. 가령 정유 기술엔 원유가 있어야 하고, 핵무기 제조 기술의 바탕에는 우라늄이라는 자원이 있어야 한다. 전기 자동차라는 신기술에는 '희토류 광물(rare earth)'이라는 자원이 수반되는 것처럼 말이다.

그래서 음모론 투자를 하려면 최근 이슈화되고 있는 녹색 기술, 지구온난화, 탄소배출권 문제를 집중 탐구해야 한다. 이런 신기술은 단지

심어놓았다"는 등의 설도 제시한다.

특히 재미있는 것은 지구온난화 논의 역시 로마클럽에서 비롯됐다는 사실이다. 1972년 로마클럽은 「성장의 한계」라는 첫 번째 공식 보고서에서 '지구온난화'라는 말을 언급했는데, 이후 1985년 세계기상기구(WMO)와 국제연합환경계획(UNEP)이 "이산화탄소가 온난화의 주범"임을 공식 선언한다. 그러더니 갑자기 1988년 G7 런던회의에서 지구온난화가 세계 문제로 부각됐고, 미국 의회에서 NASA가 지구온난화에 관해 언급한 것을 계기로 일반인에게도 널리 알려지게 됐다.

그리고 1990년 12월 제45차 유엔 총회의 결의에 따라 세계적인 문제가 됐고, 이후 리우 환경회의, 교토 기후협약(교토 의정서) 등으로 빠른 속도로 이슈화된 것이다. 결국 음모론 투자에선 지구온난화에는 석유 사업을 능가하는 엄청난 돈벌이가 숨겨져 있음을 통찰해야 한다.

기술이 아니다. 이것은 돈 그 자체다. '그놈들'이 이것으로 돈을 벌려고 한다면 우리는 최소한 돈을 뺏기지는 말아야 한다.

# 05:
## 종교:
## 기독교 신앙의 진정성을 파악하라

'종교'라는 통찰 코드로 하나의 사건을 바라볼 때 던지는 질문은 크게 두 가지다. 첫째, "종교의 취미화가 얼마나 진행되고 있는가?" 둘째, "기독교(개신교)는 현재 어느 정도 진정성이 있는가?"이다.

'그놈들'의 최종 목표는 세계 단일 종교의 구현이다. 이는 세계 단일 정부, 단일 화폐와 궤를 같이한다. 그렇다면 이때 단일 종교란 무엇일까? 개신교? 천주교? 동방정교? 이슬람교? 힌두교? 유대교? 불교? 그 어떤 것도 아니다. 이 모든 종교를 한데 합친 것이라고 생각하면 좋을 것이다. 이 종교, 저 종교의 장점을 계승하고, 단점과 구습을 타파한 깔끔한 단일 종교다. 하지만 더 궁극적인 목적은 바로 종교를 취미로 만드는 것이다.

'그놈들'은 때로는 갈등을 조장하고, 때로는 화합을 내세우며 종교 통합을 진행한다. 가령 개신교와 천주교의 화합을 촉구하는 '에큐메니컬 운동(Ecumenical Movement : 교회 일치 운동)'의 근본 취지는 좋다. 하지만 어떤 세력이 의도를 갖고 이 운동을 주도한다면 문제는 또 다른 차원으로 나아가게 된다. 이슬람교와 유대교가 합칠 수도 있다. 하지만 엄청난 전쟁을 거친 후 합친다면, 그리고 전쟁에서 이득을 취하는 세력이 따로 있다면 이것은 결코 종교 이슈가 아닌 것이다.

무신론자 입장에선 반감이 없을 듯하다. 어차피 종교라는 것이 우리 정신세계를 풍요롭게 하고, 바르고 행복하게 사는 데 필요한 수단에 불과하니까. 하지만 종교인들에겐 다르다. 개신교 입장에선 개신교가 정통이고, 불교 신자에겐 불교가 가장 좋은 종교이며, 천주교 신자에겐 천주교가 최고다. 이슬람교도와 유태인들은 더 말할 것도 없다. 그래서 '그놈들'의 음모를 꿰뚫는 다섯 번째 통찰 키워드인 '종교'는 기존 종교인에게는 커다란 장벽이 된다.

굳이 종교를 음모론에 포함하기 싫다면 하지 않아도 된다. 다만 이 질문에 대해서는 늘 생각하기 바란다. "전 세계 지하 자금의 절반 이상을 굴리는 집단은 과연 어디일까?"라는 질문이다. 답은 마피아 갱단도 아니고, 마약 밀매 조직도 아니다. 그곳은 바로 종교계이다.

수많은 교회, 사찰, 이슬람 사원, 그리고 바티칸 교황청으로 돈이 밀려든다. 이 자금은 어떤 국가에서도 국세청의 감시를 받지 않는다. 정확한 규모도 알 길이 없다. 만약 지상 자금의 유동성 부족이 심각해지면 결국 이 종교계 자금은 수면 위로 부각될 것이고, 이때 이 자금의 소유자는 막강한 힘을 갖게 될 것이다. 과장되게 말하면 미국이 진 빚을 바티칸 교황청에서 갚아줄지도 모를 일이다. 그렇다면 당연히 이곳에

'그놈들'도 기생하고 있다고 봐야 한다. 신부든, 목사든, 스님이든, 이슬람 근본주의자든 어떤 형태로 모습을 바꿔 합류해 있을 것이 분명하다.

또한 종교계 자금과 함께 고려해야 할 것은 바로 전쟁이다. 어떤 종교든지 인간에 대한 사랑을 강조하지만 실은 종교만큼 인간에게 증오심을 강력하게 불러일으키는 수단도 없다. 그래서 역사상 치열했던 전쟁의 대부분은 종교 문제에서 시작됐다. '그놈들'에게 종교는 매우 유용한 수단인 셈이다. 전쟁은 어떤 식으로든 돈이 되는데 그 전쟁을 일으키는 효과적인 수단이 바로 종교이기 때문이다.

따라서 음모론 투자를 위해 종교를 바라볼 때는 종교 갈등이 발생했을 경우 그 이면에 어떤 이권이 오가는지 살펴야 한다. 마찬가지로 종교간 화합이나 화해가 이뤄졌을 때도 뒤에서 움직이는 돈의 흐름을 읽어내야 한다. 장담하건대 만약 중동 지역에서 더 이상 화약 냄새가 나지 않는다면 그것은 바로 석유가 완전 고갈된 것으로 봐도 된다.

### ∎∎∎
## '그놈들'의 이동 경로 = 개신교의 이동 경로?

무엇보다 기독교(개신교)의 이동 경로 파악은 음모론에서 중요한 통찰 코드가 된다. 역사상 기독교의 움직임에는 늘 '그놈들'이 함께 따라붙었고, 이어 '경제적 부흥 → 도덕적 타락 → 종교 무관심화'의 순으로 이어졌기 때문이다.

만약 가톨릭 국가인 브라질에서 갑자기 개신교 신자가 급증했다든지, 러시아에서 개신교를 통한 성령의 불길이 퍼지고 있다는 뉴스가 들려온다면 긴장해야 한다.

중국에서 온갖 핍박 속에 개신교가 빠르게 확산된다면 경제적 측면에서 중요한 변곡점이 되고, 세계 개신교 선교사들이 일본에 복음을 전파하려고 애썼지만 먹히지 않았다면 이 또한 중요한 통찰 코드가 된다.

지금 "기독교가 바로 '그놈들'' 또는 "기독교가 범죄의 온상"이라고 말하는 게 아니다. '그놈들'의 행태에 대해 말하고 싶은 것이다. '그놈들'의 목적은 단일 종교이고, 이것을 달성하기 위해선 역설적으로 종교에 대한 완벽한 무관심이 필요하다. 그런데 완벽한 무관심으로 전락하려면 반드시 돈이 따라가야 한다. 종교는 인생이 괴로울 때 힘을 얻는다. 배가 부르면 취미가 된다. 그래서 종교를 붕괴시키려면 반드시 경제적으로 풍요로운 상태로 만들어야 한다.

1620년 메이플라워 호를 타고 미국 매사추세츠 케이프 가드에 도착한 102명의 청교도들은 하나님에게 기도를 올렸다. 이들은 신대륙을 하나님에게 바칠 것을 약속했고, 미국은 세계 최대의 기독교 국가로 성장했다.

그런데 음모론에서는 "미국은 프리메이슨이 세운 국가"라고 한다. 왜 그럴까? 청교도 신자들이 프리메이슨이었다는 뜻일까? 그렇지 않다. 메이플라워 호의 미국 대륙 상륙 직후 골든라이언 호를 타고 '그놈들' 역시 미국에 함께 입성했기 때문이다. 그래서 공식적으로 미국은 하나님의 은혜 속에 청교도 신자들에 의해 세워진 국가이지만 음모론에서 미국은 '그놈들'이 만든 국가가 되는 것이다.

특히 음모론에서는 '그놈들'이 기독교와 공생했다는 시각으로 바라본다. '그놈들'과 기독교가 유입되고, 핍박받고, 번창해 갈 때 해당 국가는 발전하고, 이후 기독교가 쇠퇴하고 '그놈들'이 빠져나오면 그 국가는 쇠락의 길을 걷는다는 것이다.

대표적인 사례가 바로 대통령이 취임식 때 성경에 손을 얹고 선서하는 미국이다. 지금 미국에서 기독교는 타락 정도가 아니라 아예 존재감마저 잃어버린 상태다. 마치 현재 미국의 경제 상황과 비슷하다.

앞서 언급했듯이 프리메이슨의 최초 태동이 솔로몬 왕의 성전 건축 시기였다는 점을 생각해 보자. 하나님에게 바치는 성전을 건축할 때 놀랍게도 악의 세력이 함께 싹트고 있었던 것이다. 재미있는 것은 솔로몬 왕국 시절은 분명 이스라엘의 최고 전성기였지만 동시에 패망의 전환점이었다는 사실이다.

로마제국도 마찬가지였다. 로마제국에서 기독교는 온갖 탄압을 받으면서 성장했다. 수많은 신자들이 십자가에 거꾸로 박혀 죽을 정도로 핍박을 받았지만 오히려 기독교는 로마제국에서 빠르게 성장해 갔다. 그런데 주목해 볼 것은 그 다음이다. 기독교가 로마제국의 국교로 공인받는 시기(325년)였던 콘스탄티누스 황제 집권기를 전환점으로 기독교와 로마제국 모두 쇠퇴의 길을 걸었기 때문이다.

분명 콘스탄티누스의 집권기는 태평성대였고, 기독교가 비로소 제국의 종교 반열에 올랐지만 결과적으로 보면 이때가 기독교와 로마제국 모두의 마지막이었다.

미국에 앞서 패권국이었던 영국의 청교도혁명도 비슷하다. 영국은 그 어느 국가보다 종교로 인해 많은 피를 흘린 곳이다. 이혼 문제로 로마 바티칸 가톨릭과 등지고 영국성공회를 탄생시킨 헨리 8세, 이어 등극한 독실한 가톨릭 신자 메리 여왕(개신교와 성공회 신자를 너무 많이 죽여 '블러디 메리'라는 별명을 얻음), 하지만 그 다음으로 왕위에 오른 엘리자베스 1세는 반대로 가톨릭을 배척했고, 이후 찰스 1세와 제임스 1세 등을 거치면서는 청교도 신자를 철저하게 짓밟는다. 이 시기에 영국 청교도는 배를 타고 미국으로 향했는데 이것이 미국에 기독교(개신교)가 뿌려지는 시발점이 된다.

하지만 칼뱅주의 개신교 신앙으로 똘똘 뭉친 올리버 크롬웰이 등장하면서 일명 청교도혁명이 전개되었다. 크롬웰은 1653~1658년 잉글랜드와 스코틀랜드, 아일랜드를 포괄한 공화국의 호국경(호민관)을 지내면서 대영제국의 패권국 등극의 기반을 다지게 된다. 물론 크롬웰 이후 청교도는 다시 탄압받지만 그렇게 심하지는 않았다. 이후 명예혁명(1688년)을 거치면서 영국은 100년 넘게 패권을 펼치는 기틀을 완성한다.

그런데 흥미로운 점은 과거 영국에서 완전 추방되었던 유태인들이 다시 영국으로 진출한 시기가 바로 올리버 크롬웰의 청교도혁명기였고, 1717년 영국 런던에서는 '그랜드 로지(Grand Lodge)'를 통해 프리메이슨이 총 규합됐다는 사실이다. 이것은 미국에 개신교와 프리메이슨이 함께 들어간 것과 비슷한 상황이다.

청교도의 순수성이 정점에 이르렀을 때 아이러니하게도 예수를 인정하지 않는 유태인들이 영국에 입성했고, 또한 프리메이슨도 함께 성장했다는 것, 결국 이것은 역설적으로 영국이 한동안 세계 패권을 잡게 될 것이라는 사실을 의미하는 것이었다.

## 종교의 취미화

음모론을 '종교' 코드로 해석하려는 일부 음모론자들은 유대교가 최후의 단일 종교가 된다느니, 혹은 이슬람교를 대상으로 한 제3차 세계대전이 일어난다든지 하는 예측을 한다. 개신교 신자들 중에서도 "유대교와 이슬람교의 성지인 예루살렘에 개신교가 전파되는 날이 바로 하나님의 마지막 심판 날이 될 것"이라는 주장을 펼치는 이들이 많다. 아예 "세계 단일 정부의 수도는 예루살렘이 될 것"이라는 설도 있다. 모두 나름의 타당한 근거를 내세운다.

하지만 '그놈들'이 원하는 것은 유대교도, 이슬람교도, 기독교도, 불교도, 그 어떤 것도 아니다. '그놈들'의 단일 종교는 결국 종교의 취미화와 맥락을 같이한다. 크리스천이라고 말하면서도 교회는 다니지 않고, 자유롭게 마약을 하고, 집단 성교를 하고, 심지어 살인도 하면서 살아가는 것 말이다.

기독교에선 알곡과 가라지는 추수하기 전까지 결코 구분해 낼 수 없다고 한다. 결국 막판까지 가봐야 안다. 종교 관점에서의 통찰도 마찬가지다. 누가 악이고, 선인지는 마지막 극점에 가서야만 알 수 있다.

다만 한 가지 확실한 사실이 있다. 최소한 개신교는 '전도'라는 형식으로 이 지구 한 바퀴를 돌 것이고 여기에 '그놈들'도 함께 따라붙는다는 것이다. 중국, 인도, 중동 지역이나 아프리카는 물론이고, 기존 가톨릭 국가나 동방정교 국가도 다시 한 번 개신교와 마찰할 가능성이 크다. 그리고 그곳에서 온갖 무관심과 시련과 탄압을 견뎌내고 뜨거운 성령의 불길이 일어난다면 경제적 부흥도 함께 일어날 것이다.

이것이 하나님의 축복인지, 아니면 '그놈들'의 계획인지는 알 수 없다. 하지만 어떻게든 돈 맛을 보고, 물질적 풍요에 빠지면, 그 국가에서 종교는 하나의 소모품으로 전락한다. 그리고 서서히 쇠락하게 된다. 마치 지금의 유럽 국가들과 미국에서처럼 말이다.

따라서 음모론 투자에서는 기독교의 진정성 척도를 살펴봐야 한다. 이런 의미에서 2010년부터 2012년까지의 대한민국은 로마제국의 마지막 번성기인 콘스탄티누스 황제 집권기와 유사한 시기라고 볼 수 있다. 지금 한국의 기독교는 그 누구에게도 탄압받지 않는다. 유일한 적은 그 내부에 존재하는 상황이다. 따라서 아마도 기독교와 일명 '개독교'가

### ● 가톨릭 예수회, 타이타닉 호, 그리고 제임스 캐머런

프리메이슨과 일루미나티, 그리고 로스차일드와 록펠러를 타고 내려오는 음모론을 학습해 갈 때면 반드시 거쳐 가는 집단이 하나 있다. 바로 '예수회(Jesuit)'이다. 천주교 내 집단이라고 해서 '가톨릭 예수회'라고도 불린다. '검은 교황'이라는 명칭은 바로 예수회의 수장을 가리키는 말이다. 예수회는 1534년 이그나티우스 로욜라에 의해 프랑스 몽마르트의 노트르담 사원에서 조직됐고 1540년 로마 교황 바오로 3세에게서 정식 단체로 승인을 받는다.

주목할 점은 바로 예수회와 M. A. 로스차일드와의 만남이다. 잘 알다시피 M. A. 로스차일드는 독일의 아담 바이샤우프트를 후원해 1776년 일루미나티를 창설한다. 그런데 일루미나티 창시자였던 아담 바이샤우프트가 실은 예수회 소속이었던 것. 그래서 음모론에서는 '프리메이슨 내 악의 세력 → 예수회 → 일루미나티'로 이어지는 계보가 만들어지는데 이 때문에 혹자는 예수회를 진정한 악의 세력으로 지목한다.

싸우는 순간이 경제적으로 마지막 불꽃을 태우는 번영의 시기가 될 것이다.

그렇지만 이후 기독교가 신앙의 진정성을 모두 잃어버린 '개독교'로 변질되고, 어느 순간 대중의 비판마저 사라져 무관심의 대상으로 전락하게 될 때 한국은 과거 스페인과 영국, 미국이 걸었던 길, 그리고 그들이 맛보게 될 그런 비극을 맞이하게 될 것이다.

"검은 교황이 프리메이슨의 최고 수장을 겸직한다"는 주장은 오랜 기간 유지됐던 의견이기도 하다.

예수회에 얽힌 음모 중에는 예수회가 1912년 타이타닉 호의 침몰에 관여했다는 것도 있다. 당시 J. P. 모건은 예수회의 명령에 따라 국제적인 선박회사 화이트 스타 라인을 통해 타이타닉 호를 건조했고, 당시 예수회가 죽이고 싶어했던 사람들을 모두 이 배에 승선시켰다는 이야기다. 근거로는 당시 사망자 중에서는 연방준비제도시스템에 반대했던 사회 지도층 인사와 부자들이 많았고, 예수회를 위해 일했던 에드워드 스미스가 선장으로 배의 항해를 총지휘했다는 사실이 꼽힌다.

미국 링컨 대통령 암살도 예수회가 담당했다는 주장도 있다. 일각에선 〈아바타〉, 〈터미네이터〉 1편과 2편, 〈에일리언〉 2편, 그리고 〈타이타닉〉을 연출한 세계적인 영화감독 제임스 캐머런을 '그놈들'의 하수인으로 보기도 한다. 가령 대중에게 〈타이타닉〉을 완벽하게 낭만적으로 각인시킴으로써 그 이면에 담겼던 '그놈들'의 음모를 물타기하려고 했다는 해석이다.

"본질적으로 아무 문제가 없는 자연스러운 현상이 있다고 해보자. 그러나 이 현상에 대해 의도적으로 문제를 일으키고 혼란과 공포를 조성하면 사람들은 긴장하고 두려움에 떨게 된다. 중요한 건 그 다음이다. 바로 이때 자신감 넘치는 해법을 제시하면 대중은 무조건 따라온다. 항상 그랬다. 공포에 빠진 우매한 국민들은 자신들의 권리뿐 아니라 영혼까지 기꺼이 상납하고야 만다. 이것이 바로 국가를 통치하는 가장 효과적 방식이다. 어떻게 확신하냐고? 내가 이렇게 해왔기 때문이다. 이게 바로 내가 율리우스 카이사르인 이유이기도 하다."

―율리우스 카이사르

| 3장 |

2012년 최악의 시나리오,
울트라 버블과 제국의 몰락

■ ■ ■

　우리는 앞서 음모론을 투자에 활용하는 다섯 가지 통찰 코드에 대해서 살펴보았다. 지금부터는 이 통찰 코드를 기반으로 향후 펼쳐질 우리의 음모론 투자에 가장 큰 영향을 미칠 요인에 대해 살펴보기로 하자. 그렇다면 과연 현 시점에서 모든 음모론 네트워크의 날줄과 씨줄을 한꺼번에 풀어버릴 수 있는 고갱이는 무엇일까? 그것은 바로 일반인들이 종종 '그놈들'과 동일시하면서 오해하는 패권국 미국과 패권 통화(기축통화)인 달러의 미래다.

　역사상 그 어떤 막강했던 제국도 결국 몰락했고 그 어떤 패권국의 통화도 마지막 순간 절대적으로 추락했다. 예외가 없었다. 그리고 지금의 미국도, 달러도 결코 예외가 되지는 못할 것이다. 지금 미국은 과거 로마제국이나 스페인제국, 대영제국의 말년 모습과 매우 흡사하다.

　미국 달러(미국 국채) 또한 마찬가지다. 미국이 발행한 채권의 원금은 고사하고 그 이자조차 갚지 못할 상황에 처해 있다는 사실은 이미 널리 알려져 있다. GDP 대비 80퍼센트가 넘는 국가 부채는 미국이 갑자기 마법을 써서 매년 수천억 달러의 무역수지 흑자를 내지 않는 한, 몇 년 후 그대로 100퍼센트를 넘어서게 된다. 달러를 정신없이 찍어내서 이자를 내고, 빚을 갚고, 경기를 부양하는 정책도 한계에 왔다. 언제 휴지 조각으로 변할지 모르는 그 '종이돈'에 자신의 노동과 귀중한 실물 자산을 쉽게 내주지 않는 상황은 이미 여러 곳에서 나타나고 있다.

　물론 미국이 당장 2011년, 2012년에 멸망한다는 말이 아니다. 과거 절대왕정 국가들이 몰려 있던 유럽이나, 대영제국의 현재 모습을 봐도 알 수 있듯 미국이 한순간 짐바브웨 공화국으로 몰락하지는 않을 것이다. '그놈들'도 그걸 원치는 않는다. 미국은 부도를 낼지언정 '단일 정부' 관점에서 볼 때 아메리카 대륙 공동체의 수장 자리는 지켜내야 하기 때문이다.

하지만 미국은 불과 10년 전, 5년 전, 그리고 현재 누리고 있는 많은 특권을 2015년쯤에는 절대 누릴 수 없다. 야밤에 미국 남서부 지역의 국경을 넘는 멕시코 사람에게는 미국이 여전히 매력적일지 몰라도 한국인이 느끼는 미국은 엄청 달라져 있을 것이다. 패권과 달러를 잃어버린 미국은 더 이상 과거의 미국이 될 수 없기 때문이다.

영어는 세계 언어로 명맥을 유지할 테지만 미국의 패권은 그렇지 않다. 미국은 유럽 대륙의 영국과 독일, 아시아 대륙의 일본 또는 중국, 남미 대륙의 브라질 등처럼 세계 단일 정부를 구성하는 하나의 축 정도의 가치만 있을 것이다.

기존 제국의 몰락은 필연적으로 새로운 제국의 탄생을 의미한다. 굳이 음모론을 언급하지 않더라도 그것은 바로 중국이다. 특히, 세계 단일 정부 수립이라는 관점에서 볼 때도 중국처럼 아시아를 한데 묶는 역할을 할 국가가 반드시 필요하다. 현재 '세계의 공장(생산)'과 '세계의 백화점(소비)' 역할을 모두 수행할 수 있는 역량이 있다는 점은 그야말로 중국의 최대 장점이다.

그러나 이때 주의해야 할 점도 있다. 음모론적 관점에서는 패권이 미국에서 중국으로 넘어가는 과정에서 반드시 '길들이기'의 시간이 필요하다는 것이다. 패권이 넘어가는 판국에 '그놈들'이 가만히 손 놓고 기다린다는 것은 말도 안 되기 때문이다. 해당 국가(새로운 제국)의 시스

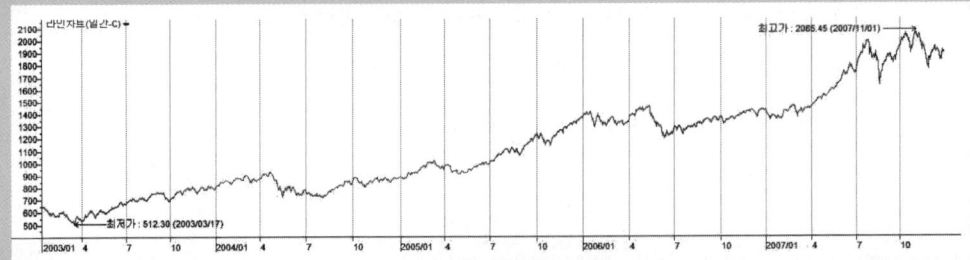

2003년 3월 중순 510선에서 움직이던 코스피는 2007년 11월 1일 2085포인트를 기록했다.

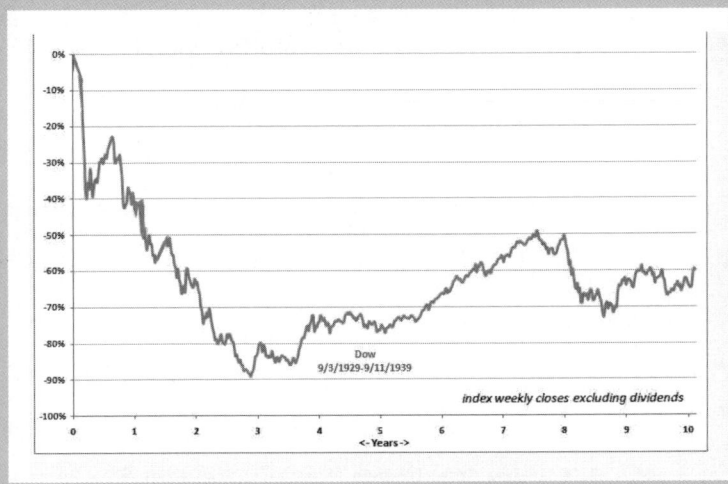

1929년 10월 29일 시작됐던 미국 대공황.
다우 지수는 고점 대비 89.2퍼센트가 폭락했고, 여파는 10년간 지속됐다.

**슈퍼 버블과 대공황 시기의 주가 흐름**

템을 완전히 '그놈들' 취향으로 바꾸어야 하며, 자신들의 부하를 심어 둬야 한다. 하지만 그리 만만치 않은 작업이다.

따라서 온 국민이 정신 똑바로 차리고 있을 때보다는 꽤 부산스럽고,

정신 없고, 흥분되는 상황이거나 공포에 벌벌 떠는 시기에 실행해야 한다. 중국이 경제적·정치적으로 무소불위의 권력을 휘두르고 있을 때보다 조바심을 내고 노심초사하고 있을 때가 좋은 타이밍이 된다는 뜻이다. 그렇다면 그것은 과연 어떤 상황일까?

나는 지체 없이 '울트라 버블(Ultra Bubble)'과 '슈퍼 공황(Super Depression)'을 꼽는다. 2003년부터 2007년까지 5년간 펼쳐졌던 일명 '슈퍼 버블(Super Bubble)'을 뛰어넘는 더 엄청난 '울트라 버블'을 만들어야 하고, 세상이 그 정점에서 헤맬 때 버블을 터뜨려야 한다. 바로 1930년대 '대공황(Great Depression)'을 넘어서는 '슈퍼 공황'이다. 그리고 이 과정에서 기존 패권국인 미국이 치명적인 병으로 자리에 몸져 누어야 하고, 전 세계인이 고통의 나날을 보내야 한다. 바로 이때 '그놈들'은 새로운 숙주로 재빠르게 옮겨 타고야 말 것이다.

한편, 우리는 중국이 패권을 가져간다는 것과 중국인들이 '왕 노릇'을 한다는 것은 전혀 다른 이야기라는 사실도 명심해야 한다. 그것은 마치 '그놈들'과 미국인들의 관계와 비슷하다. 미국이 패권을 잡았지만 그간 실제로 패권을 행사했던 것은 미국인이 아니라 '그놈들'이었던 것처럼 말이다. 우리의 분노는 중국 인민이 아니라 '그놈들'에게 향해야 한다.

또한 중국 위안화가 반드시 미국 달러화와 같은 위치로 격상된다고 단정 지을 수도 없다. 중국은 자칫 '기축통화를 갖지 못한 패권국'으로 전락할 가능성이 매우 높다. 심지어 위안화는 세계 단일 정부의 삼각축인 아시아 대륙 공동체의 지역 통화 기준 화폐 자리도 엔화에게 빼앗길 가능성이 크다. 마치 유로화의 기준 화폐가 영국 파운드화가 아닌 독일 마르크화였던 것처럼 말이다.

## 01: 울트라 버블과 슈퍼 공황의 불길한 조짐

"2010년, 지금부터 울트라 버블과 이어 찾아오는 슈퍼 공황을 준비해야 합니다."

나는 2009년 말부터 주변 사람들에게 이런 말을 많이 해왔다. 그러면 반응은 모두 한결같다. "공황? 말도 안 돼. 위기는 몰라도 공황은 없어"라든가 "니가 무슨 미네르바냐? 정신 차려!"라는 등 모두들 코웃음 친다.

만약 세계 경제가 2010년을 기점으로 그대로 3~4년간 꺾여버리면 역설적으로 대공황 같은 위기는 찾아오지 않을 것이다. 솔직히 나도 그냥 2010년에 더블딥이 찾아오면 좋겠다는 심정이다. 지금 바짝 정신차리고, 다시 한 번 허리띠를 졸라매고, 혹독한 노력으로 재기를 노린다면 전화위복이 될 수 있기 때문이다. 오히려 지금 이때 과거 문제점이 무엇이었는지 파악하고 그것을 해결하려고 세계 각국이 힘을 합친다면 상황은 긍정적일 수 있다.

　무엇보다 지금 더블딥이 찾아온다면 우리는 달러의 문제에 파고들 수 있다. 기축통화의 문제를 우리 스스로 제기하고 거기에 대한 처방법을 개발할 수 있다. 게을러빠진 미국인과 유럽인을 독려하고, 설득하고, 일을 시켜 빚을 갚게 할 수도 있다.

　하지만 '그놈들'도, 그리고 우리도 이것을 원하지 않는다. 내일 굶어 죽어도 오늘은 배터지게 먹어야 하고, 스스로 일을 열심히 하기보다 일단 남에게 책임을 떠넘겨야 편해진다. 특히 미국은 묘한 행태를 보였다. 서브 프라임 모기지 부실 폭탄을 돌린 책임자를 색출하고 처벌하기는커녕 이를 '인류의 탐욕'이라는 그럴듯한 말로 포장한 뒤 이 모든 책임을 80세 할아버지까지 나눠 갖도록 만들었다.

　지난 2009년 언론에서 가장 많이 등장했던 용어 중에서 '양적 완화(quantitative easing)'와 '출구 전략(exit strategy)'이라는 것이 있다. 양적 완화 정책과 출구 전략, 이 두 용어는 함께 붙어 다닌다. 이 둘은 마치 원인과 결과처럼, 또 처방과 부작용처럼 깊은 연관이 있다.

　양적 완화란 금융 당국의 통화정책 중 하나로 금리정책이 한계에 도달했거나 유효성이 떨어질 때 통화 당국이 직접 발권력을 동원하는 것을 말한다. 하지만 문제도 있다. 양적 완화 뒤에는 항상 넘치는 유동성으로 인플레이션이 발생한다.

　이런 문제 때문에 등장한 것이 바로 출구 전략이다. 경제가 어느 정도 궤도에 올랐을 때 닥쳐올 인플레이션에 대비해 그간 풀렸던 유동성을 회수하는 정책을 가리킨다. 대표적인 수단이 금리 인상으로, 금리를 올려 시중 유동성을 흡수하는 방식이고, 정부가 의도적으로 긴축정책을 구사해 경기 부양 속도를 늦추는 방법도 있다.

현 상황에서 인플레이션 가능성은 매우 높다. 아니, 당연한 일이라고 봐도 좋다. 2008년 말 이후 전 세계에 풀린 유동성은 천문학적인 규모이기 때문이다. 그런데 왜 각국 금융 당국은 여기에 대한 대책을 세우지 않을까? 한국의 기준금리는 왜 10개월 이상 2퍼센트에 묶여 있으며, 미국은 왜 2010년 상반기까지 제로 금리를 유지할 것이라고 공식 발표하고 있는 것일까? 인플레이션의 위험을 잘 알고 있으면서도 말이다. 이것이 바로 현재 전 세계가 공통적으로 겪고 있는 딜레마다. 금리를 인상하고 싶어도 할 수가 없다. 현 시점에서 금리 인상은 어렵게 되살려놓은 경기의 불씨를 그대로 꺼뜨리는 행위이기 때문이다.

그러나 지금 금리 인상을 하지 않으면, 지금 그 타이밍을 놓치게 되면 더 엄청난 문제가 다가올 것이다. 바로 '하이퍼 인플레이션(Hyper Inflation)'이다. 원유는 이제 배럴당 200달러를 돌파하고, 금값은 온스당 2,000달러가 될 것이다.

과연 여러분은 이 상황에서 어느 쪽을 택할 것인가. 오늘 굶을 것인가? 아니면 오늘은 배불리 먹고 언제가 될지는 모르지만 다음 주 언제쯤 굶을 것인가? 인간인 이상 대부분 후자를 선택한다. 정치가들도, 통화 당국 관계자들도, 언론인들도 모두 마찬가지다. 다들 '더블딥'과 '하이퍼 인플레이션' 중 선택하라면 모두 후자를 선택한다.

특히, '그놈들'은 그 누구보다도 이런 인간의 속성을 잘 읽고 있다. 그래서 인플레이션 위험을 속이면서 가능한 최대한 버블의 잠재력을 만들어놓을 것이다. 금리 인상을 해도 그 폭은 미미할 것이고, 따라서 그 충격 역시 최소화될 수밖에 없다.

그러나 이런 상황은 역설적으로 향후 닥칠 인플레이션 위험을 더 크게 만들 뿐이다. 인플레이션은 하이퍼 인플레이션으로 발전하고 이 과정에서 '울트라 버블'이 생긴다.

만약 2012년 인플레이션이 대규모 인플레이션으로 확대되는 측면이 확연하게 느껴진다면, 그리고 울트라 버블이 체감된다면 곧이어 슈퍼 공황을 준비해야만 한다. 음모론 투자고 뭐고 생존에 모든 것을 바쳐야 한다. 그것은 배고픔, 추위와 더위, 질병, 약탈 등 삶의 1차적인 문제를 해결하는 것이다.

『성경』 창세기에 나오는 '노아의 방주' 같은 것을 연상하면 좋을 것 같다. 최소한 1년 길게는 5년 정도, 지금까지 전혀 경험해 보지 못했던 최악의 상황에서 버텨낼 준비이다. 금을 위시한 귀금속이 급부상할 수 있고, 농부의 인기가 치솟을 수도 있다. 하지만 결국 생존의 핵심은 이웃이 될 것이다. 더 간단히 말하면 '상부상조'라고 할 수 있겠다. '그놈들'이 만들었던 1930년대 대공황 때도 대중은 도와가면서 생존했다. 슈퍼 공황도 다르지 않다.

### ■■■ 2010년, 작전은 시작된다

적어도 2010년 상반기는 재테크에 꽤 재미없는 시기가 될 것 같다. 주식은 좀 오르는가 싶다가도 갑자기 유럽이 심상치 않다느니 하는 등의 뜬금없는 소식에 다시 하락할 것이다. 하지만 3분기가 시작되는 2010년 10월은 재테크에 중요한 터닝 포인트가 될 듯하다. 지난 2008년 말부터 세계 각국 정부가 엄청나게 쏟아부었던 유동성의 효과가 공식적으로 점검받는 시기이기 때문이다.

금리 인상이 현실화될 가능성도 크다. 폭은 크지 않지만 꽤 많은 국가에서, 특히 어느 정도 경기 회복이 가시적으로 나타나고 있는 이머징 마켓 국가들에서는 첫 번째 금리 인상이 이뤄질 것이다.

미국이 제로 금리를 포기하고 금리를 올릴지는 의문이지만 최소한 FRB 의장 입에서 "2011년 상반기엔 금리를 인상할 것"이라는 말이 나오게 된다. 바로 이때, 첫 번째 금리 인상이라는 소식이 터져 나왔을 때, 세계 투자자산시장은 일순간 주춤할 것이다.

앞서도 말했지만 만약 이로 인해 세계 경기와 자산시장이 본격적인 하락세로 접어들면 우리는 오히려 기뻐해야 한다. 다시 원점에서 시작한다는 각오로 미국과 달러 문제를 파고들어 해결할 수 있는 기회가 생기기 때문이다.

하지만 상황은 반대로 흘러갈 것이다. 첫 번째 금리 인상 후 한 달 정도의 시간이 흐르면 사람들은 한 명 두 명씩 근거 없는 자신감을 되찾고는 "금리 인상 별거 아니네"라는 입장을 보이게 된다. 그리고 또 누구는 "본격적으로 투자할 타이밍이네"라는 말도 하게 된다.

달러 캐리 트레이드(Carry Trade : 금리가 낮은 달러를 빌려 금리가 높은 다른 나라 통화나 주식·부동산·실물 등 자산시장에 투자하는 것) 자금도 잠시 미국으로 돌아오다 다시 세계로 튀어 나간다.

결국 2010년 말부터는 국내 증시는 물론이고 중국 증시, 브라질 증시, 남아프리카공화국 증시에서 주가가 뛰어오르기 시작할 것이고, 이어 2011년 중반부터는 국제 유가가 발동을 걸며 본격 상승을 시작하고 국제 금값은 상대적으로 더 큰 폭의 상승을 나타낼 것이다. 이후 2012년까지는 각종 철광석, 구리 등 지하자원과 곡물 가격이 뛰어오르는 등 엄청난 거품이 생겨날 것이다.

하지만 사람들은 뭔가 이상한 구석이 있음을 느끼게 된다. 코스피가 다시 2,000포인트를 재돌파하는데도 경제 뉴스 한 귀퉁이에서는 미국 실업률이 15퍼센트를 이어가며 내려올 줄을 모른다는 소식이 들리고, 일부 전문가들은 "2013년 이후 중국의 경제성장률은 5퍼센트를 넘기도 힘들 것"이라는 분석을 내놓는다(중국 흔들기가 본격적으로 펼쳐지는 시기다).

일반 서민들은 매우 혼돈스러울 것이다. 분명 신문에선 연 50퍼센트가 넘어가는 펀드 수익률에, 집값이 20퍼센트씩 올랐다고 하는데 도대체 믿을 수가 없기 때문이다. 주변 사람들을 보면 물가가 올라 죽겠다고 아우성을 치고, 주택담보대출 이자를 갚느라 허리가 휜다. 금값이 폭등해도 돈 벌었다는 사람이 없다.

일각에선 엄청난 원자재 가격 급등으로 인해 브라질은 돈 잔치를 벌이고 있다는 뉴스에 대해 "아무짝에도 쓸모없는 종이돈(달러) 받으려고 자국의 소중한 실물 자원을 다 팔다니 한심하군" 하며 혀를 차고 있을지도 모르겠다. 그렇게 2012년이 지나면서 울트라 버블은 그 절정을 찍을 것이다.

실제로 미국을 탈출해 세계 증시, 부동산, 상품 시장으로 들어가 버블을 만들어놓았던 달러 자금은 절대 미국으로 회귀하지 않는다. 미국이 금리를 올리면 달러는 미국으로 귀환하고 세계 자산시장은 충격을 받아야 하는데 언제부터인가 이런 일이 발행하지 않는다.

그렇다. '똑똑한 돈(smart money)'들은 알고 있다. 달러가 곧 모든 실물 자산에 대해 그 가치가 제로(0)로 수렴할 것이라는 사실을 말이다. 이것이 바로 슈퍼 공황의 시작을 알리는 대표적인 전조다. 사람들이 화폐 대신 실물을 갖고 싶어 하고, 그래서 실물 자산 가격이 폭발적으로 오르는 순간이다.

그리고 어느 날 갑자기 네덜란드의 튤립 투기가 붕괴하듯, 1929년 '검은 목요일'처럼, 1987년 '블랙 먼데이'처럼, 울트라 버블은 한순간 슈퍼 공황으로 변신할 것이다.

### ■■■
## "뭐? 미국이 부도를 냈다고?"

울트라 버블과 슈퍼 공황의 공통된 핵심 요인은 바로 '달러의 사망'이다. 혹자는 '기축통화의 붕괴'라고도 하고 '종이돈의 최후'라는 표현도 사용한다. 노골적으로 표현하면 미국이 부도를 내는 것이다. 따라서 만약 미국이, 그리고 미국 달러가 힘을 내면 울트라 버블도 없고, 당연히 슈퍼 공황도 오지 않는다.

하지만 아무리 좋게 봐도, 눈에 콩깍지를 수천 겹으로 씌워도 미국 달러가 부활하기는 불가능해 보인다. 미국인들이 자존심을 버리고 월 500달러를 받으며 하루에 15시간씩 일하면서 빚을 갚겠다고 나설 가능성도 희박하며, 더 중요한 건 그렇게 한다고 해도 갚을 수 있는 상황이 아니다.

그나마 현 상황에서 달러의 가치를 높이는 건 대규모 전쟁이나 경제 위기 같은 방법뿐인데 이런 테크닉은 '그놈들' 입장에선 상당한 부담이다. 아직 2008년 말 세계 금융 위기의 공포가 남아 있는 상황에서 이런 혼란이 왔을 때 막다른 골목에 다다른 사람들은 이제 본격적으로 그 원

흉을 잡으려고 집단 린치도 마다하지 않을 것이기 때문이다. 따라서 오히려 '그놈들'에게 지금 필요한 건 대중의 맘을 녹록하게 만드는 버블의 달콤함이고, 이건 '달러의 추락'을 통해서만 만들 수 있다.

게다가 이제는 달러를 찍어내 이런 막대한 빚을 갚는 것도 더 이상 소용이 없다. 똑똑한 돈들은 벌써 두 배, 세 배, 네 배의 높은 가격을 지불하면서 실물 자산을 구입하고 있으니까. 여기에 일반인들까지 손에 쥔 석유 한 통, 빵 한 자루가 그 어떤 종이돈보다 더 소중하다는 것을 깨달을 때 미국이 할 수 있는 것은 모라토리엄 선언밖에는 없다.

만약 이런 파국이 오면 그간 석유를 배럴당 200달러 주고 거래하면서 대규모 인플레이션을 즐기던 사람들도 한순간 초긴장 상태로 돌변하게 된다. 시장 간판에 "달러 받지 않습니다"라는 문구가 내걸리고, 곧이어 거래 자체가 끊길 것이다.

혹자는 달러가 없으면 유로화로, 스위스 프랑으로, 엔화로 거래하면 된다고 한다. 하지만 이것은 단기적으론 힘들다. 유로화의 가치, 엔화 가치, 원화 가치 등 현재 모든 국가의 통화가치는 달러 가치에 의해 상대적으로 측정되기 때문이다.

만약 달러 가치가 0으로 수렴하면 모든 통화가치는 동일하게 무한대로 올라가게 되는데 실물 거래 관점에서 보면 이는 곧 어떤 종이돈이든 실물 대비 0원이 된다는 소리다. 그래서 달러의 사망은, 기축통화의 붕괴는 무섭다. 1930년대 대공황과 달리 이번에 찾아올 공황을 '슈퍼 공황'이라고 표현한 것도 이 때문이다.

대공황 시절에 미국인들은 달러가 부족해서 고생했다. '그놈들'이 의도적으로 극심한 긴축정책을 구사하면서 시중에서 달러의 씨가 마르게 했기 때문이다. 그러나 이번에 찾아오는 디플레이션은 달러가 너무 흔해져서 찾아오는 고통이다. 40퍼센트 하락, 60퍼센트, 90퍼센트 가격 폭락이 아니다. 가격이 완전히 무의미해지는 순간이다. 그 누구도 물건에 붙어 있는 가격표를 믿을 수 없는 현실이 펼쳐지는 것이다. 종이돈으로는 더 이상 라면 한 박스도 구입할 수 없고, 대한민국 원화를 가지고 어디 가서 석유 1배럴도 사 올 수 없다. 그리고 이 모든 것은 '제국의 몰락'에서 시작된다.

# 02: 미국이 죽어야 '그놈들'이 산다

2012년까지 음모론 투자의 핵심은 바로 '달러(미국)의 사망'이다. 모든 음모론 투자의 실행은 바로 여기에 초점을 맞춰야 한다. 물론 어떻게 보면 너무 성급하게 달러의 몰락을 점친 것 같기도 하다. 틀릴 수도 있다. 그러나 음모론의 관점에서 볼 때 달러는 결코 살아남을 수 없는 운명이다. 그럼 이제 앞서 설명했던 오각 분석 시스템으로 미국(달러)의 몰락을 파악해 보자.

첫째, '단일화' 관점에서 봤을 때 그간 미국은 제 역할을 충분히 했다. 힘이 막강했던 시절 미국은 유럽을 유럽연합이라는 지역 공동체로 완전히 묶었으며 '미국-캐나다-멕시코'로 이어지는 북미 통합도 이미 완성한 것이나 다름없다. 그리고 아시아 통합에도 혁혁한 공로를 세웠다. '미국 국채'라는 이 시대 최고의 살상 무기(?)를 중국 심장부에 심어놓았기 때문이다.

이제 미국의 남은 역할은 망해가면서 자신에게 목매고 있는 여타 국가들—특히 아시아—의 애간장을 태우는 일이다. 이렇게 되면 보너스로 남미 지역을 함께 뭉치게 할 수도 있다.

그동안에는 강한 힘으로 세상을 제압했다면 지금부터는 전술을 수정해 스스로 몰락하고 세상을 흉흉하게 만들어 사람들을 정신 차리게 하는 수법이다. "이제 미국을 믿을 게 아니라 우리끼리 뭉치자"고 이끌어가는 테크닉이다. 아시아와 남미 국가들 스스로 "우리도 힘을 합쳐야 한다"고 공표하면서 지역 통합 경제의 필요성을 역설하게 만들어야 한다.

역설적으로 지금부터는 미국이 강하면 절대 이런 상황이 발생하지 않는다. 그간 50년 넘게 미국의 힘을 지켜봤기 때문에 미국에 붙어 떡고물이나 얻어먹으려 하지 결코 힘을 합치지 않기 때문이다. 그래서 미국은 이제 몰락해야만 하고, 그 핵심은 바로 달러의 사망이 될 것이다.

둘째, 기축통화인 '달러'에 대한 통찰을 통해봐도 미국의 쇠퇴는 명확하다. '그놈들' 입장에서 봤을 때 지금까지는 달러로 돈을 벌려면 세상의 다른 통화들이 전적으로 순종해야만 가능했다. 그래야 달러의 가치인 환율을 조정해 경제를 흔들면서 특정 국가 및 특정 지역을 공격할 수 있기 때문이다.

하지만 이제 이 방법은 막바지에 도달했다. 반역의 조짐이 일어나고 있기 때문이다. 이미 여기저기서 달러의 문제점을 조목조목 파고들면서 체계적인 개선책을 마련하려는 목소리가 나오고 있다. '그놈들'의 탁월한 언론 장악 능력으로 이런 움직임을 억누르고 있지만 분명히 한계에 도달했다. 어떻게 보면 예상되는 결과이기도 하다. 과거 역사상 그 어떤 기축통화도 시간이 지나면 결국 힘을 잃었기 때문이다.

로마제국의 데나리온도 그랬고, 대영제국의 파운드화도 마찬가지였다. 어떻게 보면 기축통화라는 것 자체의 몰락은 필연인 것도 같다. 세뇨리지란 결국 화폐의 실질 가치 하락이라는 대전제 속에서만 존재한다는 모순 때문이다. 1달러짜리 동전을 생산해 내는 실질 비용은 언제나 1달러보다 적고, 시간이 갈수록 80센트, 60센트로 감소할 수밖에 없다. 100달러 가치의 금화를 120달러 주고 만드는 바보는 없다. 기축통화를 가진 입장에서는 그 가치가 하락해야만 자신들의 수익이 증가한다.

그런데 '그놈들' 입장에서 중요한 포인트는 이처럼 세뇨리지를 잃어버리는 상황이 자연스럽게 이렇게 흘러가면 안 된다는 것이다. 기축통화가 몰락하는 게 필연이더라도 그 필연을 만들어내는 주체는 바로 '그놈들' 자신이 돼야 한다. 그래야만 자기들이 원하는 것을 쟁취할 수 있다.

그래서 '그놈들'은 한계에 다다른 달러를 이제 자신들이 직접 쥐고 흔들면서 사망시키는 과정을 펼칠 것이다. 인간의 생명을 신에게 맡기지 않고 직접 안락사시키는 과정을 생각하면 된다. '그놈들' 자신의 신세계질서를 위한 한 수단으로 그 과정을 활용하려는 것이다.

결국 달러는 죽어가면서 대내적으로는 패권국 시민인 미국 국민들을 굴복시키고, 대외적으로는 중국을 길들이고, 자원 보유국들을 독점하는 계기를 '그놈들'에게 선물할 것이다.

## 울트라 버블은 '생존 버블'이다

　셋째, 경제 '주기'의 관점에서도 지금부터 미국은 몰락해 줘야 한다. 그래야만 '그놈들'은 돈을 벌 수 있고, 또다른 100년의 헤게모니를 잡을 수 있다. 주기적 관점에서 본 달러 붕괴의 핵심 이유는 바로 '그놈들'의 주기 창출 능력이 마지막 단계에 접어들었기 때문이다. 즉, 현재로선 인플레이션이야 언제든 만들 수 있다지만 더 이상 인위적인 디플레이션을 창출하긴 힘들다. 달러 약세는 쉽지만 달러 강세 국면을 만들기는 상당히 어렵게 됐다는 뜻도 된다.

　만약 또 한 번 2008년 말 같은 위기가 찾아온다면 이번엔 집단 린치 같은 해법이 등장할지 모른다. 그래서 결국 남은 해법은 미국을 죽이면서 한 차례 대형 버블과 버블 깨뜨리기의 주기를 거치면서 세상을 바꾸는 일뿐이다.

　미국의 소비 파워도 끝물이다. 미국이 그간 제국이었던 이유에는 여러 가지가 있겠지만 그중 하나를 꼽으라면 바로 소비력이다. 미국인들은 엄청난 소비를 해주면서 전 세계의 산업을 돌아가게 만들었다. 대한민국 노동자가 열심히 일해 5,000원짜리 물건을 만들면 이것을 선심 쓰듯 1만 원에 사주던 곳이 바로 미국이었다. 미국은 세계에 돈을 나눠줬고 우린 굴복할 수밖에 없었다.

　그런데 미국은 더 이상 이런 소비를 할 수 없다. 미국이 그동안 보여준 관대함이 '달러 찍어내기'라는 사기였다는 것을 사람들이 눈치챘기 때문이다. 그래서 이제 남은 방법은 자폭뿐이다. 달러와 미국을 함께 죽이는 것이다. 그런데 달러를 진짜로 죽이려면, 미국의 패권을 빼앗으려면 일반적인 방법으론 힘들다. 그래서 '그놈들'이 생각한 것이 바로 등락이 심한 주기를 만들어 대중을 극한으로 몰아넣는 방법이다. 그리고 그 시작은 바로 울트라 버블이 될 것이다.

울트라 버블의 시작은 지난 2008년 금융 위기 이후 대응책으로 취해진 무차별적인 달러 찍어내기에서 이미 시작됐다고 볼 수 있다. 엄청난

> ● **미국(달러)은 죽지만 연방 정부의 힘은 강해진다**
>
> 잘 알다시피 미국은 엄청난 빚더미 위에 앉아 있다. 2009년 말 현재 약 12조 1,546억 달러다. 달러당 1,170원으로 계산했을 때 우리 돈으로 약 1경 4,220조 8,820억 원에 달한다. 중국은 이중 2조 달러가 넘는 달러를 보유하고 있고 8,000억 달러 규모의 미국 국채를 쥐고 있다. 그런데 미국은 외국뿐 아니라 자국민에 대해서도 엄청난 빚을 지고 있다. 정부 연금과 사회보장 비용, 노인 의료보험과 재향군인 관련 연기금 등 향후 자국민에게 지급해야 할 돈까지 합치면 빚은 100조 달러에 달한다. 여기에 오바마 대통령의 건강보험 개혁 비용까지 넣으면 수조 달러의 빚이 추가된다. 미국은 이를 감당할 수 있을까? 없다. 불가능하다. 유일한 방법은 '모라토리엄(지불유예)'이나 '디폴트(default : 채무불이행)'뿐이다.
>
> 그래서 나는 울트라 버블 기간에 발생할 하이퍼 인플레이션이 나름대로 이유가 있다고 본다. 화폐의 실질가치 하락으로 엄청난 대외 부채를 일정 수준 줄일 수 있기 때문이다. 또한 자국민에게 진 빚도 갚을 수 있다. 가령 월 2,000달러를 받는 연금 수령자는 한 달에 4,000달러로 올라버린 물가가 고통이겠지만 국가 입장에선 명목상으로 빚을 갚은 셈이 된다. 무엇보다 이런 해법은 그간 주 정부 단위로 자유롭게 생활해 오던 미국인들로 하여금 연방 정부에 굴복하게 만들 수 있다.
>
> 현재 '그놈들'은 그 어떤 지역보다 미국에 많은 두려움을 느끼고 있다. 로마 시민

공포 상태를 만든 후 말도 안 되는 유동성 공급을 했던 것이다. 그리고 뒤를 이어서는 또 말도 안 되는 저금리를 통해 달러 캐리 트레이드를 출동시켰다. '달러 캐리 트레이드'라고 하면 달러를 빌리는 것이고 '엔 캐리 트레이드'라고 하면 일본 엔화를 빌리는 것이다. 현재 금리가 낮아 돈 빌리는 데 부담이 없고 향후 통화가치도 하락할 것으로 전망되면

의 자존심이 강했던 것처럼, 영국인의 근거 없는 자신감처럼, 미국인들 역시 기를 꺾기가 매우 힘들 것이라 생각하고 있다.

그래서 이번 오바마의 건강보험 개혁은 초미의 관심사다. 전 국민 대상 의료보험 시스템은 결국 미국인들을 정부의 통제 대상으로 묶는 장치가 되기 때문이다. 음모론적으로도 의미가 깊다.

건강보험으로 인해 미국의 빚은 회복 불가능한 결정타를 맞을 것이라는 의견과 함께 환자를 식별하고 건강 정보를 담기 위한 생체이식 가능 장치를 몸안에 삽입한다는 의미인 법안 문구(a class II device that is implantable)가 크게 부각되고 있다. 미국 내 전 국민 건강보험 시행은 결국 미국인들 몸속에 베리칩(Verichip : 각종 정보를 담은 체내이식용 마이크로칩. 무선 식별 기술을 사용한다고 해서 RFID칩이라고도 불린다)을 심는 계기가 될 것이라는 주장이다.

이뿐만이 아니다. 이미 9·11 테러를 빌미로 여차하면 길 가는 사람도 잡아들일 수 있는 법적 장치를 구축했다는 점을 감안해도 향후 미국에서 연방 정부의 힘은 분명 더욱 강해질 것이다. 반면 주 정부는 파산할 것이며, 주 정부의 지역 은행들도 빠른 속도로 도산할 것이다. 미국인들이 기댈 곳은 이제 연방 정부밖에는 없다. 주류 경제학도 시카고 학파에서 이미 케인스 학파로 넘어왔다. 수많은 경제학자들은 "국가가 나서서 국민을 먹여 살려야 한다"고 주장할 것이고, 이는 국가의 힘을 더욱 키워줄 것이다. 연방세율을 50퍼센트로 높여도 그냥 수긍할 수밖에 없다.

될수록 캐리 트레이드의 규모와 강도는 높아진다.

2003년부터 2007년까지 '슈퍼 버블'의 주범은 엔 캐리 트레이드였다. 일본은 수년간 제로 금리를 유지했고, 엔화 절상 가능성도 낮아 맘 편하게 엔화를 빌릴 수 있었다. 단적으로 2퍼센트 대출 이자율로 엔화를 빌려 뉴질랜드에 가서 수익률이 5퍼센트인 채권을 사면 앉아서 3퍼센트라는 무위험 수익률을 만들어낼 수 있었다.

그런데 이번엔 아이러니하게도 세계 기축통화인 달러가 바로 이 역할을 하고 있다. 어차피 미국은 쉽게 기준금리를 올리지 못한다. 올려도 폭은 미미할 것이다. 또한 달러 약세는 삼척동자도 알고 있듯 확실한 추세다. 달러만으로 버블을 만들어내기가 버거워질 때는 영국 파운드화도 합세시킬 것이다. '그놈들'이 그간 파운드화를 끝까지 유로화 지역 통화 체제에 포함시키지 않았던 것은 바로 이 순간을 기다렸기 때문이라고 봐야 한다.

2010년 1월 말 미국 오바마 대통령이 투자은행의 자기자본 투자를 규제하고 헤지펀드에 대해 맹공을 퍼부었던 것도 유사한 맥락이다. 이는 마치 주식 작전 세력이 가격을 급등시키기 직전 개미 투자자들을 떨궈내는 '개미핥기'와 비슷하다. 쉽게 말해 울트라 버블을 만드는 데서 먼저 떨거지 세력을 배제하겠다는 포석이라고 봐야 한다. 그래야만 변수가 줄고, 버그가 사라져 작전을 펼치기 쉽다.

유럽연합이 헤지펀드와 사모펀드 영업에 대한 규제를 강화하는 것도 마찬가지다. 분명 울트라 버블은 만들겠지만 그 주체는 '그놈들' 자신이 독점해야 한다는 사전 작업인 것이다.

그리고 이처럼 달러와 파운드화 캐리 트레이드로 시작된 버블은 일정 시간 후부터는 세계의 모든 종이돈(통화)이 인플레이션 위험을 피하기 위해 주식 같은 투자자산으로 몰려들면서 더 가속화될 전망이다. 일명 '통화 버블'이다.

출구 전략? 미국이 금리를 올리면 달러는 다시 미국으로 향한다고? 그럼 달러 가치는 다시 상승한다고? 만약 이런 상황이 실제로 벌어지면 역설적으로 우리는 기뻐해야 할 것이다. 이것은 바로 달러가 죽지 않는다는 것이고, 달러만 살아 있다면 '그놈들'의 계획은 수십 년 이상 후퇴할 수밖에 없기 때문이다.

하지만 현재로선 이럴 가능성은 희박하다. 물론 지난 2008년 하반기에 몰아쳤던 세계 금융시장 붕괴 공포에 따른 달러 값 폭등에서 알 수 있듯 상황은 단기간 역전될 수 있다. 2010년 초 그리스를 시작으로 향후 유럽에서 줄줄이 국가 재정 위기가 부각될 텐데 이때마다 달러 값은 일시적으로 급등할 것이 확실하다. 일시적 충격을 주고 달러를 찾는 병목현상을 통해 달러 가치를 높이는 눈속임이다.

그러나 다 죽어가는 미국이 병상에서 일어나 운동장을 달릴 수는 없다. 특히 이번에는 세계 기축통화를 놓고 캐리 트레이드를 벌이는 막장 상황이다.

달러화 가치가 임계점을 지난 후 급속도로 하락하면 시중에 풀린 돈은 그대로 주식, 부동산, 석유, 금, 철광석, 곡물 등에 무차별적으로 몰려가면서 가격을 폭등시키게 된다. 특히, 원자재(실물)에 낀 버블은 그야말로 초절정이 될 것이다. 이번 버블은 과거 역사상 다른 거품들과 달리 인간의 탐욕에서 비롯된 것이 아니다.

앞서 말했듯 모든 종이돈이 죽어가면서 생기는 '통화 버블'에서 시작된 인류의 '생존 버블'이다. 달러를 비롯한 세계의 모든 종이돈이 붕괴하면서 투자자산으로 몰리고, 이어서 실물을 직접 챙기려는 '자원 버

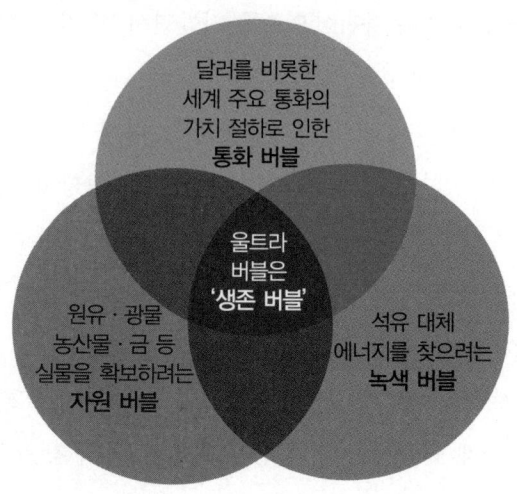

울트라 버블의 3요소

블'이 거세지고, 여기에 석유 다음 시대를 열려는 '그놈들'의 의도적인 '녹색 버블'이 겹쳐지면서 이제 생존을 위해 버블이 커져가는 상황이다. 그래서 그 크기도 울트라 급이 될 수밖에 없다.

■ ■ ■
## 종착역에 다다른 미국

넷째, '자원과 신기술' 관점에서도 미국은 할 일을 다 했다. 미국은 100년 가까이 인류의 최대 천연자원이었던 원유를 약탈해 '그놈들'에게 바쳤다. 그리고 난다 긴다 하는 뛰어난 인재들은 모두 미국으로 향했고, 미국에서 노동을 쏟아부었다. 또한 '그놈들'은 미국을 교묘하게 이용해 다국적 기업이라는 미명 아래 로열티를 챙길 수 있는 웬만한 원천 기술을 다 모았다.

비윤리적 행동도 서슴지 않았다. 미국의 '페이퍼클립(Paperclip) 작전'은 좋은 사례가 될 것이다. 미국은 독일 나치 정권의 하수인이자 전범인 의사, 과학자 600명의 신기술을 '그놈들'에게 바쳤으며 '그놈들'은 이를 발판으로 기상천외한 바이러스를 만들었고, 미사일을 개발했으며, 우주 개발 프로젝트를 진행할 수 있었다.

이때 필요한 자금은 일본에서 조달해 맘껏 사용했다. 그리고 이렇게 미국으로 향한 천연자원과 인재, 그리고 신기술은 고스란히 최종 소유자인 '그놈들' 품으로 들어갔다.

이제 미국의 남은 역할은 스스로 몰락하면서 자원전쟁을 벌여 석유 체제 종말을 완성하는 것이며, 차세대 에너지원을 구동시키는 녹색 신기술을 완벽하게 '그놈들' 품으로 가져오는 것뿐이다. 혹시 미국을 좀 더 부려먹을 수 있지 않냐고, 엄청난 군사력을 더 활용해야 하지 않겠냐고 할 수도 있지만 현재 미국은 전쟁에 직접 나서기엔 너무 노쇠했다. 군사력을 이야기하는 게 아니다. 군사력은 여전히 세계 일등이다.

하지만 지금은 과거 아버지 부시와 아들 부시 대통령이 그랬던 것처럼 다짜고짜 이라크에 쳐들어갈 수 있는 상황이 아니다. 과거엔 다른 국가들이 그냥 눈감아 주었을지 몰라도 이젠 다르다. 달러에 대한 신뢰를 버렸듯 미국에 대해서도 더 이상 주눅 들지 않는다. 인재 보유국은 인재 보유국대로, 자원 보유국은 자원 보유국대로 미국과 대등하게 경쟁하려고 하지 더 이상 아무도 '세계의 경찰국가' 미국을 인정하지 않는다.

기술력도 그렇다. NASA는 예산 부족에 허덕대고 있다. 과거 일본 같은 돈줄이 없는 상황에서 공격적인 우주 개발은 상상할 수도 없다.

결국 미국은 은퇴할 수밖에 없고, 도박판 판돈이나 키우는 바람잡이로 전락할 수밖에 없다. 중국을 견제하면서 인도를 키워주고, 러시아의 위상을 다시 한 번 높여주고, 브라질에 힘을 실어주고, 남아프리카공화국에 거점을 만들면서 '그놈들'이 계획하고 있는 새 판에 바람잡이 역할을 할 뿐이다.

다섯째, '종교' 코드로 봤을 때도 이제 미국은 종착역에 다다랐다. 최소한 미국에서만큼은 종교의 취미화를 완벽하게 이뤄냈다. 현재 미국에서 기독교, 특히 개신교는 그야말로 무의미한 존재가 돼버렸다. 국민 10명 중 7명은 '갓(God)'을 믿는다고 말하지만 막상 교회에 다니는 사람은 이 중 3명이 될까 말까다.

미국에선 종교가 힘을 얻지 못한다. 종교와 생활이 완벽하게 분리돼버렸고 종교는 박제 인형으로 전락했다. 미국에서 개신교는 하나의 취미일 뿐이고, 그만큼 미국에서 '그놈들'이 단일 종교 또는 혼합 종교 만들기는 더 쉬워졌다.

반면, 북한을 예로 들어보자. 북한의 기독교인은 목숨을 건다. 그래서 이런 사람들에게는 "이 하나님이나 저 하나님이나 다 똑같은 거야"라는 이야기가 통하지 않는다. 따라서 '그놈들' 입장에선 북한에는 아직 할 일이 남아 있다고 해석해야 한다. 이런 치열한 신앙을 완전히 붕괴시키고 종교 무용론과 취미화를 이뤄내야 하기 때문이다. 결국 '종교'라는 통찰 코드에서도 미국은 이제 북한보다도 못한 신세로 전락했고, 뜨는 국가가 아니라 지는 국가인 셈이다.

리처드 도킨스의 베스트셀러 『만들어진 신』에서는 지구상의 많은 분쟁과 학살, 그리고 수많은 문제들은 모두 신을 믿는 사람들 때문에 발생했다고 역설하고 있다. 신은 인간에 의해 만들어진 것에 불과하며 신이 없는 세상이 바로 '유토피아'라고 결론 내린다. 굳이 이 책을 언급하는 것은 책에 대해 어떤 비판이나 칭찬을 하려는 의도가 아니다. 이런 논리가 바로 '그놈들'이 가장 선호하는 방식이라는 것을 말하고 싶어서다. 신 대신 인간에게 더 힘쓰자는 의견은 그 자체에 어떤 모순도 없다. 하지만 여기에서 뭔가를 의도적으로 빼놓는다. 처음엔 반짝이는 눈망울로, 진지한 표정으로 이렇게 속삭인다.

"인간의 힘으로 뭐든지 할 수 있어, 이성의 힘을 믿어, 대중의 힘으로 참세상을 만들자."

그 어디에도 자신들처럼 현명한 소수가 세상을 지배해야 한다는 말은 들어 있지 않다. 하지만 신을 버리는 데 성공하면 실은 인간 중에서도 '우월한 유전자'가 존재한다면서 사람들을 오도하는 것이다. 프랑스 대혁명이 주창했던 자유, 평등, 박애의 가치는 그 자체로 존엄하고 숭고하다. 하지만 그 투쟁 과정에서 돈을 챙기고, 왕정과 봉건제도를 무너뜨린 후 새로운 지배층이 된 세력은 분명 따로 있었다.

'그놈들'은 "종교의 자유는 보장돼야 한다"고 한다. 하지만 뒤에서 종교 갈등을 조장한다. 그리고 피 비린내 나는 종교 갈등 이후 "신을 믿어보니까 별것 없더라"는 결론을 이끌어낸다.

분명한 것은 커튼 뒤에 숨어서 조직적으로 종교 갈등을 조장하는 세력이 존재한다는 사실이다. "신을 버리고 인간을 찾자"는 말에 현혹되지 말라. '그놈들'이 원하는 건 "신을 버리고 나를 따르라"는 것이니까. 프리메이슨이, 일루미나티가, 유태계 엘리트들이 비판받는 이유는 바로 자신들만이 인류를 구원할 수 있다고 착각하기 때문이다. 하지만 이제부터 미국은 이런 '그놈들'의 착각을 운명으로 받아들일 것이다. 그렇게 제국의 몰락은 한층 더 완성돼 갈 것이다.

# 03: 위안화와 달러화의 충돌, 화폐 전쟁은 없다

　　　　　　일각에선 이제 곧 미국의 달러화와 중국의 인민폐(위안화)가 벌이는 화폐 전쟁이 시작될 것이라고 말한다. '통화 전쟁'이라는 단어도 이젠 매우 낯익은 경제 용어가 됐다. 하지만 음모론 투자 관점에서 화폐 전쟁은 가능성이 매우 희박한 시나리오다.

　분명 중국 위안화의 가치는 앞으로 지금보다 오를 것이다. 그러나 브라질 헤알화의 가치도 못지않게 오를 것이다. 호주 달러화 역시 강세를 유지할 것이다. 무엇보다 중국이 보유하고 있는 미국 국채를 실제로 던져버린다는 것은 상상할 수도 없고, 그런 협박을 통해 위안화를 기축통화 자리에 올린다는 것 또한 유치한 발상이다.

　현재 중국의 금융 시스템은 변동환율제조차 시행하지 못하고 있고, 2009년 말 현재 선물시장도 없다. 이런 상황을 고려해 봤을 때 중국이 아무리 엄청난 성장을 하고, 장사를 잘한다고 해도 세계가 위안화를 기축통화로 받아들이긴 힘들다. 위안화의 가치가 달러에 고정/연동돼 있는데 굳이 달러를 두고 위안화를 기축통화로 올린다는 자체가 난센스다.

물론 중국이 미국 다음의 제국이 될 것은 확실하다. 하지만 앞서 언급했듯이 중국이 세계 패권국 위치에 올라선다 하더라도 그 영향력은 과거 패권 국가들에 비해 많이 축소될 것이다.

나는 그 핵심 원인을 '기축통화의 부재'라고 분석한다. 패권을 장악한 제국임에도 위안화가 과거 영국 파운드나 미국 달러 같은 단독 기축통화가 되지 못한다는 이야기다. 오히려 달러화 다음 기축통화는 IMF가 발행하는 특별인출권(SDR : Special Drawing Rights)의 시스템을 빌린, 지역 통화 3~5개가 혼합되는 통화 체제가 될 가능성이 높다 ('그놈들'의 궁극적인 목표는 화폐 없는 사회라고 볼 수 있다. 인간의 몸에 베리칩을 심어놓고 이를 통해 모든 경제 행위가 이루어지게 하는 방식이다. 하지만 이 직전까지는 오프라인 세계의 기축통화가 한 번 정도 더 필요하다).

## ■■■ 차세대 패권국, 중국은 이미 다 가지고 있다

중국은 분명 패권국의 풍모가 넘치는 국가다. 세계 단일 정부 수립이라는 음모론 오각 분석 시스템의 첫째 키워드인 '단일화' 측면에서 봤을 때도 무조건 힘을 얻어야 할 국가다. 유럽연합이 통합될 때 독일이 이용됐다면, 북미 대륙은 당연히 미국이 주축을 담당하게 되고, 아시아에선 결국 중국이 나서줘야 하기 때문이다.

물론 아시아에선 러시아라는 대단한 경쟁자가 남아 있긴 하지만 러시아는 조금 문제가 있다. 자고로 패권 국가는 '인재 보유국＋자원 보유국＋재화 소비국'의 세 가지 특성을 모두 갖추어야 하기 때문이다. 일정 수준 천연자원도 보유하면서, 인적(기술)자원 수준도 높아 제조업 및 금융업도 발전해야 한다. 또한 전 세계에서 생산·유통되는 물품을 가장 많이 소비해 줄 수 있는 아량도 베풀어야 한다. 그래야 패권 국가가 될 수 있다.

그런데 러시아는 천연자원의 축복을 받다 보니 상대적으로 2차, 3차 산업이 낙후됐고 1960년대까지만 해도 뛰어났던 기술력은 이후 쇠락의 길로 접어들었다. 또한 세계의 소비를 책임질 만한 역량도 떨어진다.

셋째 키워드인 '주기' 관점에서도 중국은 이미 패권 국가이다. 중국은 자체 역량만으로도 인플레이션과 디플레이션 흐름을 만들어낼 수 있기 때문이다. 미국만큼은 아니지만 그 뒤를 바짝 추격하고 있다. 2003~2007년 일명 '슈퍼 버블' 때 그랬던 것처럼 13억 인민의 값싼 노동력으로 세계적인 인플레이션을 최소화했던 것처럼 세계 경제의 주기를 창조할 힘이 있다. 가령 지금부터 중국이 공장문을 닫고 지갑을 닫아버리면 단기간 세계 경제를 디플레이션으로 빠뜨릴 수도 있다. 기축통화를 보유하지 않고서도 이런 능력을 발휘할 수 있다는 것은 매우 놀랍다.

넷째 키워드인 '자원과 신기술' 측면에서도 중국은 매력적이다. 이때 '매력적'이라는 것은 중국이 원자재가 풍부하다거나 기술력이 일본만큼 뛰어나다는 뜻이 아니다. 실제로 중국은 다른 국가에 비해 상대적으로 많은 천연자원을 보유하고 있지만 인구나 산업 규모로 봤을 때는 수입국의 위치에 선다. 식량 문제는 항상 중국 물가의 골칫덩어리다. 중국의 기술력도 마찬가지다. 빠른 속도로 발전하고 있지만 현재는 결코 정상급이 아니다.

그러면 중국이 뭐가 매력적이냐고 반문할 수 있다. 역설적이지만 상황이 이렇기 때문에 '그놈들'에겐 매력적이다. 중국이 앞으로 자원 문제나 기술력 문제를 극복해 가는 과정에서 '그놈들'이 어떤 식으로든 관여할 수 있는 여지가 충분하기 때문이다. 만약 현 상태로 자원도 기술력도 모두 우월한 위치에 있다면 '그놈들'이 파고들어 갈 틈은 없어진다.

게다가 중국은 현재 '차세대 석유'로 불리는 희토류 금속을 가장 많이 확보하고 있다. 아마도 '그놈들'은 울트라 버블 및 슈퍼 공황 사이클 직후 중국을 숙주로 삼아 기생할 텐데, 과거 석유 장사로 돈을 챙겼던 것처럼 희토류 금속으로 또 한 번 막대한 돈벌이를 할 수도 있다.

다섯째 키워드 '종교'의 관점에서도 중국은 '그놈들'에게 선택받을 조건이 갖춰져 있다. 현재 중국은 북한과 함께 개신교 열풍이 뜨겁게 불고 있는 곳이기 때문이다. 2008년 말 현재 중국의 기독교인은 지하 교회를 포함해 7,000만 명에 달하는데 이는 공산당원 전체 수와 맞먹는다. 일각에선 2010년 말 중국 내 개신교 신자 수가 1억 명이 넘을 것이라는 전망도 나온다.

따라서 중국은 최소한 중국 인민의 3분의 1이 기독교도가 될 때까지 경제 성장을 계속할 것이라고 음모론적 통찰을 해볼 수 있다. 그리고 패권국의 지위는 중국이 물질적 풍요로 인해 그 뜨거웠던 신앙심이 하찮은 문제로 전락할 때까지 지속될 것이라고 전망할 수 있다.

"신은 죽었다"고 외쳤던 니체는 "기독교는 본질적으로 타락을 의미한다"고 했다. 정말 기독교가 본질적으로 타락한 것인지 아니면 누군가의 음모로 타락할 수밖에 없다는 뜻인지 알 순 없지만 음모론 통찰에선 후자로 봐야 한다.

그래서 중국에서 개신교는 향후 더 탄압받고, 더 핍박받을 필요가 있고, 마지막엔 그것을 훌륭하게 극복해 내야 한다. 그래야 본질적으로 타락할 수 있다. 화끈하게 믿어야 화끈하게 버릴 수 있다.

### ■■■ 그러나 기축통화는 가질 수 없다

그러나 이런 중국도 한 가지는 절대로 가질 수 없다. 바로 기축통화다. 중국이 완벽한 패권 국가가 되려면 당연히 위안화가 기축통화가 돼야 하지만 그런 일은 절대 일어나지 않을 것 같다.

최근 중국은 SDR을 세계 기축통화로 사용할 것을 강력 주장하고 있다. 덩샤오핑의 '도광양회(韜光養晦 : 재능을 감추고 힘을 기르며 때를 기다림)'처럼 일단 SDR을 먼저 밀고, 이후 상황을 봐가며 위안화를 SDR에 편입시킨 후 영향력을 확대하겠다는 포석이다. 직접 위안화를 전면에 내세우기보다 일단 우회로를 선택했다고 볼 수 있다.

하지만 중국의 이런 처신은 스스로 발목을 잡을 뿐이다. 중국으로서는 휴지가 될 가능성이 높은 달러(미국 국채)를 지금부터 어떻게든 처분하고 싶겠지만 호락호락하지 않다. '그놈들'이 박아놓은 '달러 폭탄'은 최후의 순간까지 중국의 뒷덜미를 잡고 있을 테니까 말이다.

특히, 중국은 울트라 버블이 정점을 찍을 2012년부터 정신이 없을 것이다. 많은 내홍을 겪을 것이기 때문이다. 중국 인민들의 민주주의에 대한 열망이 높아질 수도 있고, 티베트의 영적 지도자 딜라이 라마는 미국과 중국의 관계에서 가장 많이 등장하는 인물이 될지도 모른다. 이처럼 중국에선 공산주의라는 정치체제에 대한 비판, 자국 내 소수민족 문제 등이 끊임없이 대두될 것이고, 여기에 인도, 러시아 등 인접 국가와의 갈등도 가세해 정치 상황이 더 복잡하게 꼬일 것이다.

남아시아 지역은 지금 전쟁이 일어나도 별로 놀랍지 않을 만큼 긴장이 팽팽한 곳이다. 현재 중국은 인도와 묘한 긴장감을 유지하고 있다. 중국은 인도의 적대국인 파키스탄과 긴밀한 관계를 유지하면서 인도를 자극하고, 인도는 티베트를 지원하면서 중국을 자극하고 있다. 카슈미르 지역을 놓고 펼치는 인도와 파키스탄, 중국 간의 갈등은 유명하다. 게다가 핵 보유국인 인도는 미국과 연합 전선을 구축하고 있다. 미국·인도 간 핵 협력 사업은 간과할 수 없는 포인트이고, 파키스탄 역시 핵 보유국이다.

인도와 국경 분쟁을 일으키면서 인도를 아니꼽게 보고 있는 중국은 여차하면 티베트 문제를 빌미로 파키스탄과 힘을 합쳐 그대로 인도로 진군할 수도 있다. 평온한 시절이라면 몰라도 울트라 버블이 끝나고 슈퍼 공황 같은 험난한 시기가 찾아오면 지역의 이해관계는 첨예하게 대립할 수밖에 없다. 그래서 음모론자라면 중동 지역의 갈등은 물론 중국과 인도, 파키스탄이 펼치는 대립 구도에 촉각을 곤두세우고 있어야 한다.

'그놈들'은 분명 이 시기에 특유의 정반합 전법을 이용해 중국 내부의 정(正) 세력과 반(反) 세력 모두와 친분을 다지는 계기를 마련할 가

능성이 높다. 자연스럽게 중국이라는 새로운 숙주에 기생하는 방식이
다. 미국에서도 그랬다. 남북전쟁처럼 세상을 한번 흔들어놓은 후 대중
에게서 환영받으면서 입성했고, 사람들을 대공황의 고통 속에 밀어넣
으면서 자신들의 입지를 완전히 다졌다.

중국이 '기축통화 없는 패권국'이 될 것이라는 통찰은 최근 거세게 불

### ● SDR의 시스템을 기억하라

SDR(특별인출권)이란 개별 국가가 경제적 위기 등의 이유로 IMF로부터 무담보로 받는 무형의 통화다. 세부적으로 살펴보면 미국 달러화, 영국 파운드화, 유로화, 일본 엔화, 이 4개 화폐를 한데 묶어놓은 형식을 취하고 있다.

| 통화 | 가중치 | 환율 | 달러 환산치 |
|---|---|---|---|
| 달러 | 0.632(44%) | 1 | 0.632 |
| 유로 | 0.41(34%) | 1.3401 | 0.549441 |
| 엔 | 18.4(11%) | 99.39 | 0.185129 |
| 파운드 | 0.0903(11%) | 1.5042 | 0.1358289 |
| | | 합계 | = 1.5024 |

SDR 1 = 1.5024 달러/1달러 = 0.665602

**SDR의 기본 구조(2009년 5월 말 기준)**

예를 들어, 한국이 경제 위기를 맞아 IMF에게 SDR을 요청하면, IMF는 그간 회원국으로부터 받은 출자금을 SDR 형태로 지급한다. 한국은 지원받은 SDR로 다른 나라와 거래를 할 수 있는데 이때 상대국은 대한민국으로부터 받은 SDR을 IMF에 주

고 있는 '달러 비판론'에서도 파악할 수 있다. 분명 '그놈들'은 지난 100년간 달러라는 기축통화와 고정·변동환율제의 환율 시스템을 엮어가면서 많은 작업을 해왔다.

하지만 차세대 패권국인 중국에서도 똑같이 기존 방식을 사용할 확률은 매우 낮다. 달러를 마지막으로 해 더 이상 세뇨리지는 사용하지 않을

고 개별 통화를 현금화하는 구조다. 그런데 최근 음모론에서 부각되고 있는 건 SDR 자체가 아니라 SDR의 형식이다. 표에서처럼 글로벌 주요 통화를 섞어놓으면 달러에만 휘둘리는 상황이 줄어들기 때문이다. 달러도 4개 통화 중 1개에 불과하기 때문에 SDR의 상대 가치를 적용받게 된다.

예를 들어 2009년 5월 현재 1 SDR의 가치는 1.5달러로서 달러 약세 현상이 반영되고 있다. 이처럼 SDR로 표기·거래되는 실물 자산이나 채권 규모가 증가하면 달러를 기축통화로 사용할 때 생기는 여러 가지 폐단을 막을 수 있다. 가령 국제 원유 가격을 SDR로 표기해 거래하면 달러 가치가 하락한다고 해서 유가가 곧바로 폭등하지 않는다. 달러가 SDR에서 차지하는 비중만큼만 상승할 것이다. 또한 우리나라 같은 변방의 통화 국가들은 달러 부족으로 인한 흑자 도산 우려도 사라진다.

달러화는 사망 이후 '아메로' 같은 북미연합 공동체의 새로운 지역 화폐로 변신할 것이다. 그리고 이런 상황이 진행될 쯤엔 아시아에서도 지역 화폐가 탄생될 것이고, 결국 유로화, 북미연합 화폐, 아시아 지역 화폐 등이 마치 IMF의 SDR처럼 한데 묶여 세계 단일 통화로 활용될 가능성이 높다. 역내에선 지역 화폐를 쓰고, 무역 거래에선 SDR 형태의 통합 기축통화를 사용하는 형식이다. 최근 SDR에 대한 논의가 많아지는 것도 이 시스템에 대해 많은 사람들이 사전에 공감하도록 만들기 위해서라고 할 수 있다.

것이라는 이야기다. 왜 일까? 수법이 너무 잘 알려져 버렸기 때문이다. 실제로 1980년대, 1990년대, 그리고 2000년대를 지나오면서 '그놈들'의 환전 테크닉을 까발리는 책과 이론가가 기하급수적으로 증가했다.

그래서 '그놈들'은 기축통화의 세뇨리지를 이용해 버블을 만들고 가끔씩 위기를 조장해 자산 가격을 급락시키고 이를 거둬들인 후 다시 버블을 만들어 중생들에게 떠넘기는 수법을 위안화에까지 이어가지 않을 것이다. 자신들의 테크닉이 다 알려졌는데 위안화로 또다시 이런 행동을 하리라곤 결코 생각할 수 없다.

### ■■■ 달러는 스스로 죽어간다

중국이 진정 기축통화를 갖는 패권국이 되고 싶다면 어서 빨리 화폐전쟁에 돌입해야 한다. 보유하고 있는 미국 국채를 던지고, 국제 원유를 유로화로 결제하고, 미국의 신규 발행 국채를 더 이상 구입하지 않는 등의 직접적 도발을 해야 한다. 괜히 SDR을 들고 나와 이야기를 빙빙 돌릴 게 아니라 직접 위안화를 들이밀어야 한다. 위안화를 당장 대폭 절상하고 당장 변동환율제로 바꿔야 한다. 물론 이렇게 하면 한 3년 정도 수출이 엉망이 되고, 성장이 연 5퍼센트대로 급감하겠지만 지금 실행하면 중국은 '그놈들'과 맞설 수 있다.

그러나 중국은 결코 그럴 수 없다. 절대로 화폐 전쟁을 시작할 수 없다. 전쟁은 상대방을 죽여야 승리하는 것인데 위안화는 상대를 죽이면 자기도 죽기 때문이다. 미국이 망하면 당연히 중국도 죽어버린다. 그래서 중국으로서는 무조건 기다릴 수밖에 없다. 결국 위안화와 달러화는 전쟁 상대가 아니라 운명 공동체에 불과하다.

이뿐만이 아니다. 더 중요한 문제가 있다. 현 상황에서는 꼭 중국(위안화)이 아니라 그 어떤 상대가 달러와 전쟁을 펼친다고 해도 달러는 결국 승리할 것이기 때문이다. 그래서 '그놈들'은 절대로 전쟁 상황을 연출하지 않는다는 이야기다.

만약 달러가 20퍼센트의 회생 가능성, 아니 10퍼센트, 5퍼센트, 심지어 0.1퍼센트의 확률로 회생할 수 있다면 사람들은 달러를 지킬 것이다. 브라질 아마존 정글에서도, 아프리카 사막 한가운데에서도 통용되는 달러가 없다고 생각해 보라. 그 불편함이란 말로 다 할 수 없다. 수출로 먹고사는 대한민국 같은 인재 보유국들은 생존을 위해 몸을 팔아야 한다.

화폐 전쟁? 그런 것은 없다. 전쟁은, 싸움은 결코 발생하지 않는다. 달러가 아무리 망가졌더라도 사람들은 결국 무조건 달러 편에 설 테니까.

그런데 '그놈들' 입장에서 달러가 죽지 않으면 모든 계획이 수포로 돌아간다. 북미 통합은 물론이고, 남미 통합, 아프리카 통합, 아시아 통합도 이뤄낼 수 없고, 중국을 길들일 수도, 자연스럽게 거기에 기생할 수도 없다. 또한 이미 정점을 지난 석유 자원에서 신종 에너지 자원으로 옮겨 탈 수 없고, 그렇다면 자신들 돈벌이의 30퍼센트 이상은 그냥 무너지고 만다. 그래서 음모론 투자 관점에서 달러는 스스로 죽어야 한다. 누구와 전쟁해서 패배하는 것이 아니라 홀로 자결해야만 '그놈들'의 모든 시나리오가 완성된다.

그렇다면 달러는 어떤 방식으로 힘을 잃어가다 한순간 생을 마감하게 될까? 앞서 나는 그 계기가 울트라 버블이 될 것이라고 통찰해 봤다. 버블이 반드시 필요하다. 그래야만 사람들이 달러와 싸움을 펼치지 않을 것이기 때문이다. 달러 붕괴의 위험에도 불구하고 거품으로 생긴 자신의 수익에 만족하면서 곧 닥칠 엄청난 고통에 대해 초연하고 망각할 수 있는 것이다. 그렇게 울트라 버블은 정점을 찍을 것이고 이후 한 순간에 버블이 꺼지면서 슈퍼 공황이 생기고, 미국 채무불이행 선언과 함께 달러의 죽음이 완성될 것이다.

물론 예상과 달리 미국이 갑자기 힘을 내 전 세계에 뿌려놓은 빚을 단박에 다 갚고, 캐리 트레이드로 빠져나간 달러를 모두 빨아들이면서 버블을 연착륙시킬 수도 있다. 다 망해가는 GM이 연비가 리터당 50킬로미터인 자동차를 개발할지도 모르겠다. 미국인들이 얼마 안 되는 돈을 받으면서 세계 막노동을 모두 책임지고, 마지막 순간 할리우드 영화처럼 〈성조기여 영원하라〉는 배경음악이 흘러나오면서 "결국 우리는 빚을 모두 갚았다!"고 선포할 수도 있다.

그러나 현 시점에서 이걸 바라는 건 로또 당첨을 기대하는 것과 비슷하다. 아니, 만약 정말 미국이 이렇게 부활한다면 우리는 더 편안한 마음으로 투자할 수 있을 것이다.

제대로 된 음모론 투자자라면 미국이 건재하다는 쪽보다는 망할 것이라고 여기면서 대응해야 한다. 그래야 당하지 않는다. 특히, "미국이 어떤 나라인데 망해?" 같은 식의 발상은 금물이다. 그간 지속적으로 말해 왔지만 결코 '미국=그놈들'로 바라보면 안 된다. 미국은 하나의 숙주일 뿐이다. 미국이 망하는 것과 '그놈들'이 망하는 것은 무관한 일이다. 불과 100년 전에도 사람들은 그랬다. 대영제국의 태양은 결코 지지 않는다고. 파운드화가 지금처럼 저렇게 망가질 줄은 아마 감히 상상도 못 했을 것이다.

## 새로운 기축통화의 모습

달러 다음의 기축통화에 대한 논의는, 슈퍼 공황 시기에 한 차례 대규모 전쟁이 터지고 그 상황이 마무리될 때쯤부터 본격화될 것이다. 초기엔 당연히 금에 가치를 고정시키는, 금으로 교환 가능한 금태환 화폐로 하자는 주장이 다수설이 될 가능성이 높다. 하이퍼 인플레이션이나 달러 같은 불태환 기축통화에 대한 환멸을 느낀 시점에서 금의 인기는 더욱 높을 수밖에 없다. 중국은 아예 "금에 가치를 고정시킨 위안화를 기축통화로 삼자"고 주장할 수도 있다.

하지만 '그놈들'은 절대로 금을 택하지 않는다. 금에 권위를 부여하지 않을 것이다. 기준은 그들 자신이 되어야 하기 때문이다. 그래서 어쩌면 지금까지 그래왔듯 금을 역이용해 음모를 꾸밀지도 모른다. 금으로 갈등을 일으키긴 매우 쉽다. 금을 가진 국가들과 금이 없는 국가들의 대립은 엄청날 것이기 때문이다.

그래서 금에 관한 이런저런 논의가 많아지고, 금값은 천정부지로 솟구칠 것이지만 결국 새롭게 탄생하는 기축통화는 금과는 전혀 연관이 없을 것이다. 그 마지막에 '그놈들'의 하수인 한 명은 이런 주장을 펼칠 수도 있겠다.

"어떤 독재자가 세계를 완전히 장악하고, 금을 다 빼앗은 후 금화를 발행해 세계 통화로 삼았다고 해봅시다. 그러면 그게 최선일까요? 그렇지 않습니다. 이 독재자는 2~3년 후 문득 이런 생각을 할 것입니다. '금화 순도율을 5퍼센트만 낮추고 그때 얻은 주조 차익을 좋은 목적에 쓰자!'라고요. 이게 뭡니까? 그 지긋지긋한 '세뇨리지'입니다. 금도 똑같습니다. 별거 아닙니다. 금도 타락할 수밖에 없습니다."

그래서 금은 탈락되고, 사람들은 이제 과거 SDR의 틀(구조)을 떠올리게 될 것이다. 그리고 기존 달러·엔·유로·파운드화 자리에 유로화, 아메로화, 아시아 지역 통화, 남미 지역 통화 등 대륙의 지역 통합 화폐를 대신 넣는 방법을 생각해 낸다. 그리고 이제 '그놈들'의 꼭두각시들이 모여 정밀하게 분석하고 조사해, 각 통화의 가중치를 정하고 상대적인 환율도 맞추면서 점점 새로운 기축통화의 틀을 완성해 간다.

아마도 이때쯤 아프리카 어딘가에 설립된 탄소배출권 거래소가 주목을 받게 될 것인데, 새롭게 탄생된 기축통화는 바로 여기서부터 활발히 거래되면서 점점 그 힘을 얻게 될 것이다. 그리고 이후 짧게는 50년, 길게는 100년간 인류의 새로운 화폐 시스템이 펼쳐지게 된다.

# 04: 금은 돈이 아니다, 생존이다

정도에 따라 차이가 있겠지만 금은 음모론자들에게 가장 많이 사랑받고 있는 대상 중 하나다. 특히 '달러 혐오론자'들 다수는 태환제도(兌換制度)를 선호하는데 이중 금태환제도를 신봉하는 경향이 많다.

하지만 나는 금이 결코 새로운 기축통화가 될 수 없다고 본다. 금본위제도와 금태환 정책은 결코 이룰 수 없는 꿈으로 여긴다. 금본위제도의 정당함을 알지만 대중은 금에 대해 끝까지 믿음과 사랑을 부여하지 않을 것이기 때문이다.

1억 원 가치의 금에 대해 딱 1억 원의 화폐만 발행해야 한다는 데는 모두 동의하지만 어떤 투자자가 1억 원을 모두 독식하는 상황이 벌어진다면 그 순간 나머지 대중은 맘이 바뀔 것이다. 금과 상관없이

1,000만 원 혹은 3,000만 원 정도의 화폐를 좀더 유통시켜 다시 한 번 기회를 잡기를 희망하는 사람들이 하나둘 늘어날 것이고, 어느 틈엔가 금본위제도의 정당함이 약육강식의 산물로 비판받을 수 있다.

그렇다면 '그놈들'은 금을 두려워할까? 그런 것도 아니다. 심한 질투는 느끼지만 무서워하지는 않는다. 오히려 때론 금을 이용해 자신들의 목적을 달성하기도 한다.

가령 1930년대 미국 대공황 때 금을 이용한 것을 보면 '그놈들'의 능력을 확인할 수 있다. 당시 그들은 잠시 금본위제로 돌아가야 한다는 세간의 주장을 묵묵히(?) 받아들였는데 거기에는 놀라운 흉계가 숨어 있었다. 미국은 허버트 후버 대통령 시절 금본위제를 통해 1차 세계대전 후 상승했던 물가를 잡으려고 했는데 이로 인해 오히려 불황이 지속되는 결과가 나타났기 때문이다.

금본위제란 단위 화폐의 가치가 금의 일정량 가치와 등가 관계를 유지하는 것인데 인플레이션 상황에서는 상대적으로 유통량이 적은 금에 화폐가치를 맞추려면 통화량을 줄일 수밖에 없고 이것은 결국 '그놈들'의 FRB에게 혹독한 긴축정책의 명분을 줬다. 그래서 결국 공황의 강도는 더 커져만 갔다.

이뿐만이 아니다. 이후 프랭클린 루스벨트가 대통령에 당선되고부터는 금본위제를 중단하면서 오히려 공황을 극복하는 계기가 마련됐고, 10년 후인 1944년엔 브레턴우즈 체제를 통해 금본위제를 다시 도입하기도 한다. 이처럼 '그놈들'은 금을 쥐락펴락하면서 결국 자신들의 목적을 달성하는 수단으로 활용한다.

아마도 이번 '달러 사망'으로 촉발될 울트라 버블 시기의 하이퍼 인플레이션 상황에서 금은 위상이 높아지고, 금본위제도가 본격적으로 논의될 수도 있다. 하지만 결코 금은 기축통화가 되지는 않을 것이다.

## ■■■ 금의 가치와 금에 대한 탐욕

지구 전체의 금 매장량은 24만 톤 정도이며 현재까지 인류가 캐낸 금은 16만 톤쯤 된다. 이중 10만 톤은 전 세계에 퍼져 있는 개인들이 지니고 있어 보유자를 확실히 알 수 없고, 약 6만 톤 정도는 각국 중앙은행과 IMF, 민간 기업, 그리고 금 관련 상장지수펀드(ETF : Exchange-Traded Fund) 회사 등이 보유하고 있다.

물론 금은 중국, 남아프리카공화국, 미국, 호주, 페루, 캐나다, 러시아, 가나, 몽골 등에서 연간 2,500톤 정도가 신규 생산되고 있다. 하지만 이를 감안해도 30년 후면 지구상에서 금은 더 이상 새롭게 창조될 수 없다. 기존의 금을 서로 주고받고 녹이고 붙이면서 사용해 갈 뿐이다.

그렇다면 각국 중앙은행의 공식 금 보유량 현황은 어떨까? 2009년 말 기준 미국 중앙은행이 약 8,200톤 정도로 압도적으로 많고, 이어 독일이 3,406톤, IMF 3,005톤, 이탈리아 2,451톤 순이다. 특히 중국은 공식 금 보유량이 1,162톤 수준인데 5년 내에 6,000톤, 나아가 2020년 이전에 1만 톤까지 확보하겠다는 입장을 나타내고 있다.

금에 관해선 인도도 빼놓을 수 없다. 인도에서 금은 신비한 마력이 있다고 여기는 전통 때문에 결혼을 비롯한 각종 의식과 행사에 많이 사용된다. 또한 약 557톤을 공식적으로 보유하고 있는 인도는 2008년 이

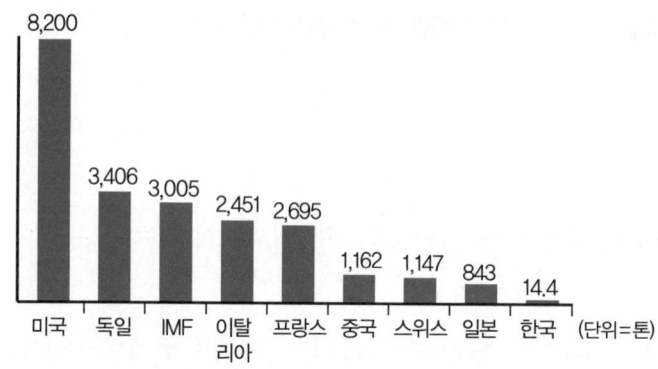

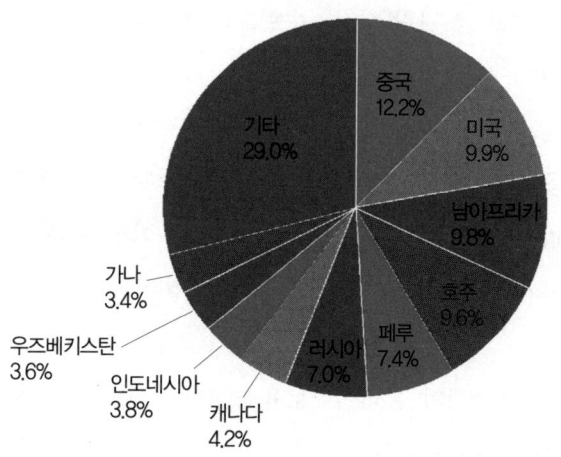

자료 : 세계금위원회(WGC), 2009년 말 기준

**각국 중앙은행의 금 보유량(위)과 신규 금 생산 국가 비중**

후 중국과 경쟁이라도 하듯 금 사재기에 돌입하고 있다.

반면 우리나라는 한국은행의 공식 보유량이 약 14.4톤에 불과하다. 여기에 지난 1997년 말 IMF 외환 위기 때 온 국민이 장롱 속에 넣어두였던 금을 모두 탈탈 털어 외국에 팔았던 점을 감안하면 진짜 후하게 쳐도 대한민국엔 금이 채 18톤도 안 된다고 봐야 한다. 무엇보다 일본(843톤), 러시아(641톤), 대만(423톤), 싱가포르(127톤) 등 주변 국가들과 비교해 봤을 때 매우 적은 수준이라는 것을 알 수 있다.

금과 관련된 근대 이후 통화정책을 살펴보면 1717년 영국이 1파운드당 순금 함유량 0.257온스를 연계시키는 금태환제도를 최초로 시작했고, 1819년엔 공식적으로 금본위제를 채택해 1821년부터는 본격 시행한다. 이후 1870년대쯤에는 미국을 비롯한 세계 각국이 자국 화폐와 금을 연결하는 금본위제도를 실시했고 그것은 제1차 세계대전 직전까지 인류의 통화 시스템으로 이용돼 왔다.

그러나 처음으로 세계 전쟁을 겪으면서 각국은 은근슬쩍 금본위제를 버렸다. 전쟁 비용을 마련하기 위해서 금의 양과 무관하게 돈을 찍어냈던 것이다. 1차 세계대전이 끝나자 영국을 비롯해 각국은 다시 금본위제로 돌아가려고 노력했지만 쉽지 않았다.

설상가상으로 미국에서 대공황이 시작되자 영국은 1931년 9월 금본위제를 공식적으로 포기했고, 이어 1933년 미국을 끝으로 세계 각국은 금태환을 버리고 만다. 그런데 약 10년간 이렇게 버려졌던 금은 1944년 세상 밖으로 나와 권력을 잡게 된다. 1944년 그 유명한 브레턴우즈 체제의 등장이다.

특히, 금과 관련해 주목할 만한 점은 1933년 당선된, 그리고 4선 당선이라는 미국 역사상 길이 남을 기록을 수립한 프랭클린 루스벨트 대통령의 금에 대한 태도다. 그는 당선 초기부터 "달러 가치를 폭락시킬지라도 금의 족쇄를 풀어 디플레이션을 끝내겠다"면서 "금본위제를 통해 물가를 안정시킨다는 것은 엉터리 같은 소리"라고 역설했다. 당일의 금값을 자신의 침실에서 정할 정도로 금을 무시했는데, 결국 그해 미국은 금본위제를 폐지한다.

이뿐만이 아니다. 루스벨트는 '금준비법(The Gold Reserve Act), (1934년)'을 통해 개인의 금 소유를 금지시켰다. 금을 모두 빼앗아 국가 창고에 넣은 다음 "금은 죽었다"고 사망신고를 해버린 것이다. 그리고 이런 '금의 사망'을 통해 루스벨트는 대공황으로부터 미국과 세계 경제를 구해낸다.

### ● 금을 사랑했던 샤를 드골의 운명은?

음모론에 대해 어느 정도 경지에 오른 사람들에게 프랑스의 '68 혁명'에 대해 물으면 이렇게 대답한다.

"그놈들 작품이야. 혁명? 혁명이라고 하긴 조금 부끄럽지"라고. 그럼 왜 '그놈들'은 68혁명이 필요했느냐고 이어 물으면, "이유야 많지. 일단 1980년대부터 2008년까지 지속됐던 신자유주의의 정신적 토대가 이때 만들어졌잖아. 히피 문화가 있어야 세계화가 된다 이거야. 아, 또 한 가지가 있다. 바로 금이야. 금!"이라고 대답할 것이다.

1968년 5월 프랑스 낭테르 대학에서 남학생의 여학생 기숙사 출입 규제에 대한 불만에서 시작된 68혁명은 프랑스 전체 대학생 및 1,000만 노동자의 파업으로 확산되며 반체제·반문화 운동으로 확대됐다. 당시 미소냉전과 베트남전 등의 시대적 문제와 결부되면서 68혁명은 이후 미국, 독일, 스페인, 일본 등 세계의 젊은이들을 저항과 해방의 열망으로 몰아갔다. "난 혁명을 생각할 때 섹스가 떠오른다"는 슬로건은 68혁명의 특징을 단박에 알게 해준다. 그런데 68혁명과 금은 과연 어떤 관계가 있는 것일까?

1959년 집권한 샤를 드골 프랑스 대통령의 금에 대한 사랑은 뜨거웠다. 무엇보다 그런데 루스벨트가 이처럼 금본위제를 버리면서 세계의 금은 오히려 미국으로 몰렸다. 당시 각국은 전쟁의 상처를 겪지 않은 유일한 강대국인 미국에게 금을 팔고 밥을 먹었기 때문이다. 금은 더 이상 '화폐'가 아니기에 거리낌이 없었던 것이다.

하지만 이 모든 것이 금을 갖고 벌인 '그놈들'의 농간임을 알 수 있다. 2차 세계대전이 마무리될 즈음 금은 브레턴우즈 체제라는 모습으로 재등장했기 때문이다. 당시 달러와 금을 연계해 달러를 세계 기축통

---

드골은 미국의 행태가 못마땅했다. 1944년 브레턴우즈 협정을 통해 약속했던 달러와 금의 태환 체제를 미국이 망가뜨리고 있었기 때문이다. 미국은 '1온스=35달러'라는 약속을 어기고 언젠가부터 달러를 더 많이 찍어내고 있었다.

그래서 1968년 3월 드골은 "금값을 온스당 70달러로 두 배 올려야 한다"고 공식 주장하게 된다. 드골은 속으로 쾌재를 불렀다. 당시 프랑스는 미국을 제외하고 전 세계에서 금을 가장 많이 보유하고 있었기 때문이다. 금값을 온스당 70달러로 올리면 프랑스는 엄청난 이익을 누릴 수 있었기에, 드골은 여기에 베팅했던 것이다.

그러나 '그놈들'은 이를 용납하지 않았다. 이제 곧 스미소니언 체제, 킹스턴 체제를 통해 금을 죽이고 변동환율제를 펼치려 하는데 느닷없이 드골이 튀어나왔기 때문이다. 달러를 금에 더 강하게 예속시키려는 드골을 도저히 두고만 볼 수는 없었다. 그래서 '그놈들'은 "두 배로 올리면 엄청난 인플레이션 후폭풍이 올 것"이라느니, "금값을 올리면 금 생산국인 소련만 웃는다"느니, "드골의 앵글로 색슨족에 대한 트라우마"라는 등으로 여론을 조작해 이를 무산시켜 버린다.

마침내 그해 5월 68혁명이 터졌고 이는 '위대한 프랑스'를 외쳤던 드골의 정계 은퇴로 이어졌다. 이 때문에 음모론자들은 68혁명을 "금을 갖고 '그놈들'에게 대항하려 했던 드골에 대한 처벌"이라고 하는 것이다.

화로 삼는다는 결정에 누구도 반기를 들지 않았던 데에는 미국이 당시 가장 많은 금을 갖고 있었다는 점도 한몫했다.

이처럼 금이 '그놈들'에게도, 또한 대중들에게도 공통적 관심사가 된 것은 금이 돈으로 활용됐던 과거 때문이다. 금은 인류 경제생활의 역사를 한몸에 간직하고 있는 상징적인 존재다. 인간의 유전자 속에는 금에 대한 강한 믿음이 자리잡고 있다. 기원전 수백 년 전부터 똑똑하다고 자부하는 사람들은 예외 없이 모두 금을 만들어내려고 안달을 냈다. 중세 시대엔 '연금술사'라는 직업이 있어 철, 구리 등과 같은 각종 광물을 섞어 금을 창조해 내려고 했다. 하지만 모두 예외 없이 실패했다.

지금도 마찬가지다. 다이아몬드는 만들 수 있을지 몰라도 금은 만들지 못한다. 그래서 과거 사람들은 금을 화폐로 사용했다. 금은 복제가 불가능한 데다 깨지거나 훼손되지도 않고, 매장량도 적당해 너무 많지도 희귀하지도 않다. 석유와 달리 매장 지역도 상대적으로 넓게 퍼져 있다. 이 때문에 사람들은 금에게 믿음을 주었고, 금을 녹여 화폐로 만들어 각종 거래를 했다.

이런 금의 역사 때문에 우리는 지금도 위기의 순간에 금을 찾는다. 아무리 오래 갖고 있어도 이자 한푼 생기지 않는데도 말이다. 그래서 울트라 버블 시기나, 슈퍼 공황 초입의 기축통화 붕괴라는 아비규환의 시기에 금은 정말로 '금값'이 될 수도 있다.

하지만 이 때문에 금에 모든 것을 걸면 안 된다. 금은 분명 돈 이상의 가치로 이용되겠지만 절대 금에 탐욕을 부리면 안 된다. 왜냐하면 '그놈들'은 바로 금에 대한 탐욕을 역이용해 우리들의 뒤통수를 치기 때문이다.

역사적으로도 그랬다. 황금의 손을 가졌던 미다스 왕, 이아손, 크로이소스, 흑사병 생존자들, 신성로마제국의 카를 5세, 영국은행의 몬터규 노먼, 샤를 드골 프랑스 대통령 등 탐심을 품고 금에 올인했던 사람들의 최후는 모두 불행했다.

### 금을 적립하라

만약 '울트라 버블'과 '슈퍼 공황'의 도래를 진실로 받아들이고 있다면 무조건 금을 확보해야 한다. 다만, 이때 말하는 금은 실물 금이다. 금 예금이나 금 상장지수펀드 같은 '종이 금(paper gold)'은 안 된다. 내 손에, 내 장롱 속에 골드바가 있어야 한다. 그래야만 슈퍼마켓에서 금을 주고 고기 한 근이라도 살 수 있다.

그러나 또 한 가지 명확한 사실이 있다. 만약 음모론 통찰과 달리 달러가 그 목숨을 부지하고 힘을 낸다면 금은 돌반지용정도 가치로 급락한다는 것이다.

그래서 금 투자에서 올인은 금물이다. 재테크가 아닌 '생존'의 관점에서 바라봐야 하고 몇십 퍼센트, 몇백 퍼센트의 수익률 문제로 접근해서는 안 된다. 그래야만 당하지 않는다.

케인스 학파의 시조인 영국 경제학자 존 메이너드 케인스는 대표적인 금 무용론자였다. 케인스는 황금의 족쇄에 잡혀 모든 사람들이 절약을 외치고 있을 때 홀로 "소비를 늘려야 한다"고 역설했고, "금으로부터 자유로워져야 한다"고 목소리를 높였다.

금에 대한 이런 태도를 물려받은 인물은 다름 아닌 워런 버핏이다. 그 역시 급진적인 금 무용론자로 2009년 말 심지어 이런 말도 했다. "도대체 금의 사용가치가 무엇인지 궁금하다"면서 "금을 대하는 지구인의 행태를 화성인이 지켜봤다면 이해가 안 가 머리를 쥐어뜯을 것이다"라고.

우리는 케인스와 버핏의 주장에서 숨겨진 의미를 찾아야만 한다. 그것은 바로 금으로는 언제든 배신당할 수 있다는 사실이다. '그놈들'에게 금은 정반합의 변증법 테크닉으로 칭송받게도 버림받게도 만들 수 있는 돌덩이에 지나지 않는다는 것이다.

따라서 혹시 누군가 "달러 다음의 세계 기축통화 체제가 금태환 쪽으로 갈 것이고 수요가 폭발해 금 가치가 폭등할 테니 어서 빨리 금에 투자하라"고 말한다면 이 사람은 '음모론 투자' 관점에선 아마추어다. 새로운 기축통화는 나타나겠지만 그것은 결코 금이 될 수 없다. 물론 과도기에 금은 상당 기간 힘을 갖겠지만 이때 금은 재테크의 수단이 아니다.

혹자는 '금의 비극'이라는 말도 한다. 사람들이 금에 대한 신뢰마저 버리고, 금을 통한 물물교환마저 불가능하게 되는 순간, 남은 것은 전쟁밖에 없다는 게 바로 '금의 비극'이다. 사실이다. 금마저 힘을 잃어버리면 남는 것은 인간의 동물적 본능과 야성뿐인 것이다.

J. P. 모건은 "금은 다름 아닌 돈이다"라고 했다. 하지만 나는 이 말을 '그놈들'이 펼치는 고도의 이중 속임수라고 본다. 향후 닥칠 슈퍼 공황 와중의 어느 날 금이 한창 힘을 얻고 있을 때쯤 과거 미국 대공황 시절 루스벨트가 그랬던 것처럼 "금이 죽어야 경제가 산다"면서 금을 빼앗아 창고 속에 넣어버릴 가능성이 높기 때문이다. 그럼 그간 금을 돈으

로 바라보고 올인했던 사람들은 철저히 당할 수밖에 없다.

  금은 결코 돈이 아니다. 차라리 "금은 다름 아닌 생존이다"라든가 "금은 혁명의 마지막 단계다"라고 해야 옳다.

"주가 폭락이 두렵다고? 주가 폭락 때문에 투자가 망설여진다면 먼저 지금 말도 안 되는 호황 속에 살고 있는지 확인해 보게. 호황이 앞서지 않는 주가 폭락은 없고, 주가 폭락으로 끝나지 않는 호황은 없으니까.

훌륭한 주식 투자가 뭐냐고? 주식 투자 방법은 워낙 다양하니까 단정 지을 순 없어. 그렇지만 훌륭한 투자자들은 공통점이 있지. 백 번의 거래에서 쉰한 번 성공하고, 마흔아홉 번 실패해도 그 차액으로 자신의 생활을 유지한다는 거야. 투자는 부와 파산을 오고 가는 항해야. 그렇지만 중요한 건 실패했을 때의 경험을 늘 소중하게 여겨야 한다는 것, 그리고 어떻게든 버텨야 한다는 것이라네. 그럼 결국 웃을 수 있어."

— 유럽의 전설적인 전업 투자자 앙드레 코스톨라니

| 4장 |

경제 음모에서 살아남는
투자의 로드맵

■ ■ ■

앞에서 우리는 달러가 죽어가면서 울트라 버블과 슈퍼 공황을 만들 것이라고 통찰해 봤다. 그리고 이런 흐름 뒤에는 '그놈들'로 불리는 세력이 버티고 있다고 음모론적으로 접근해 보기도했다. 그렇다면 이제부터는 실전 투자를 본격적으로 염두에 둘 시기다. 프롤로그에서 밝혔던 '음모론'이라는 하나의 투자 지표를 투자에 직접 활용하는 순간인 셈이다.

일단 앞서 울트라 버블과 슈퍼 공황에 대한 이야기를 살펴본 사람들이라면 "버블 때는 돈을 벌다가, 좀 일찍 빠져나와서 농장 같은 거 사놓고 공황을 준비하면 되지?"라는 식의 실전 해법을 내놓을 것이다. 틀린 말이 아니다. 정말로 이렇게만 할 수 있다면 최고의 음모론 투자가 된다.

하지만 문제는 그것이 쉽지가 않다는 데 있다. 2003~2007년 지속됐던 슈퍼 버블을 기억해 보자. 과연 이 시기에 떼돈을 번 사람이 얼마나 될까? 게다가 이후 2008년 말에 터졌던 세계 금융 위기 이전에 미리 빠져나왔던 사람은 또 얼마나 될까? 주위에서 한번 찾아보라. 거의 만나기 어려울 것이다.

버블의 생성, 발전, 붕괴의 과정은 커다란 물결의 흐름과 같다. 밖에서 바라보면 확연하게 느껴지지만 정작 그 안에 갇혀 있으면 전혀 방향을 잡을 수가 없다. 시작인지, 끝인지, 이쪽인지, 저쪽인지 감을 잡을 수 없는 것이다. 하물며 음모론은 말할 것도 없다. 이 모든 게 '그놈들'의 음모로 만들어졌다는 점을 감안해서 문제를 풀어가는 상황이라면 이

커다란 물결은 우리를 더욱 압도할 것이다. 그래서 실전에선 몇 가지 신호에 대해 생각해 둘 필요가 있다. 그래야 한 치 앞을 내다볼 수 없는 물결 속에서도 방향을 잡고 앞으로 나아갈 수 있기 때문이다. 이른바 음모론 투자 로드맵(이정표)이다.

가령 우리는 울트라 버블의 3요소, 즉 달러를 비롯한 세계 주요 통화의 가치 절하로 인한 통화 버블, 원유·광물·농산물·금 등 실물을 확보하려는 자원 버블, 석유를 대체할 에너지를 찾으려는 녹색 버블을 살펴봤다. 그렇다면 음모론 실전 투자에 돌입했을 땐 정말 이런 버블이 만들어지고 있는지 그 과정을 확인하고 관찰해야 한다. 정말로 달러가 몰락해 가는지 한순간 한순간 쫓아가면서 따라 들어가야 한다는 이야기다.

또한 이번 장에서는 추가로 '다극화'라는 또 한 가지 코드를 울트라 버블 과정 속에서 파악할 것이다. 과거 '슈퍼 버블' 시기의 주역이 중국의 값싼 노동력으로 대변되는 공급의 힘이었듯 이번 울트라 버블 시기엔 그간 억눌려 있었던 많은 국가들이 선전하면서 거품의 파이를 키우게 될 것으로 전망한다. 그렇다면 이때도 정말 이런 다극화가 현실로 진행될 것인지를 단계별로 추적해야 한다.

여전히 아프리카는 비극의 땅이고, 브라질을 필두로 한 남미는 인플레이션에 허덕대고, 그리고 한반도는 핵 문제로 번번이 발목을 잡히고만 있다면 '다극화'는 불가능할 것이고, 그렇다면 울트라 버블 역시 재고해 볼 여지가 있다고 해석할 수 있다.

특히, 음모론 투자 실전에선 반드시 원칙이 필요하다. 음모론을 무조건적인 예언이라고 믿고 돈을 넣으면 안 된다는 이야기다. 예를 들어 앞에서 우리는 '그놈들'이 주기를 만들고 인플레이션과 디플레이션을

| |
|---|
| 달러는 과연 붕괴하고 있는가? |
| 석유 시대에서 녹색 시대로 전환되고 있는가? |
| 실물(자원)의 가격은 지속적으로 상승하는가? |
| 세계 다극화는 현실화되고 있는가? |
| 인플레이션 → 대규모 인플레이션 → 하이퍼 인플레이션의 과정을 밟는가? |

울트라 버블과 슈퍼 공황의 이정표

| |
|---|
| 가격을 쉽게 믿지 말라 |
| 예측하지 말고 대응하라 |
| 적립하라, 그러면 버그가 된다 |
| 단기·중기·장기로 투자 대상과 자금을 나눠라 |
| 매도 마인드를 가져라 |
| 버티려면 빚을 버려라 |

음모론 실전 투자의 원칙

반복한다고 살펴봤다. 그럼 실전에선 어떻게 주기를 제대로 탈지에 대해 원칙을 세우고 시작해야 한다. 가장 좋은 방법은 여윳돈을 갖고 적립하면서 따라붙거나 '그놈들'의 뒤를 바싹 쫓아서 대응하는 것이다.

또한 '그놈들'이 파생 거래를 통해 실물 가격을 조작한다는 음모론을 믿는다면 실전 투자를 할 때 가격 지표를 곧이곧대로 믿어서는 안 된다는 원칙이 필요하다. 공식적인 통계 자료나 지표는 정량적 투자의 기본이되지만 항상 의심하는 자세를 갖추고 있어야 한다. 그러고 보면 이런 원칙들이 음모론 투자에만 해당되는 것도 아니다. 그 어떤 실전 투자에서도 자신만의 원칙이 없다면 실패할 수밖에 없다.

따라서 음모론 투자자는 로드맵에 따라 투자 방향을 잡고, 엄격한 원칙을 바탕으로 실전 투자에 돌입해야 한다. 달러의 사망, 자원 버블, 세계 다극화, 녹색 혁명, 인플레이션이 완성돼 가는 과정을 추적해 보고, 엄격한 투자 원칙을 갖고 따라붙어야 한다.

그래야 마지막 순간, 이 책의 예상과 다른 결과가 나오고, 음모론 통찰이 모두 틀리고, 결국 달러가 역전승을 거두고, 석유 시대가 50년 이상 지속되고, 울트라 버블이 아닌 더블딥이 와도 견뎌낼 수 있다.

# 01

## '그놈들'에게 당하지 않는 투자의 몇 가지 원칙

음모론 투자의 기본은 '그놈들'을 이길 수 없다는 것, 그리고 이기려고 애쓸 필요도 없다는 생각에서 시작된다. 그 누구도 '그놈들'의 변증법적 테크닉에 맞서 완전한 승리를 거둘 수 없다. 악인을 죽이겠다고 악인의 길에 들어서는 순간 '그놈들'은 바로 여러분을 악인으로 포장해 버릴 것이다.

예수가 광야에서 40일간 금식 기도를 마치고 본격적으로 세상에 나설 무렵 사탄은 "네가 정녕 하나님의 아들이라면 세상의 돌을 떡으로 만들어 증명하라"고 했다. 그러나 예수는 그렇게 하지 않았다. 왜? 사탄의 수법을 잘 알고 있었기 때문이다. 만약 돌을 떡으로 만들었다면 사탄은 다시 그 떡을 돌로 만들거나 황금으로 만들어보라고 자존심을 건드리면서 상황을 이어갔을 것이다. 그런데 만약 그렇게 한 번이라도 빠져들면 예수는 평생 돌과 떡이나 만들어대는 광대 노릇이나 하고 있었을 게 분명하다.

여러분도 마찬가지다. '그놈들'이 던지는 미끼에 걸려들어선 안 된다. "한번 때려 눕히면 모든 게 끝난다"고 생각해선 안 된다. 그러면 '그놈들'은 더 큰 것을 걸고 다시 한 번 해보자며 여러분의 화를 돋우면서 링 위로 유인할 것이고 거기 걸려들면 결국 '그놈들'의 종 노릇을 하게 될 뿐이다.

벼락부자가 되고, 수익률 1,000퍼센트의 대박을 터뜨리는 건 음모론 투자와 아무 상관이 없다. 오히려 남들이 50퍼센트나 수익이 났다고 좋아할 때 25퍼센트 정도 수익을 내고, 남들이 반 토막 났다고 괴로워할 때 −10퍼센트 정도로 손실을 막아내는 게 음모론 투자의 본질에 더 가깝다.

우리는 마지막까지 버텨 가족은 물론이고 주변 사람들과 재미있게 살아가는 것을 음모론 투자의 최종 목표로 삼아야 한다. '그놈들'에게 당하지만 않으면 우리는 '그놈들'에게 영혼을 팔지 않아도 된다. 마흔아홉 번 실패해도 쉰 한 번 성공하고, 그 두 번의 성공으로 번 수익으로 생존할 수 있다면 우리는 결국 승리한 것이다.

■■■
## 가격을 쉽게 믿지 말라

투사자라면 당연히 차트를 봐야 한다. 또한 가격의 움직임을 자세하게 분석해야 한다. 이것이 정석이다. 하지만 음모론 투자에서는 가격을 쉽게 믿어선 안 된다. 가격 추이를 살피되 반드시 그 뒤에 존재하는 정황을 통찰하는 자세가 필요하다. 왜냐하면 세상의 부를 이미 절반 이상 확보한 '그놈들'이라면 가격의 흐름 정도는 어떤 식으로든 조작할 수 있기 때문이다.

가령 달러의 운명에 대해 분석한다고 해보자. 무조건 달러 인덱스(US Dollar Index : 세계 주요국 통화 대비 달러화의 평균 가치를 나타낸 지표)만 쳐다보고 있어선 안 된다. 우리는 달러에 대해 이미 '파블로프의 개'가 돼버렸기 때문이다. 유럽에 경제 위기가 발생하고, 일본이 위험하다고 하고, 이란에 전쟁이 나고, 기상이변이 속출한다고 하면 무조건 달러와 미국 채권을 덥석 물어버리도록 길들여져 버렸다.

유럽연합에 속한 이탈리아의 경제 상황이 안 좋다고 하면 달러 가치는 순간 올라갈 것이다. 미국 FRB의 버냉키 의장이 "금리를 올릴 필요성을 느끼기엔 충분하지 않지만 금리를 올려야만 하는 상황이 온다면 올릴 것"이라는 알쏭달쏭한 말을 할 때도 달러 가치는 올라간다.

그러나 음모론 투자에선 반드시 미국의 실생활을 함께 파악해야 한다. 다우 지수가 1만 2,000선을 탈환했다는 뉴스보다 '캘리포니아 주정부 부도 임박' 같은 정황적 증거에 더욱 주의를 기울여야 한다. 만약 연방예금보험공사(FDIC)의 파산 뉴스가 들린다면 이것은 달러화 가치 변동과 무관하게 달러의 사망이 80퍼센트 이상 진행됐다는 신호가 될 것이다.

만약 이스라엘이 이란을 공격한다면 달러 인덱스는 급상승할 것이다. 이스라엘과 이란의 전쟁은 이라크, 팔레스타인, 파키스탄, 인도, 그리고 중국으로까지 이어지는 엄청난 화약고의 시발점이므로 투자자들은 공포에 떨며 서둘러 달러를 찾을 것이기 때문이다.

하지만 이때도 음모론 투자자는 달러 가격 대신 정황을 살펴야 한다. 미국이 이런 전쟁에서 주도권을 잡는지, 아니면 방관자로 남는지를 살펴야 한다.

만약 미국이 큰 목소리를 내지 못하고 과거와 같은 영향력을 행사하지 못한다면 이것은 달러의 사망이 임박했다는 신호다. 이럴 때면 설사 달러 인덱스가 급등했어도 오히려 금을 사둬야 한다.

금 가격 역시 금을 둘러싼 세계 정황을 함께 살펴야 한다. 가령 중국

### ● 파생시장 가격도, 금 가격도 '그놈들'이 조작한다

음모론에선 특히 실물의 직접 거래 없이 호가/체결가에 의해 가격대가 형성되는 선물시장 가격을 부정한다. 원유 선물시장, 농산물 선물시장, 역외 선물환시장(NDF : Non-Deliverable Forward) 등에서 정해지는 가격은 '그놈들'이 조작한다고 본다. 우리가 뉴스에서 듣는 국제 원유 가격은 드럼통에 담긴 석유를 주고받아 정해지는 가격이 아니다. 그냥 약속 가격일 뿐이다. 일정 기간(만기) 후 실물을 거래하는 비중은 전체 거래의 15퍼센트 정도에 불과하다.

여러분은 "중동의 폭력 사태에 대한 우려로 오늘 새벽 뉴욕 상품거래소에서 원유 선물 가격이 14년내 최고치를 기록했다"는 등의 뉴스를 들어본 적이 있을 것이다. 그런데 이 가격은 바로 다음 날 중동 문제가 말끔하게 해결되면 바로 급락한다. 하지만 우리는 이런 원유 선물 가격에 민감하게 반응하고 혼란스러워한다. 가짜 가격인데도 말이다.

환율도 마찬가지다. 원/달러 환율은 절대로 대한민국 경제나 미국 경제 상황에 입각해, 그리고 각국 금리정책이 정교하게 반영되어 결정되는 것이 아니다. 그놈들의 NDF 시상 세력에 의해 조작된다. 1달러에 1,200원 하던 환율이 1,100원 정도 하락

과 인도, 러시아가 무차별적으로 금 매수에 돌입했다든지, 홍콩이 런던에 보관돼 있는 금을 본국으로 직접 가져왔다든지, 금 선물을 결제해줄 현물(실물 금)이 부족하고 그래서 금 현물/선물 가격에 '백워데이션(backwardation)'이 지속되고 있다(302페이지 참조)는 정황 증거에 촉각을 기울여야 한다. 이런 것들이 하루에 –5퍼센트까지 떨어지고, 반대로 7퍼센트 급등하는 종이 금의 가격보다 음모론 투자에 훨씬 유용하다.

하는 게 적정 가치라고 해도 '그놈들'이 개입하면 1,050원까지 떨어뜨릴 수 있다.

금값도 조작된다. 혹자는 국제 금값은 현물시장의 영향력이 크기 때문에 걱정 없다고 한다. 하지만 이는 사실과 다르다. 금의 현물시장도 조작되기 때문이다. 현재 세계적으로 고시되는 금값을 결정하는 곳은 런던 금시장연합회 내부의 '국제 금 시세 가격 책정 5각회'다. 이들은 로스차일드 은행(2005년부터 바클레이스 은행으로 대체), 홍콩상하이은행, 도이치방크, 소시에테 제네랄, 스코샤 모카타 은행 등 다섯 곳으로, 로스차일드 은행은 현재 탈퇴했지만 2005년 이전까지 약 85년간 단독으로 국제 금 시세를 결정했다.

시카고 상품거래소(COMEX)에 상장된 대형 금 상장지수펀드도 금값을 조작하는 데 이용된다. 일명 '종이 금'으로 불리는 금 상장지수펀드는 한 회사에서 금을 사놓고 이를 주식으로 쪼개어 증권화해 거래하는 방식인데 '그놈들'은 이런 '증권화(유동화)'의 약점을 이용한다. 가령 금 상장지수펀드 주식을 대량 매도하거나, 공매도를 통해 가격을 비정상적으로 급락시키면, 이를 진정한 금값으로 인식하는 개인들은 공포에 휩싸여 실물 금까지 팔게 되고, 이는 금 가격 하락에 다시 영향을 미친다. 이런 방식으로 '그놈들'은 언제든 금값을 폭락시킬 수도, 폭등시킬 수도 있다.

## ■■■ 예측하지 말고 대응하라

많은 사람들이 부동산의 대세 상승은 끝났다고 말한다. 남은 문제는 폭락하느냐 아니면 서서히 하락하느냐의 차이라고 한다. 맞는 말 같기도 하다. 인구 감소와 노령화, 소득에 비해 과도하게 높은 가계 부채 등, 아파트 값 폭락 이유는 정말 많고 정교하다.

그렇다면 우리는 보유하고 있는 집을 당장 팔아야 할까? 물론 주택담보대출 이자(원리금 상환 기준)가 월 소득 대비 50퍼센트에 육박하는 경우라면 빨리 집을 처분하는 것이 최선이다. 하지만 빚 부담도 없고 멀쩡하게 잘살고 있는데 부동산 폭락 예측만으로 당장 매도하는 것은 현명한 판단이 아니다. 왜냐하면 시장에는 말도 안 되는 변수들이 시도 때도 없이 등장하기 때문이다.

가령 정부가 갑자기 "주택시장만큼은 지키겠다"면서 각종 정책을 통해 시장을 부양할 수도 있고, 전세가 모두 월세로 바뀔지도 모른다. 서울이 뉴욕 같은 세계 도시로 탈바꿈하면서 신규 외국인 수요가 몰려들어 집값을 올릴 수도 있다. 따라서 서울 집값이 1년 뒤 30퍼센트 오를지, 아니면 그만큼 내릴지는 그 어떤 부동산 전문가도 정확하게 예측할 수 없다. 그야말로 신의 영역이다.

주식투자나 파생투자도 마찬가지다. 혹시 누군가 "국내 증시가 2011년 1월 20일 2,500까지 오를 것"이라고 구체적으로 명시한다면 그러려니 하고 지나가면 된다. 고수는 구체적인 지수나 주가를 절대 언급하지 않는다.

투자는 '예측의 영역'이 아니라 '대응의 영역'이다. 이 말은 예측이나 통찰을 하지 말라는 뜻이 아니다. 통찰과 예측은 하더라도 실전 투자는 시장을 따라야 한다는 뜻이다. 실전에선 예측을 정확하게 해도 돈을 잃는 경우가 있다. 초 단위로 터지는 수많은 변수 때문이다.

그래서 현명한 투자자라면 먼저 자신이 생각하는 중요한 지표를 몇 가지 정해놓은 다음 한 가지씩 체크해 가면서 실행해야 한다. 그래야 불과 6개월 후 찾아올 달콤한 열매를 따 먹지 못하고 파산하는 우를 범하지 않는다. 음모론 투자도 마찬가지다. 음모론으로 통찰하고 확신하더라도 실전은 철저한 대응으로 일관해야 한다.

나는 달러는 이미 '쓰레기'와 다름없다고 통찰했다. 그렇다면 지금 당장 모든 자산을 끌어모아 달러 공매도에 나서면 돈을 벌 수 있을까? 그렇지 않다. 달러 하락을 예측하는 것과 실제 달러를 갖고 FX 마진 거래(두 나라의 통화를 동시에 사고파는 방식의 외환 거래)를 하는 것은 별개의 문제다.

원유 투자도 마찬가지다. 음모론에 따른 통찰에 따르면 국제 유가는 무조건 배럴당 150달러 이상 치솟는다. 하지만 이런 예측으로 인해 석유에 눈감고 모든 것을 걸면 안 된다. 하나씩 체크포인트를 확인하고 투자해야 한다. 10일 연속 오른 주가가 그 다음 날 또 오를지, 아니면 내릴지 인간인 이상 그 누구도 확률 50퍼센트 이상으로 맞힐 수 없다.

하지만 '그놈들'은 100퍼센트 확률로 이것을 맞혀낸다. 정확히 말해 예측이 아니다. 뒤에서 시장을 조작하면서 신의 흉내를 내는 것이다. 여기에 속아서는 안 된다.

오히려 '그놈들'이 올릴 때 올라타고, 내릴 때 어떻게든 빨리 뒤따라 내리면서 '그놈들'을 부려먹겠다는 자세로 임해야 한다. 그래야 끝까지 버티고 살아남을 수 있다.

## 적립하라, 그러면 버그가 된다

나는 대응하는 최선의 방법으로 '적립'을 추천한다. 살 때는 쪼개서, 팔 때도 나눠서 파는 방식이다. 투자를 할 때 시간과 가격대를 분산해 꾸준히 적립하는 것만큼 효과적인 공략법은 없다. 재테크는 돈을 버는 것이 아니고 안정적으로, 효과적으로 모으는 것이기에 더욱 그렇다. 부동산 직접투자에는 적용하기 힘들겠지만 증권화되어 있는 경우라면 부동산에도 활용할 수 있다.

앞에서 나는 음모론의 틀을 통해 2012년경 울트라 버블이 올 것이라고 통찰했다. 하지만 설령 이런 통찰에 대해 확신을 하더라도 대응법은 코스피 200을 추종하는 인덱스펀드나 상장지수펀드에 투자금을 쪼개어 적립하는 방식이 돼야 한다.

무엇보다 적립하면, 적립해서 특정 종목이 아니라 시장을 사면 우리는 버그가 될 수 있다. 1년을 365일로 나누어서 자금이 쪼개져 들어오고(나가고), 그리고 이 돈들이 한국 증시, 인도 증시, 브라질 증시, 남아프리카공화국 증시의 대표 종목 50개, 100개, 200개 등을 나눠 매수(매도)하게 된다면 이건 '그놈들' 입장에서 변수가 된다. 시장을 두 배로 올리고 또 시장을 반 토막 내도 한국인이, 중국인이, 브라질인이, 전 세계 사람들이 적립해 들어오고 빠져나간다면 '그놈들'의 입지는 많이 좁아지게 될 것이다.

예를 들어 '그놈들'이 지수 3,000을 한순간 1,500으로 폭락시켰다고 해보자. 이 경우 사람들은 그 누구도 투자하지 않는다. 공포 때문이다. 그러면 '그놈들'은 1,500에서 주식을 사 2,200 정도까지 올려놓는다. 이

때는 '그놈들'에게 아무런 손실(자금 외부 유출)이 없다. 1,500원짜리 물건을 같은 편이 2,200원에 산 것이기 때문이다. 그럼 이제 개인들이 다시 꼬이게 된다. 이 경우 '그놈들'은 2,500 정도 수준에서 꽤 치열한 공방전을 벌여준다. 그들이 잃기도 하면서 판을 키우는 것이다. 또 언론도 등장시키고, 경제학자나 연구소까지 동원해 버블에 대해 예찬하게 만든다. 그러면서 갑자기 2,700, 2,900 등으로 호가 및 체결가 폭을 넓힌 다음, 탐욕으로 가득 찬 개인들이 목돈을 싸 들고 들어올 때쯤 고스란히 털고 나가버리는 것이다. 그러면 지수는 다시 1,500으로 폭락한다.

그런데 만약 1,500으로 폭락했을 당시 다양한 사람들이, 다양한 시간에, 다양한 규모로 시장(주식)을 사 모은다면 '그놈들'은 함부로 1,500에서 2,200으로 올리지 못할 것이다. 이렇게 끌어올렸는데 그간 적립해 왔던 사람들이 이탈하면 확실히 자금이 외부 유출되기 때문이다.

마찬가지로 판을 흔들어놓으려고 삼성전자, 포스코 등을 내던졌는데 또 어디선가 스멀스멀 돈이 들어와 이 주식들을 가져간다면 이 또한 낭패다. "물량 없이 작전도 없다"는 증시 격언처럼 '그놈들' 입장에서는 어쩔 수 없이 던진 주식을 다시 사줘야 하는 처지가 된다.

나는 적립식 투자에 대한 비관론도 계속되리라는 사실도 알고 있다. 적립식 투자의 '덜 먹고, 덜 잃는' 특징 때문이다. 상승기엔 거치식보다 수익률이 적고, 하락기엔 상대적으로 손해를 덜 본다. 그런데 일반적으로 사람들은 마이너스 손실에 대해서는 큰 차이를 못 느낀다. 가령 −10퍼센트와 −30퍼센트에 대해서는 모두 "원금 날렸다"고 생각한다.

반면, 수익 차이에 대해선 민감하다. 모두 50퍼센트의 수익을 얻은 상황에서 자신만 25퍼센트 수익에 그쳤다면 분노는 극에 달한다. 그래서 적립 투자는 주로 증권사나 운용사들이 돈 빼먹으려고 홍보하는 수단이라고 인식되곤 한다. 하지만 인플레이션 버블에서도, 디플레이션 공황 구간에서도 살아남는 최선의 방법은 적립하는 길밖에 없다. 무엇보다 적립하면 '그놈들'에게 버그가 될 수 있다.

## ■■■ 기간별로 투자 대상과 자금을 나눠라

그런데 종종 적립에 대한 이야기를 하면 사람들은 이런 질문을 던진다. "장기간 적립식 투자를 하라고요? 그렇게 적립만 하다가 IMF나 서브 프라임 모기지 사태 같은 경제 위기가 터지면요? 2년 이상 적립해도 수익률이 폭락하는 건 마찬가지잖아요"라고.

많은 재테크 전문가들과 투자의 대가들은 한목소리로 장기 투자의 중요성을 강조한다. 그런데 꼭 그런 것만은 아니다. 1년 만에 140퍼센트의 수익을 낸 중국펀드를 장기 투자한답시고 들고 있다가 3년 후 손에 25퍼센트 정도만 쥐고 환매하는 상황이 자주 연출되기 때문이다. 오래 유지한다고 꼭 성공하는 건 아니라는 이야기다. 장기 적립하면 위험도 피할 수 있고, '그놈들'에게 당할 확률도 줄어들지만 분명 차익 실현은 해야 한다. 그렇다면 언제 주식을 팔고, 펀드를 환매하고, 집을 팔아야 하는 걸까?

이런 의문은 실은 '투자'와 '투자 계획'의 차이를 구분하지 못해서 나온 것이다. 즉, 전문가들이 말하는 '장기 투자'라는 것은 결국 투자자 본인의 '장기 투자 계획'이라는 더 큰 원칙 밑에 종속되는 것이기 때문이다. 가령 "펀드는 장기적으로 투자해야 성공 확률이 높다"는 조언은 "자금을 단기, 중기, 장기로 나눠 목표 수익률 계획을 세워 접근해야 한다"는 원칙 아래 있는 것이다. "펀드를 무조건 5년 보유한다"가 아니라 "5년 계획으로 펀드를 운용하겠다"는 원칙을 먼저 적용해야 한다.

그리고 5년이라는 기간에 맞춰 목표 수익률을 정해야 하고, 또다시 2~3년으로 나눠 중기 투자 계획도 세워야 한다. 또한 다시 제법 구체적인 1년간의 재테크 계획도 세워두고 있어야 한다.

만약 시작한 지 8개월 만에 2년 기간의 단기 투자 목표였던 연 10퍼센트의 수익률을 훌쩍 넘어 40퍼센트대 수익을 냈다면 자신의 투자 계획에 따라 차익 실현을 해야 한다(물론 안 할 수도 있다. 하지만 이런 행위들이 단·중·장기 계획 속에서 선택돼야 한다). 그리고 이중 수익금은 따로 저축은행 정기예금에 넣을지, 아니면 코스닥 종목에 공격적으로 투자할지 다시 전략을 짜야 한다.

이뿐만이 아니다. 30퍼센트의 손실이 발생한 펀드에 대해서도 단·중·장기 투자 계획에 따라 포트폴리오를 재조정해야 한다. 부분 환매를 통해서 유동성을 확보해야 할지, 좀더 유지할지, 아니면 여유 자금을 추가 불입할지 고려하는 것이다.

나는 컴퓨터 바이러스 백신 개발 회사가 향후 주목을 받을 것이라고 확신한다. 하지만 이때 투자는 장기 계획 아래 이뤄져야 한다. 별로 부담되지 않는 금액으로 장기 적립에 돌입하는 것이다. 하지만 8개월 후 꼭 필요한 결혼 자금 같은 것을 이런 종목에 모두 쏟아부어서는 안 된다. 이때는 6개월 정도의 단기에 맞춘 투자 계획과 실전 투자가 이뤄져야 한다.

음모론 테마 투자를 할 때도 마찬가지다. 단기로 치고 빠질 것과 장기로 적립할 종목을 나눠야 하고, 거기에 맞게 자금도 배분해야 한다. 장기로 적립할 종목을 골라놓고는 여기에 200만 원 월급 중 100만 원을 할애해선 안 된다. 이건 100퍼센트 실패하게 돼 있다. 한 20만 원 정도가 적당하다.

반면 단기에 치고 빠질 때는 '목표 수익은 12퍼센트, 손절매는 -6퍼센트' 같은 확고한 원칙을 세우고 제법 큰 규모의 여유 자금을 갖고 뛰어들어야 한다.

### ▪▪▪ 시장 하락에 대응하는 매도 마인드를 가져라

앞에서 우리는 '그놈들'이 만들어놓은 인플레이션 함정 때문에 자산 가격은 지속적으로 오르게 돼 있지만 중간 중간 폭락기가 존재한다는 것을 살펴보았다. 일반적으로 이런 급락 구간을 버티는 방법은 크게 세 가지다.

첫째는 급락 직전 모든 것을 팔아놓고 폭락이 마무리되면 투자를 재개하는 방법이다. 이는 '투자의 신'에게나 가능한 대응법으로 실현 가능성은 제로(0)에 가깝다.

두 번째는 앞서 말한 것처럼 사전에 치밀한 계획을 세워 소액 장기 적립을 비교적 장기간 유지하면서 맞서는 방법이다. 급락 구간에도 꾸준히 매수하면서 새롭게 시작되는 반등 구간까지 따라가는 행태다.

세 번째는 직접 시장 하락에 베팅하는 방식이다. 증시가 오를 것이기 때문에 투자하는 것처럼 하락하는 시장을 보고 하락에 투자해 대응하는 것이다.

가령 주식워런트증권(ELW) 풋(put : 미래의 특정 시점에 정해진 가격에 주식 등을 팔 수 있는 권리)을 이용할 수 있고 선물 매도, 콜(call) 옵션 매도, 풋 옵션 매수 등 주가 하락 시 수익을 올릴 수 있는 파생상품을 이용할 수도 있다. 아예 공매도(short selling : 투자자 본인이 주식을 갖고 있지 않은 상황에서 증권회사 등에서 주식을 빌려 팔고 결제일이 돌아오기 전에 다시 주식을 사서 되갚는 거래 방식)하는 방법도 있다. 어떤 방법을 선택할 것인가는 자신의 학습과 연습에 좌우된다.

내가 지금 하려는 말은 결코 파생상품투자를 통해 시장이 하락할 때 돈을 벌라는 게 아니다. 오히려 이런 주식워런트증권이나 선물, 옵션 등 파생상품투자는 철저한 준비와 연습이 없으면 패가망신의 지름길이 된다. 무엇보다 파생시장은 '그놈들'이 맘만 먹으면 언제든 왜곡할 수 있는 위험이 상존한다.

하지만 굳이 이런 이야기를 하는 까닭은 음모론 투자에선 어떤 식으로든 시장 하락에 대응할 수 있는 힘을 길러야 하기 때문이다. 그래야만 '그놈들'이 마음 편하게 장난치는 것을 견제할 수 있다.

몸통(현물)과 꼬리(선물)를 모두 소유한 채, 몸통으로 꼬리를 흔들거나 꼬리를 흔들면서 몸통을 움직이면서 돈을 버는 건 '그놈들'의 주특기다. 그래서 '그놈들'은 지수가 올라도 벌고, 내려도 돈을 챙긴다.

예를 들어 들고 있던 주식을 순간 5퍼센트, 10퍼센트, 15퍼센트 할인해서 팔아도 '그놈들'은 결국 돈을 번다. 현물 주식시장에선 손해를 보겠지만 선물시장에서 사전에 시장 하락에 투자하는 선물 매도 포지션이나 콜 옵션 매도, 풋 옵션 매수 등을 구축해 놓고 결과적으론 수익을 올릴 수 있기 때문이다.

그래서 우리도 이런 역량을 길러야 한다. '그놈들'이 하면 우리도 할 수 있다는 것을 보여줘야 한다. 우리도 현물 주식과 파생상품을 활용해 유사 차익 거래를 할 수 있다는 것을 알려줘야 한다. 10명의 주식투자자 중 최소한 2명은 현물과 선물, 콜과 풋 옵션을 동시에 구사할 수 있어야 한다. 그래야 '그놈들'이 증시판을 독점하는 것을 막아낼 수 있다.

내가 처음 주식투자라는 것을 배울 때 그 누구도 '풋'에 대한 존재를 말해 주지 않았다. 그래서 지금도 ELW 풋 종목에 20만 원만 투자해도 마음 한구석이 쿵쾅거린다. 처음 술을 배울 때 몸에 밴 술버릇이 평생 따라다니는 것처럼 매수 포지션에만 익숙해졌기 때문이다.

오를 줄 알고 샀다면 떨어질 때는 파는 게 당연하다. 그리고 오르는 시장에 투자해 돈을 벌었다면 당연히 떨어지는 시장에 투자해 수익을 올릴 수도 있어야 한다. 하락을 예상해 '홀짝 게임' 같은 투기를 하라는 게 아니라 매도 마인드로 대응하라는 이야기다.

음모론 투자에선 우리 모두가 시장을 교란하는 세력이 돼야만 한다. 그래야 '그놈들'을 견제할 수 있고, 그들이 우릴 '봉'으로 보지 않게 된다.


■■■
## 버티려면 빚부터 청산해라

음모론 투자에서 빚은 금기의 대상이다. 빚은 고리대금업자 태생의 '그놈들'이 만들어놓은 함정으로, 최소한 빚만 없다면 우리는 버텨낼 수 있다. 하지만 한번 빚의 수렁에 빠지면 사태는 걷잡을 수 없이 커진다. 200만 원의 빚이 2억 원으로 커지는 건 한순간이다.

투자든 도박이든 쫓기면 무조건 진다. 여유를 잃어버리면 무조건 '그놈들'에게 당하게 돼 있다. 초보든 고수든 예외가 없다. 그런데 빚은 우리를 쫓기게 만든다. 빚을 내서 주식이나 주식형 펀드에 투자하는 것은 어떤 이유로도 안 된다. 기본적으로 빚에 대한 이자는 규모와 기간이 확정돼 있는 반면 투자 수익은 불확정적이기 때문이다. 게다가 빚에 대한 이자는 계약 당시의 약속을 어길 경우 페널티가 붙는다. 이자에 다시 이자 부담이 더해지는 '부담 복리'의 원천이다. 빚을 지면 공포, 탐욕, 미련에도 완전히 노출된다.

상가 투자를 예로 들어보자. 이때는 대출 이자와 상가 임대료를 맞춰놓고 시작해야 빚에 대한 리스크를 최소화할 수 있다. 대충대충 하는 것이 아니라 정교하게 분석하고 시작해야 한다. 이런 원칙을 지키지 않고 무조건 대출 받아 부동산을 구입하는 건 죄악이다. "나 잡아먹어 주세요"라면서 스스로를 '그놈들'에게 갖다 바치는 격이다.

울트라 버블과 관련된 이야기를 듣고 "하이퍼 인플레이션이 온다고? 그럼 당장 빚을 져야 되겠네"라고 반문할 수 있다. 교과서에도 그렇게 씌어 있다. 급격한 인플레이션이 오면 채권자는 울고, 채무자는 웃는다고. 하지만 이건 친한 친구나 옆집 아저씨에게 돈을 빌렸을 경우에나 그렇다. 현실은 다르다.

'그놈들'이 개발한 은행(시스템)을 통해 돈을 빌렸거나 악덕 채권자에게 걸리면 상황은 전혀 달라진다. 이들은 똑똑하다. 화폐 가치가 떨어지고 있다는 것을 알게 됐을 때는 그것을 빌미로 한발 앞서 이자를 올릴 테고, 가차 없이 실물 자산을 빼앗아 갈 것이다. 물론 하이퍼 인플레이션이 1주일 정도의 단기간, 엄청난 규모로 찾아와 채권자가 대응하지 못하면 빚 탕감 효과는 극대화될 수 있겠다. 그러나 현재 이런 개연성은 매우 낮다. 오히려 가치가 급락하는 자신의 현금 소득으로 인해 이자 부담을 버텨내지 못하고 중도 탈락할 확률이 훨씬 더 높다.

울트라 버블 시기는 절대로 빚을 내서 투자할 시점이 아니다. 이때는 서둘러 빚을 갚고 그 대신 필요한 실물 자산을 차곡차곡 확보할 때다. 빚은 종국엔 우리의 영혼을 담보로 잡을 것이다. 그럼 우리는 평생 '그놈들'의 노예로 살 수밖에 없다.

## 주식 투자의 성공 확률을 51퍼센트로 올리는 법

주식은 단적으로 말해 오를까 내릴까를 맞히는 게임이다. 확률로는 50퍼센트다. 그래서 이론적으로는 패가망신을 하려야 할 수가 없다. 그러나 현실에선 10명 중 8명은 주식으로 돈을 잃고, 이 8명 중 2명 정도는 쪽박을 찬다. 빚으로 투자하기 때문이다. 미수나 신용 거래를 통해 빚을 지면서부터 승률이 50퍼센트에서 5퍼센트로 급락하게 되는 것이다.

가령 주가가 10퍼센트 급등한 종목을 추격 매수하는 급등주 따라잡기에 돌입했다고 해보자. 신용을 합치면 가용 현금 대비 대략 2.5배의 투자가 가능하다. 거래가 체결됐다. 그러면 수수료를 고려해 -0.3퍼센트 수익률에서 시작한다. 그런데 이때 급등주가 예상과 달리 -3퍼센트 정도로 하락하면 투자자는 바로 손절매를 한다. 하지만 이때 손실은 -3.3퍼센트가 아니다. 미수 레버리지(빚) 때문에 손실은 -8.25퍼센트(=2.5 x 3.3%)에 이르는 것이다. 그래서 개인들은 주가는 별로 하락한 것 같지 않은데 원금이 상당히 줄어든 경험을 하게 된다. 최악의 경우 하한가(-15퍼센트)를 맞을 땐 그 자리에서 원금 대비 -40퍼센트 손실을 경험하게 된다. 그러면 마음이 동요하고, 이성을 잃게 된다. -50퍼센트 손실을 만회하려면 100퍼센트의 수익을 올려야 한다. 결국 다시 레버리지를 일으켜 도전하는데, 예상이 또 한 번 어긋나면 그때는 끝이다. 막판에는 원금뿐 아니라 빚에 대한 손실까지 갚아야 하는 마이너스 계좌, 일명 '깡통 계좌(적자 계좌)'로 끝나게 된다.

주식투자에서는 빚을 내서 투자하지 않는 한 살아남을 수 있다. 여유 자금으로 투자하는 태도를 유지한다면 실패 확률은 크게 줄어든다. 어차피 은행도, 증시도, 채권도, 외환도 모두 '그놈들'이 갖고 흔드는 판이다. 나 혼자선 매번 승리할 수 없지만 우리 모두 '현명한 투자자'가 돼서 '그놈들'을 교란한다면, 그리고 낙오되지 않고 버틴다면 한 줄기 희망은 있다.

# 02:
# 고갈되는 석유, 녹색 혁명의 실체를 파악하라

앞에서 우리는 음모론 투자에서 울트라 버블과 슈퍼 공황 주기를 확인하는 첫 번째 신호로 달러의 사망을 꼽았다. 따라서 달러와 미국의 몰락을 하나의 이정표로 삼고 음모론 투자 원칙에 따라 추적해 가면 성공적인 결과를 얻을 수 있다. 이와 함께 2012년까지 따라붙어야 할 또 하나의 이정표는 바로 석유 시대에서 녹색 시대로 옮겨 가는 과정이라고 할 수 있다.

울트라 버블은 석유가 죽어가며 펼치는 마지막 발악과, 새롭게 시작되는 녹색 에너지의 희망이 복합적으로 어우러져야만 생겨날 수 있다. 일명 '녹색 버블'이다. 특히 석유와 녹색 에너지 두 힘이 팽팽하게 맞서는 구도가 돼야 한다. 석유가 마지막 불꽃을 내뿜지 않거나, 녹색 버블이 기대 이하면 울트라 버블도 생기지 않는다. 당연히 슈퍼 공황도 찾아오지 않을 것이다. 따라서 음모론 투자 로드맵에선 석유의 발악과 녹색 버블의 생성을 확인하면서 나아가야 한다.

## ■■■ '검정'에서 '녹색'으로 넘어갈 때

석유는 막바지에 왔다. 뜬금없이 1992년 브라질 리우 회의에서 기후협약서가 등장했을 때, 지구온난화 문제가 갑자기 대두되고 이산화탄소를 병균처럼 몰아가고 탄소배출권 논의가 시작됐을 때 의심을 품었어야 한다. 석유가 넘치는 두바이에 현대판 아방궁 같은 마천루와 인공섬이 펼쳐졌을 때 눈치챘어야 했다. 9·11 테러 이후 8년 넘게 진행하면서 얻은 것은 아무것도 없는데도 오바마 대통령이 한 번 더 아프가니스탄에 병력을 증강한다고 했을 때 확신했어야 했다. '드디어 석유를 다 파먹어 버렸구나!'라고.

석유에 관해선 신기한 점이 하나 있다. 그 누구도 석유 매장량에 대해서 정확히 모른다는 사실이다. 인류의 과학기술은 우주선을 만들어 대기권을 돌파해 천왕성으로 날아가고 있는데 땅속에 묻힌 석유가 얼마나 남았는지 그 누구도 알지 못한단다. 말도 안 된다. 모르려야 모를 수가 없다. '그놈들'에게 석유 장사는 돈벌이 수단의 핵심이다. 그런데 석유 매장량에 대해 모르고 있다고? 천만에! 당연히 알고 있다.

따라서 느닷없이 전 지구적으로 '녹색 혁명'을 외치는 상황이 연출됐을 때 우리는 '석유가 한계점에 왔구나!'라고 통찰했어야 한다. 그리고 이제 석유에서 차세대 에너지원으로 넘어가는 과정에 어떤 일이 펼쳐질지 분석하고, 투자해야 한다.

석유는 오각 분석 시스템을 통해 많은 음모론 투자 통찰을 가능케 한다. 먼저 석유는, 석유 같은 인류의 대표적 에너지는 세계 단일 정부 구성과 밀접한 관련을 맺는다. '그놈들'에게 에너지 통제는 필수 전제 조건이다. 에너지 독점 없이는 세계를 장악할 수 없기 때문이다(그렇다면 녹색 에너지원 또한 '그놈들'이 선점할 것이라고 전망할 수 있다).

달러와의 관계로 볼 때도 석유는 독특하다. 석유 가격은 달러 값(가치)과 반비례 관계에 있다. 만약 달러가 죽어간다고 하면 그 직전 석유 값은 배럴당 300달러를 훌쩍 뛰어넘어 버릴 것이다. 그런데 이건 바꿔 말해 석유값이 300달러로 폭등하면 달러 부도의 결정타를 날릴 수 있다는 뜻도 된다.

결국 현재 달러와 석유, 이 두 가지를 모두 독점한 '그놈들'이 석유를 이용해 달러를 죽일 수도 있고, 달러가 잠시 힘을 내게도 할 수 있다는 이야기다. 그런데 현재 석유가 마지막을 향해 가고 있다면 달러 역시 마지막을 향해 달리고 있다고 통찰해야 한다.

또한 석유는 경제 주기 창출과도 밀접한 관련이 있는데, '그놈들'은 그간 석유 가격을 움직여 인플레이션 또는 디플레이션을 연출해 왔다. 과거 오일쇼크 사건이 좋은 예가 될 것 같다. 따라서 석유가 모두 고갈될 때까지 '그놈들'은 이런 주기 창출(조작) 활동을 지속할 것이다.

이제 석유로는 더 이상 인류의 삶을 향상시킬 수 있는 기술을 만들어 낼 수 없는 상황이 되었다. 석유의 마지막이 도래했다는 것이고 이는 곧 '녹색 기술'로 불리는 신기술에 바통을 넘기는 시점이라는 뜻도 된다. 하지만 '무한 시간'을 만들어내는 '그놈들'의 속성으로 비춰봤을 때 우리가 '녹색 기술'로 부르는 태양력·조력·풍력·원자력 발전 기술은 이미 '그놈들'이 확보했다고 봐야 한다.

종교 관점에서 '석유'는 곧 이슬람이다. 석유의 힘이 무너지면 이슬람 파워도 함께 소멸된다. 그렇다면 결국 '그놈들'은 석유의 마지막 시기에 맞춰 독실한 이슬람 교도들에게 기독교를 비롯한 다양한 종교를 유입시켜 결국 '종교 취미화' 작업을 단행할 것이다.

이처럼 석유는 음모론 투자에서 큰 부분을 차지한다. 따라서 우리는 어떤 방식으로든 석유에 대해 스스로 통찰하고, 그 흐름에 따라붙어야 한다. 석유 패권에서 녹색 혁명으로 넘어가는 과정에서 확인할 이정표는 크게 세 가지다. 첫째, 석유는 어떻게 사라질 것인가? 둘째, 녹색 혁명의 본질은 무엇인가? 셋째, '그놈들'은 어떤 방식으로 석유 시대에서 녹색 에너지 시대로 갈아탈 것인가?

## ■■■ 석유의 마지막 발악

중동 지역엔 이런 속담이 있다.

"아버지는 낙타를, 나는 자동차를, 그리고 내 아들은 제트기를 몰고 다닌다. 그러나 내 손자는 도로 낙타를 타고 다닐 것이다."

지난 1956년 미국의 메이저 석유회사인 쉘에 근무하던 M. 킹 허버트는 석유에 관한 논문을 발표해 화제를 모았다. 바로 석유 자원에 대해 "끝났다"고 말할 수 있으려면 그 시작은 최초 보유량(지구 전체 매장량) 중 절반을 생산했을 때라는 주장이다. 일명 '허버트의 종형(鐘形)곡선 이론'이라고도 하는데 석유 생산량은 종형곡선을 따라 증가하다 매장

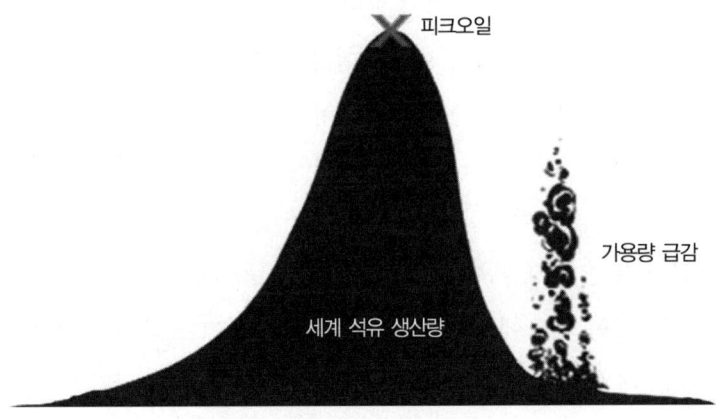

**허버트의 종형곡선**

량 절반(정점)을 넘어서면 돌연 급감한다는 논리다. 유전에 있는 원유는 연료탱크에 담긴 석유와는 다르다는 것으로, 시추 초기엔 유정 내 압력이 높아 채굴이 용이하지만 매장량의 절반 이상을 생산한 이후에는 내부 압력도 떨어지고 원유 점도도 떨어져 실제 가용량은 최초 시추할 때와 비교도 할 수 없이 줄어든다는 이야기다.

물론 반론도 있다. 지구상에 새로운 유전이 꾸준히 발견되고 기술도 발전하면서 허버트의 예측법에 오류가 존재한다고 주장하게 된 것이다. 하지만 여기서 우리가 집중해야 할 것은 그 정점(피크)에 이르면 무엇보다 산유국들이 생산을 줄이게 되고, 그 결과 석유 가격은 폭등하게 된다는 사실이다.

그런데 더 관심을 가져야 할 부분은 바로 원유 매장량에 대해서는 아무도 모른다는 점이다. 현재 지구의 연간 석유 소비량은 300억 배럴에 달하지만 매장량에 대한 설은 분분하다. 미국지질연구소는 1조7,000억 배럴이라 하고 중동 지역 전문가들은 10조 배럴 이상이 아직 땅 속에 묻혀 있다고 한다.

반면 채 1조 배럴도 되지 않는다는 주장도 있다. 그래서 이와 연계된 석유 생산 정점설도 다양하다. 이미 정점이 지났다는 의견(2007년 정점), 2010년 정점 이론, 2040년까지는 무난하다는 주장도 있다. 카스피 해와 알래스카 자연보호 구역 등에서 5,000억 배럴 이상이 새로 발견돼 2050년 이후로 정점의 도래를 미룰 수 있다는 학설도 최근 힘을 얻고 있다.

하지만 음모론 관점에서는 "마지막이 왔다"고 판단하는 것이 옳다. 아이러니하게도 그 근거는 바로 '녹색 혁명'이다. '그놈들'이 석유를 독점하고 있는 마당에 석유가 건재하다면 굳이 온갖 쇼를 벌여가며 녹색 산업에 불을 당길 이유가 없다. 따라서 우리는 석유 생산량은 이미 정점을 지났으며, 이제부터 그 규모는 빠르게 축소될 것이고, 곧 원유값이 폭등하는 현상이 나타날 것이라고 판단해야 한다.

물론 2008년 말 세계 금융 위기 당시 국제 유가는 반토막이 났다. 하지만 그것은 석유의 문제가 아니라 달러의 문제였다. 만약 매장량의 한계 문제가 본격적으로 떠오르면 유가는 배럴당 200달러조차 그리 어색하지 않을 것이다. 어쩌면 한동안 일반인들은 비행기를 타고 세계여행을 다니지 못할 수도 있다. 분명 인류는(혹은 '그놈들'은) 석유를 대체하는 새로운 에너지를 내놓을 것이지만 석유와 그 신종 에너지가 교차하는 기간에는 많은 고통과 혼돈이 수반될 수밖에 없다.

1880~1890년대까지만 해도 석유는 집 안에 등불을 켜는 데 필요한 끈적거리는 '검은 물'에 불과했다. 아마도 석유는 마지막 운명의 시점에 다시 이런 과거의 위치로 돌아갈 것 같다. 그리고 그때쯤 중동 지역은 아프리카연합과 묶여 유로화를 사용하고 있을지도 모르겠다. 일각

에선 마지막 석유 패권을 놓고 이슬람 세력이 중세 십자군전쟁 이후 자신들을 끊임없이 괴롭혀왔던 기독교 문명과 충돌할 것이라고 전망한다. 하지만 나는 이런 가능성은 낮다고 본다.

물론 갑자기 하나님이 하늘에서 중동 지역에 희토류 광물을 뿌려준다면 '그놈들'이 다시 달라붙을 테니 상황은 변할 수도 있겠다. 하지만 그럴 확률은 희박하다. '이스마엘(아브라함의 맏아들로 아랍 민족의 조상)'에 대한 하나님의 편애는 분명 '검은 만나(석유)' 한 번뿐이리라.

### ● 석유의 마지막 날에 벌어질 일들

석유는 어떻게 사라질 것인가. 음모론 관점에선 석유는 달러와 반대의 궤적을 그리면서 사망할 것으로 보고 있다. 달러는 흔해져 죽어가지만, 석유는 너무 귀해져 그 운명을 다한다.

그즈음 과연 어떤 일이 벌어질까? 구체적으로 살펴보면, 첫째, '그놈들'은 막판까지 중동 국가들이 석유 패권을 맘대로 행사하게 놔두지 않을 것이다. 이를 위해 '그놈들'은 석유에 달러 폭탄을 장착했다. 그래서 유가가 150달러가 되어도 중동 국가는 늘 좌불안석이다. 귀한 석유를 뺏기고 언제 어떻게 될지 모르는 달러만 갖게 되기 때문이다. 게다가 '그놈들'은 중동 국가들이 반란을 일으킬 조짐을 보이면 다양한 방법을 동원해 겁을 준다. 2009년 11월 말 아랍에미레이트연합(UAE)의 두바이 국영개발회사 두바이 월드의 부도는 좋은 예다. 중동 국가들이 석유 다음 세상을 위해 계획한 프로젝트를 보기 좋게 파멸시킨 것이다. 이처럼 '그놈들'은 마지막까지 중동 지역을 풀어주지 않을 것이다.

둘째, 석유 고갈로 인한 갈등과 위기의 단초가 마련될 것이다. 현재 우리는 석유 의존 문명 속에 살고 있다. 석유가 없다면 그것은 곧 문명의 위기다. 석유가 위태로

## 탐욕의 각축장, 녹색 혁명에 담긴 진짜 의미

어느 날인가부터 갑자기 온갖 뉴스에선 지구가 더워지고 있고, 북극의 얼음이 녹고, 이대로 가면 지구 생태계가 파멸할 것이라고 겁을 주었다. 그리고 그 원흉(?)은 이산화탄소라고 했다. 이산화탄소 때문에 해수면 상승, 열대야 현상, 엘니뇨 현상, 슈퍼 태풍 등 각종 이상 기후

워지면 식량도 위태로워진다. 우리는 결코 소를 몰아 논을 경작하는 농경시대로 돌아갈 수 없다. 따라서 석유가 죽어갈 때엔 지구상에 엄청난 갈등이 유발된다고 봐야 한다. 특히 달러가 죽는 상황과 시기가 겹칠 경우 분쟁 강도는 상상을 초월할 것이다. 기축통화가 없어 석유를 거래할 수도 없는데, 설상가상 석유도 부족하다면? 결국

결국 세계대전은 이 지역에서 발생할 것이다

현상이 촉발됐다고도 했다. 그러더니 세계 각국 대표자들이 모여 이 문제를 논의한다는 뉴스가 전해졌고, 또 얼마쯤 지나니 뜬금없이 '탄소배출권 거래'라는 낯선 단어까지 등장했다. 선진국과 후진국이 이산화탄소를 놓고 거래를 한다는 것인데 전문가들은 이것이 '달러' 못지않은 기축통화 구실을 할 것이라고 한다.

또한 2007년엔 〈불편한 진실〉이라는 다큐멘터리 영화로 전 세계 대중에게 지구온난화의 심각한 위험을 경고했던 미국의 전 부통령 앨 고

> 전쟁뿐이다. 실제로 중동 지역은 대전이 벌어질 수 있는 최적의 장소다. 예를 들어 미국(또는 이스라엘)이 이란을 공격할 경우, 접경 지역인 이라크와 아프가니스탄의 반미 세력이 함께 움직이고, 또한 친미 세력인 사우디아라비아도 함께 움직이게 된다. 그리고 여기에 이슬람 국가이면서 탈레반과는 사이가 안 좋고 이란과 앙숙인 파키스탄까지 합류하고, 그렇다면 결국 인도까지 전쟁에 뛰어들 테고, 마지막으로 중국까지 합류하게 된다. '중국 vs 안티 중국'의 구도를 생각해도 이곳은 더할 나위 없이 좋은 전쟁 지역이다.
>
> 그러나 본격적 갈등은 2012년 이후 시작될 것이다. 울트라 버블 이전에 전쟁이 발발하면 '그놈들' 입장에선 얻는 것이 없기 때문이다. 그간 중동 화약고가 필요했던 건 석유 때문이었다. 석유와 달러를 모두 살리는 전술이었던 셈이다. 하지만 이젠 석유와 달러를 모두 버리는 단계로 들어섰다. 어떻게 하면 잘 죽일 수 있느냐가 핵심이다. 그래서 이제 중동은 엄포용 카드로 활용된다. 예를 들어 이곳에서 전쟁이 임박했다고만 해도 달러는 단기간 강세를 유지할 수 있다. 석유에 대해 환멸을 느끼게 하고 녹색 혁명에 더 강한 불씨를 당기게 된다.
>
> 하지만 이때 포인트는 실제로 그런 상황이 벌어지면 안 된다는 것이다. 대중에게 "달러는 아직 강하구나"라는 인식을 심어줄 정도면 족하다. 석유로 달러의 수명을 연장해 주되 미지막엔 킬등을 부추겨 달러와 석유를 모두 죽이는 전술이라고 할 수 있다.

어가 노벨 평화상을 수상하더니, 2009년 미국 오바마 대통령은 '녹색 혁명' '녹색 성장' '녹색 산업'을 전면에 앞세우며 석유 시대에서 새로운 에너지 시대로 옮겨 갈 것을 공식 천명했다.

반면 2005년을 기점으로 이번엔 '지구온난화'에 대해 정반대의 사실을 말하는 학자들이 속속 등장했다. 이들은 지구가 더워지는 것은 이산화탄소 때문이 아니라 태양의 흑점(활동)과 관련이 있다고 말하고, 혹은 미국 챌린저호 폭발 사고(1986년) 때문이라는 음모론도 제시한다.

셋째, '그놈들'은 세금을 받아먹는 전법을 구사할 것이다. 석유는 마지막까지 '그놈들'에게 부를 안겨다 줄 것이 분명하다. 이를 위해 그들은 탄소배출권 거래라는 해법을 찾아냈다. 석유 시대 막판까지 고리(高利)를 떼어먹겠다는 속셈이다. 3년 내에 전기 차가 돌아다닐 순 있어도 기존 항공모함, 탱크, 잠수함 무기 등 석유 기반 체제 재화를 모두 바꿀 순 없다.

결국 녹색 시대가 아무리 빨리 온다 해도 우리 집 난방 구조까지 모두 바뀌는 전환기는 최소 20년은 지속될 것이다. 바로 이 기간에 '그놈들'은 탄소배출권을 통해 석유 사용에 대한 세금을 뜯어먹기로 했다. 대한민국이 석유 사용 대가를 아프리카의 한 국가에 지급하면 '그놈들'은 그곳에 기생해 그 돈을 다시 빼앗아 간다.

넷째, 석유가 수명을 다하는 때는 이슬람에서 '종교 무용론'이 확산되는 시기가 될 것이다. '그놈들'로서는 '세계 단일 종교'라는 목표를 위해 이슬람교를 희화화할 필요가 있다. 이슬람교에 대해서 조금이라도 공부해 보면 알겠지만 이슬람교는 테러와 전혀 상관없는 종교다. 특히 신앙심의 진정성에서는 그 누구도 따라오지 못한다.

그런데 이런 치열함은 이스라엘 편을 드는 미국에 대한 '반미 감정'이나 무슬림에 대한 이유 없는 차별로 강화됐다. 따라서 이런 상황이 해소된다면 신앙심도 식게 될 것이다. 개신교가 타락했던 과정과 유사하다.

오히려 15세기부터 19세기까지가 기온이 낮은 시기였으며 20세기에 기온이 오르는 것은 자연스러운 현상이라는 주장도 있다. 여하튼 이들은 "이산화탄소는 지구온난화의 주범이 아니다" "지구한랭화가 더 큰 위험이다"라고 주장하며 맞서고 있다.

그런데 우리가 주목할 것은 지구온난화와 이산화탄소 간의 관련성에 대한 논의가 분분한 상황에서 느닷없이 등장한 탄소배출권 거래이다. 이산화탄소는 지구온난화에 전적인 영향을 주는 것도 아니고, 그렇다고 전적으로 무관하지도 않다. 이산화탄소 농도 증가와 기온 변화의 인과관계는 아주 없지도, 아주 뚜렷한 것도 아니다. 연구 결과도 다양하다.

예를 들어 앨 고어와 함께 노벨 평화상을 공동 수상했던 유엔 산하 과학자 전문 집단 '기후변화국제패널(IPCC)'은 이산화탄소 농도가 현재의 두 배가 될 경우 대기 온도는 화씨 1.5도에서 5도까지 변화할 수 있다고 밝혔지만, 지구온난화설을 비판하는 연구진들은 실측 결과 0.3~1.2도에서 움직일 뿐이라고 주장한다.

하지만 이렇게 모호하고 분분한 논란은 치열한 검증으로 결론을 내지도 못한 상태에서 갑자기 탄소배출권 거래라는 전혀 다른 차원으로 발전했다. 그렇다면 우리는 여기서 확실히 깨달아야 한다. '그놈들'이 녹색 혁명에도 기생충처럼 숨어들었다는 사실을 말이다. 지구 기후변화에 악영향을 주는 환경 파괴 행위는 반드시 근절돼야 한다. 하지만 이런 노력이 탄소배출권 거래라는 이권 사업으로 전환되는 것은 난센스다. 무엇보다 이산화탄소는 아직 지구를 덥게 만드는 주범으로 판명나지도 않은 상태이니 말이다.

특히, 최근 들어서 지구온난화를 주장하는 쪽은 "녹색 산업의 이해관계를 대변하기 위한 통계 조작 집단"으로 취급당하고, 반대로 지구온난화설의 허구를 주장하는 세력은 "석유회사의 사주를 받은 엉터리 과학자"라고 비난받고 있다. 선과 악, 정의와 불의를 한데 섞어 갈등과 담론만을 지속시키면서 정작 자신들은 딴 주머니를 차는 '그놈들'의 전형적인 수법이다.

물론 녹색 혁명을 음모론 관점에서 보지 않아도 좋다. 인류가 100년 넘게 사용했던 석유라는 에너지가 고갈되는 시점에 인류가 함께 고민하고 대비해야 하는 것이 당연하다. 하지만 문제는 이 과정에서 또 한 번 가진 자와 못 가진 자가 나뉘고, 주인과 종이 확연하게 구분된다는 데 있다. 그래서 우리는 녹색 혁명의 실체에 대해 짚고 넘어가야 한다. 특히 녹색 혁명이 본격적으로 완성되는 기간은 슈퍼 공황 시기에 해당되고 녹색 산업은 슈퍼 공황을 극복하는 단초가 될 수도 있다. 녹색 버블은 울트라 버블을 가속화하고 결국 거품이 붕괴해 슈퍼 공황이 찾아오지만 결국 그 공황을 이겨내는 원동력 역시 녹색 산업이 될 것이라는 이야기다.

그렇다면 과연 음모론 투자에서 '녹색 혁명'의 실체는 무엇일까?

첫째, 녹색 혁명의 실체는 '기술'이다. 그것이 100퍼센트 안전한 저온 우라늄 핵융합 방식을 활용한 원자력 발전이든, 물을 석유처럼 사용하는 기술이든, 어떤 식으로든 기술이 반드시 필요하다. 현재로선 '그놈들'이 이 신기술을 확보했을 가능성이 높다. 그래 놓고는 마지막 남은 석유를 끝까지 빨아먹고, 울트라 버블도 만들고, 이런저런 전쟁도 일으키고, 슈퍼 공황을 지속시킨 후 이 기술을 세상에 내놓을 것이다.

둘째, 녹색 혁명의 실체는 '자원'이다. 30년 후 석유를 대체할 에너지가 무엇이 될지는 알 수 없다. 하지만 확실한 건 '원유-정제 기술'의 관계처럼 녹색 혁명에는 기술뿐 아니라 자원(실물)이 있어야 한다. 따라서 희토류 광물이 됐건, 우라늄이 됐건, 아니면 물이 됐건, 기본이 되는 자원은 반드시 필요하다. 그래서 차세대 에너지의 자원 확보 경쟁은 어떤 식으로든 펼쳐질 것이다.

이 때문에 음모론 투자에선 '그놈들'이 어느 방향으로 진출하는지 따라다녀야 한다. 가령 북한을 접수하려고 한다면 '북한에 신종 에너지 자원이 묻혀 있나?' 하는 의심을 품어야 한다.

셋째, 녹색 혁명의 실체는 '탄소배출권' 시장이다. 탄소배출권은 신종 에너지 파생상품으로 온실가스 의무 감축 대상국 — 주로 선진국 — 이 이를 이행하지 못했을 때 다른 나라(기업)의 배출권을 구입하는 방식이다. 아마도 녹색 혁명이 본격화되면 국제 원유 선물 거래보다 탄소배출권 거래 규모가 더 커질 텐데 이때 새로운 기축통화가 이용된다면 세계 단일 정부 구현에 유용한 수단으로 활용될 것이다.

특히, 우리는 CDM(Clean Development Mechanism)이라는 탄소배출권 거래 시스템에 집중해야 한다. CDM은 의무 감축 대상국이 비의무국과 기술 협력 개발을 통해 감축 실적을 올릴 경우 추가 배출권을 받도록 한 시스템이다. 선진국과 개발도상국, 후진국의 아름다운 협동으로 볼 수도 있겠지만 이것은 합법적인 착취 수단에 불과하다. 기술에 협력이란 없다. 오히려 CDM은 향후 아프리카 점령에 효과적으로 활용될 확률이 높다. 기술 협력이라는 미명 아래 이 국가들에 자본을 밀어 넣고, 그 내부에서 흉계를 꾸밀 속셈이다.

넷째, 녹색 혁명의 실체는 '새로운 기축통화'다. 그동안 달러에 힘을 실어준 것은 석유였다. 만약 석유가 없었다면, 그리고 석유를 달러로 거래하지 않았다면 당연히 달러도 없었다. 그런데 이제 석유 대신 새로

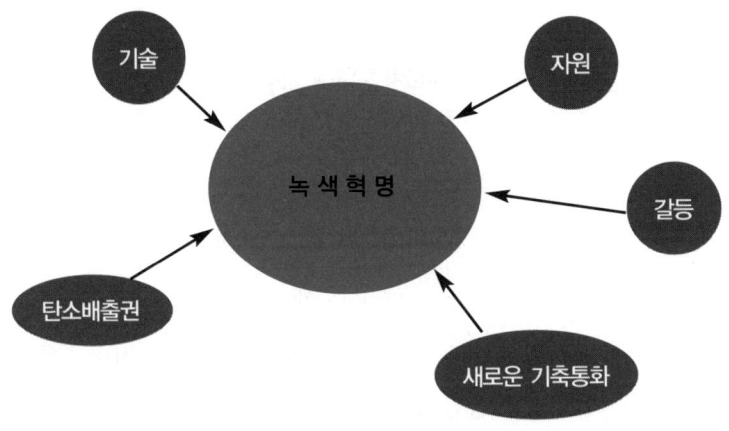

녹색 혁명의 다섯 가지 구성 요소

운 에너지원이 등장하면 이 자원 거래에 통용되는 화폐가 곧 인류의 돈이 될 것이다. 따라서 우리는 결국 금 기반 기축통화 체제에서, 석유 기반 체제로, 그리고 이제 녹색 혁명이 본격화되면서 인류는 녹색 에너지 기반 기축통화 체제가 전개되는 과정을 경험하게 될 것이다.

다섯째, 녹색 혁명은 '갈등'이다. 석유 시대가 가고 녹색 시대가 열리는 기간에는 필연적으로 갈등이 생긴다. 남은 석유를 확보하려는 싸움, 석유 시대를 지속시키려는 발악, 신종 에너지원을 선점하려는 분쟁, 녹색 혁명을 거부하려는 움직임 등 많은 대결 구도가 펼쳐질 것이다. 그런데 이 기간은 앞서 말했듯 슈퍼 공황 시기와 일치한다.

따라서 그 갈등은 더 치열할 것이다. 석유를 가진 중동 국가와 희토류 광물을 가진 중국이 직접 붙을 수도 있고, 아니면 이 국가들의 대리전이 펼쳐질 수도 있다. 어떤 식으로든 녹색 혁명은 갈등과 정반합을 통해 완성될 것이다.

### ■ ■ ■
# '그놈들'의 녹색 헤게모니 장악 방식

석유라는 단어는 축복과 동시에 저주 그 자체를 의미했다. 예외가 없었다. 중동 지역은 말할 것도 없고 러시아, 스웨덴, 네덜란드 심지어 영국도 '석유의 저주'를 받았다. 국민은 게을러졌고, 석유를 혼자 먹으려고 독재자나 왕족이 설쳐댔고, 외국 자본이 몰려들어 자국 통화가치가 급등해 수출 경쟁력은 급감했다. 당연히 기술 개발도 없었다.

하지만 '석유의 저주'는 석유 탓이 아니다. 석유를 갖지 못한 질투심에 불탄 '그놈들의 저주'였을 뿐이다. 산유국에는 저주를 내리고, 자신들은 그 옆에서 피를 쭉쭉 빨아먹었다.

그렇다면 녹색 에너지도 마찬가지라고 통찰해야 한다. '녹색 에너지의 저주'라고 할까? 녹색 산업의 기반이 되는 자원을 보유한 국가는 '그놈들'에게 역시 저주를 받을 것이다. '그놈들'은 석유 시대에 그랬던 것처럼 녹색 자원을 독점해 녹색 시대의 헤게모니를 장악할 준비를 할 것이다. 그렇다면 대표적인 녹색 자원은 과연 무엇일까? 크게 두 가지만 꼽는다면 바로 우라늄과 희토류 광물이다.

원자력 발전은 대표적인 저탄소 배출 동력으로 이산화탄소 배출량이 1킬로와트당 10그램도 되지 않아 현실성으로만 보면 첫손에 꼽히는 녹색 혁명의 솔루션이다. 그런데 우라늄은 바로 이 원자력 발전의 원료가 되는 녹색 자원이다.

혹자는 원자력 발전은 위험성이 크다고 지적한다. 하지만 음모론에서 별로 개의치 않는다. 아예 1986년 구소련 체르노빌 원전에서 발생한 방사능 누출 사고를 하나의 음모로 파악하는 견해도 있다. 당시 영국

마거릿 대처 총리를 비롯한 유럽 정치권에서 원자력을 기치로 내걸고 석유 시대를 극복할 듯하자 '그놈들'이 견제했다는 추론이다(이를 유럽 로스차일드 가문이 쇠퇴하고 미국 록펠러 카르텔이 약진하는 계기로 보는 설도 있다).

'그놈들' 입장에서는 석유로 더 재미를 볼 필요가 있었는데 이를 거부하는 움직임에 대해 사고를 가장해 싹을 잘랐다는 것이다. 그래서 일반인들이 원자력을 불신하도록 만들었다는 이야기다.

그러나 이런 우여곡절 끝에 현재 원자력은 녹색 혁명에서 상당한 위치를 차지하고 있으며 그렇다면 녹색 자원인 우라늄도 앞으로 지금의 석유(또는 천연가스) 정도의 비중을 차지할 것이다. 참고로 2009년 현재 전 세계에서 원전을 운용하는 30개국 중 민간용 농축우라늄을 직접

### ● 북한과 우라늄 음모론

우라늄과 관련해서 북한을 연계시키는 음모론도 있다. 상상을 초월할 정도의 많은 우라늄이 북한에 매장돼 있고, 그래서 '그놈들'은 어떻게든 북한을 자신들 밑에 거느려 녹색 자원인 우라늄을 맘껏 사용할 것이라는 '음모'다. 현재 전 세계 우라늄 총매장량은 500만 톤 정도이고 이 중 100톤 이상은 호주에 묻혀 있다. 그리고 뒤를 이어 카자흐스탄, 미국과 캐나다, 남아프리카공화국 등 순이다.

반면 세계 우라늄 수요는 2009년 현재 약 8만 톤 수준으로, 만약 본격적으로 원자력을 이용해 사용량이 증가하면 채 50년도 사용하지 못한다. 음모론은 바로 여기서부터 시작한다. 알고 보니 북한에 1,000만 톤이 넘는 우라늄이 매장돼 있다는 것. 혹자는 2,000만 톤이 넘는다는 주장도 한다.

생산하는 국가는 미국, 프랑스, 러시아, 일본, 브라질, 중국, 독일, 네덜란드 등 14개국밖에 없다.

희토류 광물은 그야말로 녹색 혁명의 대표적인 녹색 자원이다. 네오디뮴, 세륨, 디스프로슘 등 란탄 계열 원소 15개(57번에서 71번)와 스칸듐·이트륨을 일컫는 희토류 광물은 고온 초전도체, 액정표시장치(LCD), 발광다이오드(LED), 하이브리드 자동차 및 전기 차, 풍력발전 터빈, 광 신호 증폭 케이블, 미사일 등 첨단 산업에 두루 쓰이는 필수 자원이다.

2009년 말 현재 희토류 광물은 전 세계 매장량의 절반, 그리고 생산량(공급량)의 95퍼센트를 중국이 차지하고 있어 '희토류=중국'이라는 인식이 널리 퍼져 있다. 하지만 여기에는 오해가 좀 있다. 중국의 강점은 먼저 준비했다는 데 있다.

보통 희토류 광산은 개발에 15년 정도가 걸리는데 지난 1980년대 중반부터 덩샤오핑 주석의 지휘로 희토류 광물 개발을 적극 추진했던 중국이 먼저 기득권을 잡은 것이다. 즉, 아직 희토류 광물 매장량에 대해서는 좀더 분석할 사안이 많아 '석유=중동'처럼 '희토류=중국'으로 단언하기엔 성급하다는 이야기다.

실제로 현재 세계 각국은 중국을 대체할 공급원을 확보하려고 혈안이 돼 있다. 최근엔 그린란드, 카자흐스탄, 호주, 캐나다, 남아프리카공화국 등 꽤 많은 희토류 광물 매장지가 새롭게 확인되고 있다. 따라서 2020~2025년 이후 희토류 광물 공급은 중국 독점에서 벗어나 상당 수준 다각화될 것이다.

음모론의 관점에서 희토류는 크게 두 가지 방향으로 통찰해야 한다. 첫째는 분쟁이다. 앞서 말한 것처럼 2020~2025년까지는 중국이 세계 생산량의 90퍼센트를 담당하게 되는데 이때 중국은 독점권을 행사할 것이며 다른 나라들은 반기를 들 것이다. 바로 이때 '그놈들'은 이 사이를 이간질해서 대규모 분쟁을 일으킬 것이다.

희토류에 얽힌 두 번째 음모는 바로 아프리카 개발이다. 현재 아프리카에 상당한 희토류 광물이 묻혀 있고 그렇기 때문에 세계는 시시각각 아프리카로 진출할 수밖에 없다는 것이다(아프리카에 대해선 다음 장에서 집중적으로 살펴보기로 한다).

결국 '그놈들'은 희토류와 우라늄 등 두 가지 자원을 어떤 식으로든 독점할 것이다. 과거 석유를 놓고 그랬던 것처럼 자원 처리 기술과 유통망을 독점하는 방식으로 자원 보유국에 기생할 것이다.

한편, 한 가지 명심해야 할 사안이 있는데, '그놈들'은 녹색 자원 확보와 별도로 석유를 마지막까지 이용할 것이라는 점이다. 슈퍼 공황 기간에 가장 중요한 것은 누가 뭐래도 석유와 식량이 될 것이기 때문이다. 현재로선 녹색 시대가 본격화하는 것은 아무리 빨라야 2020년 이후다. 기존 주유소들이 모두 수소 연료 충전소로 바뀌고, 수소 전지로 비행기를 띄우려면 어쩌면 2040년까지 기다려야 할지도 모른다.

따라서 '그놈들'은 2012년 울트라 버블 기간에는 달러를 석유로 바꾸는 작업에 돌입하고, 이후 슈퍼 공황 기간에는 석유를 조금씩 풀면서 대신 녹색 자원을 확보하는 전술을 구사할 것이다. 결국 달러에서 석유로, 그리고 석유에서 녹색 자원으로 갈아타면서 자신들의 힘을 극대화하겠다는 의도다. 이게 바로 '그놈들'이 녹색 혁명에서 헤게모니를 장악하는 방식이다.

## 녹색 혁명에 대응하는 투자법

그렇다면 결국 우리는 2012년 울트라 버블을 확인할 때까지 녹색 혁명에 따라붙어야 한다. 실패에 대한 공포를 가질 필요는 없다. 어차피 막다른 골목이기 때문이다. 석유 아니면 녹색 에너지다. 울트라 버블이 없다고 해도 '그놈들'과 우리는 외나무다리에서 마주쳐야만 한다. 따라서 우리도 준비를 하고 있어야 한다.

녹색 혁명의 실체는 앞서 살펴본 것처럼 크게 다섯 가지이다. 첫째 '기술', 둘째 '자원', 셋째는 '탄소배출권', 넷째는 '돈', 그리고 마지막은 '갈등'이다. 결국 녹색 혁명을 염두에 두고 음모론 투자를 하려면 여기에 맞춰야 한다.

하지만 이때 명심해야 할 게 있다. 울트라 버블 시기의 일명 '녹색 투자'는 마치 평행이론처럼 과거 2000년대 초반 IT(정보 기술) 버블과 유사한 면이 있다는 사실이다. 기간의 차이는 있을지라도 '기-승-전-결'의 과정은 흡사하게 진행될 것이다. 따라서 '녹색 투자'를 준비하는 투자자는 과거 IT 버블 상황을 반추해 볼 필요가 있다.

나는 한때 자주 악몽을 꿨다. 바로 지난 2000년 초 대한민국을 떠들썩하게 했던 '새롬기술'에 대한 악몽이었다. 1999년 10월쯤 4,000원대에서 움직이던 새롬기술 주가는 무료 인터넷 전화 개발 재료가 터지면서 폭발했고 2000년 2월 30만 원을 뚫었다. 장외시장 시절 주가 대비 '1만 퍼센트 상승'이라는 폭등을 기록한 셈이다.

난 그때 새롬기술을 13만 원대에 잡았었다. 그리고 꽤 높은 수익률을 기록했다. 하지만 대부분의 새롬기술 투자자들처럼 차익 실현을 하지 못한 채 처절한 손실로 마감했다. 답답했다. 미칠 것만 같았다. 왜 18만 원에 팔지 않았을까, 왜 20만 원에, 30만 원에 끊고 나오지 못했을까 하는 안타까움에 잠을 이루지 못했고, 어렵사리 청한 잠은 항상 악몽으로 끝을 맺었다.

그런데 요즘 묘한 데자뷔를 느낀다. 2010~2011년 세상을 놀라게 할 'GT(녹색 기술)'를 장착한 제2의 새롬기술이 등장할 것이라는 느낌이다. 2000년대의 시작은 IT 버블이었고, 새롬기술은 그 IT 버블의 아이콘이었다.

그때 나왔던 인터넷 전화는 10년이 지나서야 상용화됐지만 '그놈들'로서는 소기의 목적을 달성했다. IT의 힘을 투자자들에게 각인시켰기 때문이다. 이건 한국만의 데자뷔가 아니다. 2000년대 초 세상을 떠들썩하게 했던 미국발 '닷컴 버블'의 결과는 치욕적이었지만 온 인류의 머릿속에는 'IT'가 확실하게 자리 잡았고, '디지털'에 대한 맹목적인 수용을 이뤄냈다.

결국 이번에도 '그놈들'은 말도 안 되는 GT를 등장시킬 것이다. 전혀 상상하지 못한 '녹색 기술'을 세상에 알려주면서 "세상이 바뀌고 있다"고 선포할 것이다. 기술의 상용화 여부는 중요하지 않다. 대중에게 얼마나 강렬하게 각인시키는가가 포인트다. 그러기 위해서는 실질적인 모습을 갖춘 '녹색 혁명'보다는 과거 IT 버블처럼 온갖 상상과 허구와 거짓말과 달콤함이 가미된 '녹색 버블'이 돼야 한다.

미국의 철도 산업이 엄청난 철도 투기(1845년) 이후 한참을 지나서야 제자리를 찾았다는 점을 감안해도 신기술과 버블 간의 질긴 인연을 더욱 확신할 수 있다.

그럼 우린 어떻게 대응해야 할까? 녹색 투자의 첫 번째 방법은 여기에 공격적으로 뛰어드는 것이다(하지만 일반인에게 권하고 싶은 방법은 아니다). 버블에 속는 게 아니고 버블의 음모를 알고 달려드는 방법이다. 어차피 녹색 혁명과 관련된 원천 기술은 '그놈들'이 모두 확보했다.

관건은 그들이 이 녹색 기술 분야를 띄울 때, 그리고 각종 꼭두각시들이 "세상을 바꾸는 기술!"이라고 호들갑을 떨 때, 버블임을 알면서도 합류하는 것이다. 주가수익비율(PER)이 100배 나올 때까지는 주눅 들지 말고 뒤따라 들어가야 한다.

그러나 반드시 명심해야 할 것이 있다. 바로 '탈출'이다. 탈출에 실패한다면 과거 닷컴 기업들에 전 재산을 빼앗긴 투자자들처럼 수년간 불면의 밤을 보낼 수밖에 없다.

두 번째는 음모론과 정량적 분석을 섞어 투자 대상을 좁히는 방법이다. 첫 번째 방법이 태양광, 풍력, 원자력, 신개념 자동차와 관련된 2차 전지, 차세대 광원 LED 산업, 탄소배출권 관련 분야, 스마트 그리드(지능형 전력망) 등 '녹색 테마'에 대한 '묻지마 투자'였다면 이번엔 2010년부터 적립 투자를 통해 종목을 압축해 사 모으는 방식이다.

먼저 현재 100여 개에 달하는 국내 녹색 테마주에 대해 하루에 3개씩 최소 1개월 이상 시간을 들여 꼼꼼히 체크해 보자. '스마트 그리드' 테마를 잡을 요량이라면 원자력·수력·화력 발전소 등에서 생산된 전력이 송전망과 배전망을 거쳐 소비자에게 전달되는 과정(grid)을 줄줄 꿰고 있어야 한다.

'2차 전지(충전 배터리)'는 그야말로 집중 공부 대상이다. 특히 2차 전지 종목에 투자할 때는 테슬라 자동차 등을 위시한 미국 전기 자동차 업체들의 행보에 촉각을 곤두세우고 있어야 한다(음모론자라면 테슬라라는 인물에 대해서도 공부해 보면 좋을 것이다).

또한 음모론 투자에선 기존 석유 산업과 새로운 녹색 산업 모두에 발을 담그고 있는 종목을 좋아한다. 예를 들어 원유를 정제하면서 돈을 벌고, 또 전기 자동차에 끼우는 배터리도 함께 만드는 사업 포트폴리오는 기가 막히게 매력적이다. 이런 사업 구조를 갖추고 있는 종목이라면 음모론과 상관없이 2~3년간 적립하면서 따라붙어야 한다. 2011년 초 미국 자동차 업계에서 전기 차에 대한 장미빛 전망을 쏟아낼 때 주가에 대한 1차 터닝 포인트가 나타나는지 주목해 볼 필요가 있다.

이 밖에 음모론 투자자라면 원자력 관련 주도 반드시 포트폴리오에 넣어야 한다. 현재 세계는 원자력 열풍이 불고 있다. 유럽은 시작 단계지만 중국, 일본, 인도 등은 원자력 건설에 박차를 가하고 있다. 중국은 2020년까지 원전 의존율을 1.4퍼센트에서 4퍼센트로 늘릴 예정이고, 인도는 2012년까지 3퍼센트대 원전 의존율을 30퍼센트 이상으로 높이겠다고 천명했다. 이미 원자력 의존도가 높은 일본도 40퍼센트 이상으로 높이겠다는 입장이다.

이런 상황에서 미국과 러시아가 뜬금없이 원자력 찬양론을 들고 나왔고 심지어 중동 산유국들도 열의를 보이고 있다. 결국 녹색 혁명에서 가장 먼저 가시적 성과가 나올 분야는 원자력이 될 것이다.

특히, 1953년 아이젠하워 미국 대통령이 처음 제안한 이후 지속적으로 이슈화됐던 '국제 핵연료 은행(Nuclear Fuel Bank)'이 공식화되면 원자력 열풍은 더 뜨거워질 것이다. 핵연료 은행이란 국제적으로 공신력을 인정받은 단체가 핵무기 제조에 필요한 우라늄 농축을 하지 않기로 합의한 국가에게 산업용 저농축우라늄을 제공하는 메커니즘이다.

최초 목적은 산업용 핵연료 생산을 명분으로 한 고농축우라늄 제조 기술 습득을 사전 차단하려는 것이지만, 역설적으로 산업용 핵연료가 완제

품으로 거래되기 때문에 원자력 발전의 용이성은 더욱 커지게 된다.

녹색 투자의 세 번째는 녹색 자원에 대한 투자다. 그런데 투자자 입장에선 희토류 광물이나 우라늄을 놓고 투자하기가 쉽지 않다. 관련 사업을 하는 사람이면 몰라도 일반인에게 해당되는 이야기는 아니다. 다만 희토류 광물과 관련해선 아프리카에 대한 투자로 접근해 볼 수 있

### ● 한국전력이 상장 폐지된다고?

자신이 열혈 음모론자라고 자신한다면 한국전력은 향후 3~5년의 기간을 두고 상장 폐지를 목표로 달려들어야 할 종목이다. 원자력 테마가 녹색 기술 중에서 가장 현실성이 높다는 점도 있지만 한전은 더 큰 차원에서, 그리고 음모론적으로 바라봐야 한다. 그간 한전 주가가 부진했던 이유는 가격(전기료) 결정권이 정부에 있었기 때문이다. 그래서 대한민국 국민은 저렴한 전기료 혜택을 누릴 수 있었는데 이런 혜택은 향후 많이 제약을 받을 것이다.

그렇다면 결국 한국전력의 미래 모습은 완전 민영화하는 방법과 정부가 다시 공공기업으로 만드는 방법, 두 가지로 나뉘는데 이 두 가지 방법의 결과는 모두 상장 폐지라고 여겨진다.

일각에선 "인플레이션을 고민하는 정부가 어떻게 전기료를 올리느냐"면서 "한전에 대한 투자는 순진무구한 발상"이라고 한다. 정상적인 시각에선 이 말이 맞다. 하지만 음모론에선 전기는 귀해져야만 하는 당위로 바라보고, 결국 가격은 오를 수밖에 없거나 아니면 정부가 국민을 장악하는 수단으로 활용될 것이라는 시각으로 바라본다.

어떻게 보면 한전에 대한 투자가 그리 순진한 것도 아니다. 한전 정도의 가치주, 배당주라면 음모론이 아니더라도 장기 투자용으로 손색은 없으니까 말이다.

다. 현재 희토류는 중국이 독점하고 있지만 오히려 이 독점 때문에 역공을 받는다고 볼 수 있다.

따라서 아프리카 투자가 대안이라고 본다. 특히 아프리카는 뒤에서 다시 살펴보겠지만 희토류라는 녹색 자원뿐 아니라 '세계 다극화'라는 '그놈들'의 전략상으로도 유망한 지역이다.

반면 시중의 '녹색 펀드'에 전적으로 의존해선 안 된다. 현재 판매되고 있는 대부분의 녹색 펀드는 변동성 축소를 위해 어쩔 수 없이 삼성전자나 포스코 등과 같은 대형주를 상당 부분 가져가고 있기 때문이다. 결국 일반 주식형 펀드와 큰 차별성을 느낄 수 없다.

# 03: 본격화되는 다극화는 단일 정부를 향한 포석

　　음모론자가 아니더라도 최근 2010년 이후 세계의 대표적인 트렌드로 '다극화'를 꼽는 학자들이 많아졌다. 미국의 힘이 빠지고 춘추전국시대처럼 여기저기서 새로운 신흥 강자가 떠오른다는 예측이다. 나는 이런 다극화가 2012년 울트라 버블의 한 요소로 활용되고 이후 슈퍼 공황 기간에 완성될 것이라고 예상한다. 음모론 관점에서 '다극화'는 세계 단일 정부로 가기 직전 단계다.

　과거에 미국이 한창 잘나갈 때 혼자 힘으로 세계 단일 정부를 만들 수도 있었다. 하지만 '그놈들'은 결코 그렇게 하지 않았다. 왜? 그렇게 해봤자 세계 단일 정부 수립 후 6개월 정도 되면 엄청난 반발로 금세 붕괴할 것이라는 사실을 직감하고 있었기 때문이다. '그놈들'에게는 세계 단일 정부를 수립하는 것도 중요하지만 그것을 유지하는 완벽한 통제력이 있어야 했다.

역설적으로 세계 단일 정부는 1강 체제보다 3강 체제에서 더 안정적으로 운영된다. 3개의 파워 집단이 팽팽하게 힘을 겨루면서 경쟁하고, 그 위에 한 조직이 이 3강을 관리하는 모습이다.

최근 자주 언급되는 'G20 정상회의'라는 단어는 뜬금없이 튀어나온 게 아니다. 기존 G7(미국, 일본, 영국, 프랑스, 독일, 캐나다, 이탈리아)에다 한국, 중국, 인도, 호주, 브라질, 멕시코, 인도네시아, 아르헨티나, 러시아, 터키, 사우디아라비아, 남아프리카공화국, 그리고 유럽연합 의장국까지 넣으면서 판을 키운 데는 '그놈들'의 흉계가 숨어 있다.

그렇다면 이 다극화의 현실적 모습은 과연 무엇일까? 그것은 바로 지역 공동체 확립이다. 아프리카는 아프리카끼리 뭉치고, 남미는 남미끼리, 동아시아는 동아시아끼리 뭉친다.

'그놈들'로서는 이게 오히려 더 편하다. 과거엔 미국이란 숙주에 기생하면서 세상의 온갖 문제에 개입해야만 했는데 지금부터는 극점간 역학 관계만 제어하면 된다. 브라질의 룰라 대통령과 베네수엘라의 차베스 대통령이 서로 권투를 하건 키스를 하건 즐거운 마음으로 관람만 하면 된다. 아시아연합과 남미연합의 몇 가지 큰 쟁점만 손봐주면 그만이다.

지난 2008년 미국 대선 경합이 한창 치열했을 때 나는 오바마 후보의 당선을 확신했다. 바로 뜬금없이 오바마 선거 캠프로 합류한 즈비그뉴 브레진스키(Zbigniew Brzezinski)라는 인물 때문이었다.

폴란드 바르샤바 태생 아슈케나짐 유태인인 브레진스키는 음모론에선 널리 알려져 있다. 1970년대 지미 카터 대통령 집권 당시 안보담당 보좌관을 맡으면서 정계에 진출한 이후 민주당의 중진 외교 전략가로서 입지를 굳히고 있다. 음모론자들은 그를 "세계 역학 구도를 만들고, 완급 조절 전략을 짜는 '그놈들'의 브레인"으로 파악한다. 삼각위원회의 전략가 역할, 로마클럽의 핵심 멤버, 300인위원회 회원이라는 설과 가톨릭 역사상 455년 만에 비이탈리아인 교황이었던 폴란드 출신 요한 바오로 2세를 만든 일등 공신이라고도 한다. 요한 바오로 2세가 세계 공산주의를 붕괴시키는 데 중요한 역할을 했는데 이것을 브레진스키가 주도했다는 주장도 있다.

그런데 '다극화'를 이야기하면서 브레진스키를 주목하는 이유는 무엇인가? 그것은 바로 지난 2000년대 초반부터 최근까지 브레진스키가 다극주의를 공언하고 있다는 점 때문이다. 이것은 '그놈들' 자신이 세계 역학 구도를 다극화로 만들겠다는 것을 의도적으로 세상이 알리는 행태로 봐야 한다.

그는 2008년 자신의 저서 『미국의 마지막 기회』에서 묘한 논리를 펼치기도 했다. "미국은 분명 벼랑 끝으로 몰렸지만 두 번째 기회는 확실하게 주어진다"는 표현이다. 그 어떤 강대국도, 화폐도 아직은 미국의 힘과 달러를 대체할 능력이 없어, 미국에겐 또 한 번의 기회가 남아 있다는 것이다.

하지만 우리는 브레진스키가 진정 하고 싶은 말은 "미국에게 기회는 주어지지만 안타깝게도 이를 살리지 못한다"는 것임을 눈치채야 한다. 브레진스키는 지금도 "세계인들이 정치적으로 각성하길 바란다"고 말한다. 각성된 민중이 미국에 대한 의존심을 버리고, 나아가 500년 넘게 세계를 지배해 온 구미 열강 체제를 무너뜨려야 한다는 것을 이렇게 우회적으로 표현하는 것이다.

특히 중국, 일본, 인도, 러시아, 남미, 아프리카 등 새로운 신흥 강호들에 기대를 거는데, 이 다극화가 완성되면 세계 단일 정부 수립은 거의 90퍼센트 이상 완성된다고 볼 수 있다.

## ■■■ 빈곤의 세계화에서 세계 중산층화로

향후 펼쳐질 세계 다극화를 단적으로 말하면 그간 가난했던 국가(지역)가 가난에서 회복되는 과정이다. 지금까지 배부르게 먹고 떵떵거리며 살았던 사람은 위축되고, 반면 독재자의 압박 속에 굶주리고 고개 숙이며 살던 사람은 기지개를 펴는 그런 모습이다.

오각 분석 시스템으로 통찰해도 다극화는 확실한 의미를 갖는다. 지역 통합 정부들간 교류를 통한 세계 단일 정부가 완성되고, 지역 통화 체제 수립으로 결국 새로운 기축통화가 탄생하고, 울트라 버블에 힘을 더하고 슈퍼 공황으로 마무리되는 주기가 완성되고, 자원 보유국과 기술 보유국들이 이합집산할 수 있고, 기독교·가톨릭·이슬람·힌두교 등 온갖 종교가 자연스럽게 섞이는 등 '다극화'는 필연적인 전략이라고 할 수 있다.

특히 2009년부터 시작된 '다극화' 프로젝트는 세계 중산층이 빠르게 증가하는 데 집중한다. 기존 '빈곤의 세계화' 전술이 '세계의 중산층화'로 바뀐 것이다. 1980년대 중반 이후 2000년대 초반까지 펼쳐진 신자유주의 시대에선 빈곤의 세계화가 본질이었다. 그때는 모두가 가난해져야 하고 오직 '그놈들'만 부자가 되어야 했다. 세계 단일 정부 수립을 위해서는 결코 따라잡을 수 없는 월등한 부의 격차가 필요했기 때문이다. 그 결과 그 누구도 '그놈들'을 따라잡을 수 없다.

또한 세계 다극화 전술은 차기 패권국 중국을 견제하는 용도로도 활용된다. 뒤에 살펴보겠지만 아프리카와 남미 대륙이 각각 하나의 극점으로 성장하면서 이들은 묘하게도 중국을 압박하는 양상을 띠게 된다.

다극 체제가 진행되면 '그놈들'은 지금까지 밑바닥에 깔려 있던 사람들에게 숨통을 틔워주려고 할 것이다. 세계 단일 정부 수립 그 이후를 보고 있기 때문이라고 해석하면 된다. '그놈들' 입장에선 세계인들이 평균적으로 그럭저럭 살 만해야 단일 정부의 통치와 유지가 수월해지기 때문이다.

대부분의 사람들이 똑같이 햄버거도 먹고, 콜라도 마시고, 샤워도 자주 하고, 집값이 떨어지면 두려워하고, 인터넷으로 야동도 즐겨줘야만 한다. 그래야 관리가 된다. 인간은 뭔가를 소유해야 공포를 느낀다. 더 이상 잃을 것도 없는 상황에선 당연히 두려움도 없다.

### ● 러시아혁명과 신해혁명에 사용된 다극화 전술

1900년도 초반 국지적으로 다극화 전술이 활용된 적이 있다. 대표적인 것이 1차 러시아혁명(1905년)과 3월혁명(1917년), 볼셰비키혁명(1917년 11월)을 포함한 '러시아 사회변혁운동'과 1911~1912년 중국 민족 자산 계급이 청나라를 무너뜨리고 중국 최초 공화국을 수립한 '신해혁명'이다. 음모론이 아니더라도 당시 뉴욕 자본가들이 러시아혁명 —러일전쟁 당시 일본을 지원했다—과 중국혁명을 지원했다는 사실은 공공연하게 알려져 있다.

이 혁명들의 공통점은 바로 민중의 '정치적 각성'이었다. 러시아에선 차르 황제 체

무엇보다 이런 '세계의 중산층화'는 '그놈들'이 마지막으로(제3단계) 사용할 정신세계 장악을 통한 통제 전략과도 맥락을 같이한다. 우울증으로 수십만 명을 자살시키려면 일단 밥 걱정은 하지 않는 상태여야 하니까 말이다. 그래서 앞으로는 세계인이 평균적으로 살 만해야 한다. 물론 노숙자가 20평형대 아파트를 장만하는 수준을 말하는 건 아니다. 그간 겪었던 고통을 극복할 수 있는 최소한의 여건 마련이라고 생각하면 될 것 같다.

이런 관점에서 보면 다극화의 대표적인 수혜 지역은 역시 아프리카다. 아프리카의 경우 '울트라 버블-슈퍼 공황'의 주기가 끝날 때쯤엔 불과 15년 전 자신들이 겪었던 아픔의 기억들을 뇌리에서 지워낼 수 있을 것이다.

다음은 아시아 지역이다. 차기 패권국인 중국—그 힘은 과거 패권국에 비해 축소될 것이지만—이 버티고 있는 이 지역은 성장 폭은 아

---

제가 무너졌고, 중국에선 청나라 마지막 황제 푸이를 끝으로 황제 통치 시대가 막을 내렸다. 그렇지만 '그놈들'은 결코 민중을 주인으로 만들어주지는 않았다. 러시아와 중국에서 벌어진 민중의 정치적 각성은 민주주의(자본주의) 체제가 아닌 사회주의, 그리고 공산주의로 발전했기 때문이다. 바로 세계 단일 정부 수립이라는 최종 목표를 놓고 '무한대의 시간'을 사용한 '그놈들'의 음모다.

하지만 이제 본격적인 다극 체제를 구축하려고 한다. 그간 로마, 스페인, 영국 등 패권 집권기에 '단극 체제'를 경험한 후 냉전 시대의 미국과 소련의 '양극 체제'를 실험했고, 이제 '다극 체제'를 통해 자신들의 과업을 매듭짓고 싶어 하는 것이다.

프리카에 뒤지지만 절대적 수준으로 보면 구미 열강에 버금갈 정도로 대단할 것이다. 특히 중국, 일본, 인도, 한국, 여기에 호주, 러시아까지 가세하면서 펼칠 세력다툼은 그 어느 지역 공동체보다 흥미진진한 모습이 될 것 같다.

음모론 투자에선 이중 한국과 인도에 주목한다. 다극화 전략에서 가장 많은 수혜를 보는 곳이기 때문이다. 인도는 최소한 외부에서 바라볼 때 중국과 한판 맞붙을 자격이 있는 국가로 성장해야 한다. 그것이 바로 '그놈들'이 정한 인도의 역할이기 때문이다.

혹시 인도에서 기독교(개신교)가 핍박받고 있다는 뉴스가 들릴 경우 자신 있게 인도 주식에 투자해도 좋다. 전통적으로 인도 힌두교도들은 이슬람교를 박해했지 개신교는 종교 취급도 하지 않았다는 점을 고려하면 더욱 그렇다. 종교적 관점에서 박해는 교세가 커지고 있다는 방증이다. 그래서 인도에서 갑자기 개신교가 의도적으로 공격받고 있다면 그것은 오각 분석 시스템의 '종교' 코드로 봤을 때 곧 '그놈들'의 관심 표명이라고 통찰할 수 있다.

또한 미국이 몰락하고 북미연합이 구축되고, 남미연합도 완성될 것이고, 유럽 지역과 중동 무슬림 세력은 상당히 가까워질 것이다. 다만 영국은 미국보다 앞서 나락의 길로 빠지게 될 것이다. 재정난에 허덕이는 영국 경제와 파운드화는 붕괴돼 유로화로 편입되고, 영국인들은 정부의 통제와 감시 체제의 희생양이 된다. 영국의 소득세는 최고 세율이 70퍼센트까지 올라갈지도 모르겠다. 조지 오웰의 명저 『1984』의 모델이 구소련이 아니라 실은 영국이었다는 음모론을 떠올려봐도 그렇다. 과연 영국인들이 정부에 의해 어떻게 통제당하는지 지켜보는 것도 2012년까지 주목해 볼 일이다.

이 밖에 다극 체제가 본격적으로 자리 잡혀가는 시기엔 유엔 안전보장이사회 같은 국제기구의 모습도 달라질 것이다. 2012년경에는 미국, 영국, 프랑스, 러시아, 중국, 5개 상임이사국이 멋대로 휘둘렀던 거부권 시스템에 브라질이나 산유국들이 합류할 것이라고 본다.

### ■■■ 아프리카 비극을 버리다

2007년 초였던 것 같다. 당시 '중동-아프리카펀드'에 대한 소개 기사를 쓴 적이 있는데 한 독자로부터 엄청난 항의 메일을 받았다. 그것은 욕으로 가득 찬 분노였다.

"네가 아프리카에 대해 알기나 해? 아프리카펀드? 자원이 많아서 성장성이 높아? 지금 아프리카에서 어떤 일이 일어나는지 알고는 있냐? 너 같은 게 기자라고……."

부끄러웠다. 솔직히 내게 아프리카의 비극, 아프리카인들이 겪는 그 아픔은 다른 세상의 이야기였기 때문이다. 하지만 많은 사람들은 지금도 궁금해한다. 왜 생명의 땅, 자원이 넘치는 아프리카가 저 모양이 됐는지 말이다.

1487년 포르투갈의 항해사 바르톨로뮤 디아스가 남아프리카공화국 케이프타운의 희망봉을 발견한 이후 온 유럽 국가들이 아프리카에 상륙하면서 비극은 시작됐다. 이후 1800년대 초반까지 1,000만 명이 넘는 아프리카인이 노예로 끌려갔고, 19세기부터는 금과 다이아몬드, 석유를 비롯한 막대한 아프리카의 천연자원을 빼앗으려는 서구 열강들이 아프리카 대륙으로 직접 치고 들어가 '전쟁 게임방'으로 만들어버렸다.

물론 2차 세계대전 이후 아프리카 국가들 대부분은 공식적으로 독립했지만 이후 독재 정권의 난투장으로 변했다. 그 배후엔 아프리카의 자원을 노리는 '그놈들'이 있었다. 이들은 독재자들을 후원하면서 이곳의 자원을 빨아먹었다.

나는 지금 아프리카의 실상을 말하려는 게 아니다. 르완다에서 벌어진 후투족과 투치족의 인종 청소 내전이 얼마나 잔혹했고, 에이즈 환자 비중이 20퍼센트를 넘고, 8~13세 소년병이 30만 명에 달하는 등의 아프리카 현실을 분석하려는 것도 아니다. 내가 하고 싶은 말은 지금까지 아프리카 비극의 배후에는 '그놈들'이 존재했다는 것이고, 그랬던 놈들이 이제 아프리카를 비극의 굴레에서 벗어나게 만들고 있다는 사실이다. 과거 아프리카를 밟고 부를 축적했다면 지금부터는 아프리카가 스스로 목소리를 낼 수 있게 만들려고 한다. 아프리카인들의 정치적 각성이 본격화되고, 각 나라가 절대 빈곤 상태에서 벗어나는 계기를 통해 새로운 이득을 보려는 수작이다.

이제 아프리카에선 통합 과정도 진행될 것이다. 500년간 갈기갈기 찢어졌던 아프리카가 지역 공동체 형식으로 뭉치게 된다. 음모론에선 세계 단일 정부 삼각축의 한 축을 '유럽+중동+아프리카'로 보고 있다. 그리고 이 축은 '유럽 통합→유럽과 중동의 통합→유럽·중동 공동체와 아프리카 통합' 순으로 완성될 것으로 분석한다.

이미 아프리카 대륙의 거의 모든 국가가 참여하는 아프리카연합(AU)의 활동이 시작됐다. 세계에서 가장 못사는 나라 1등부터 15위까지가 모두 아프리카 국가라는 점에서 알 수 있듯 아프리카연합이라는 단어가 생소하게 들리겠지만 가시적 행보는 이뤄지고 있다.

주목할 점은 '아프리카연합군(AMISOM)'이라는 존재다. 얼핏 유엔군의 일종으로 보이지만 이는 아프리카 자체 군대다. 아프리카에서는 유럽연합과 달리 경제 통합이 아닌 군사 통합을 필두로 통합이 시작될 가능성이 크다. 군사 통합 후 정치 통합과 경제 통합이 이뤄지는 형식이다.

아프리카 대륙은 막대한 자원의 보고다. 그간 묘하게도 언론에는 기아에 허덕이는 아프리카인들만 나와서 그렇지 이 지역은 쓸 만한 자원이 광범위하게 산재해 있다. 남아프리카공화국과 잠비아는 다이아몬드가 넘치며, 짐바브웨는 구리로 유명하다. 나이지리아와 가봉, 앙골라는 석유 생산국이며 그중 나이지리아는 세계 10위 안에 드는 산유국이다. 또한 우리가 아는 웬만한 아프리카 국가들은 세계적인 커피 산지다.

무엇보다 아프리카엔 미개발 희토류 광산이 많고, 우라늄도 넘쳐난다. 우라늄의 생산은 나미비아, 니제르, 남아프리카공화국, 3개 국가로 한정돼 있지만 매장량으로 보면 아프리카 전역에 퍼져 있다. 결국 향후 녹색 자원의 공급은 아프리카가 주축이 돼 감당할 것이다.

그런데 이런 의문이 들지도 모르겠다. '그놈들'이 예전에는 아프리카를 짓밟아서 자원을 빼앗아 오더니 왜 이제는 '다극화' 같은 새로운 체제를 통해 새삼스레 아프리카에 힘을 실어주는 것인가 하고 말이다. 왜 갑자기 이들을 절대 빈곤층에서 중산층으로 올려주려고 하는 것일까?

그것은 바로 이제 신세계질서 프로젝트의 마무리 단계에 돌입했기 때문이다. '그놈들'로서는 지금부터 아프리카가 뭔가를 소유해야 하며 아프리카인들 스스로 자원에 대해 소유권을 주장할 수 있는 지역이 돼야만 하는 것이다. 그간 못살던 아프리카 같은 지역이 하나의 극점으로

## ● 아프리카는 단일 종교 실험실

아프리카 종교 지도

아프리카 대륙에선 1,000개가 넘는 언어가 통용된다. 부족 수는 이보다 많다. 일단 50개가 넘는 국가 개념으로 아프리카를 파악해 볼 수 있다. 지형적으로 크게 사하라 사막을 기준으로 북부와 중남부, 그리고 남아프리카공화국, 이 세 지역으로 구분할 수 있다. 북부 아프리카엔 모로코, 이집트, 리비아, 알제리 등 이슬람 종교를 믿는 국가가 있다. 중동 사람들과 비슷한 아리안족이 많아 '백인 아프리카'라고도 불리는데 나름대로 괜찮게 사는 아프리카라고 생각해도 된다.

중남부 아프리카 쪽엔 에티오피아, 나이지리아, 기니, 콩고, 케냐, 탄자니아, 앙골라, 소말리아, 르완다, 잠비아 등 '흑인 아프리카'가 펼쳐진다. 이곳은 아프리카 비극의 핵심 지역으로 이슬람교와 기독교, 토속신앙이 혼재돼 있다. 가령 나이지리아는 북쪽엔 이슬람교도, 남쪽엔 기독교도 및 아프리카 토속 종교 신봉자들이 혼재돼 있는 것으로 유명하다.

아프리카 대륙 남단엔 바로 '블랙 다이아몬드(남아공의 신흥 흑인 중산층)'의 힘이 날로 커지고 있는 남아프리카공화국(기독교)이 있다.

이처럼 복잡한 아프리카 대륙이지만 '종교' 코드로 음모론을 해석하는 사람들에게는 소중한 표본 집단이 된다. 기독교와 이슬람교, 그리고 토속 종교가 섞여 있는 터라 '단일 종교'에 대한 실험을 할 수 있기 때문이다.

지난 2008년경부터 다수의 아프리카의 무슬림 원로들과 기독교(개신교) 선교사들은 한목소리로 "아프리카 사람들이 돈 때문에 타락하고 있다"는 '믿어지지 않는(?)' 말을 하기도 한다. 지금 소말리아와 에티오피아에선 국민 절반이 하루에 한 끼를 못 먹고, 영양실조로 30초마다 아이 한 명이 죽어가고 있는 마당에 돈 때문에 타락이라니. 아마도 이때 타락은 상대적인 개념일 게다. 너무 순수했기에 돈의 충격에 따른 변화가 더 크게 느껴진다는 뜻인 것 같다.

하지만 나는 아프리카 사람들이 더 많이 타락했으면 좋겠다. '그놈들'이니, 음모론이니, 다극주의니, 정치적 각성이니, 종교 실험실이니 뭐니 하는 것을 다 떠나서 아프리카인들이 더 배불리 먹고, 더 맘 편하게 잠을 잘 수 있었으면 하는 바람이다. 하나님도 마찬가지 생각일지 모르겠다. 반면 '그놈들'은 늘 그랬던 것처럼 이런 신의 뜻을 악용하려고 할 테고.

성장해야만 세계가 하나로 뭉칠 수 있다. 더 이상 9세 소년병이 람보처럼 기관총을 드는 아프리카는 의미가 없다. 지금부터는 아프리카 53개국 10억 명의 사람들이 스스로 하나의 공동체를 구성하고, 몸속에 베리칩을 심는 상황이 필요하다.

특히 아프리카의 통합은 중국 견제라는 용도로도 활용된다. 중국에게 뺏긴 아프리카에 대한 주도권을 다시 빼앗아 오자는 속셈이다. 현재 아프리카에서 중국의 입지는 단연 최상이다. 아프리카인들은 동양인을 보면 서슴없이 "니하오마"를 외친다. 중국 식당도 사람들로 넘쳐난다.

중국은 지난 1950년대부터 비동맹국가운동의 일환으로 아프리카를 지원해 왔고, 2000년을 기점으로 고도성장이 시작되면서 아프리카와 관계가 더욱 돈독해졌다. 1990년 중국과 아프리카 사이의 교역량은 35억 달러에 불과했지만 2000년 110억 달러, 이후 2008년에는 1,000억 달러를 훌쩍 넘으며 급성장했다.

중국은 막대한 차관을 아프리카에 지원하고, 아프리카는 중국 경제에 필요한 석유, 가스 및 광물 자원을 공급한다. 현재 중국은 에너지 수입의 30퍼센트를 아프리카에서 조달한다. 석유 수입액만 떼어놓고 보면 앙골라가 사우디아라비아보다 많다. 수단에서 수출되는 석유의 70퍼센트는 모조리 중국이 가져간다. 중국은 그간 어설픈 인권 조항 같은 단서 없이 무차별적인 경제 원조를 쏟아부었고, 아프리카 각지에 항만과 철도, 도로 등 인프라 정비 사업에 투자했다.

그 결과 아프리카에게 중국은 그 어느 곳보다 가까운 나라가 됐다. 그래서 '그놈들'은 이런 관계를 그냥 두고 볼 수만은 없었던 것이다. 석유뿐 아니라 녹색 자원이 묻혀 있는 아프리카를 중국에 내맡길 순 없다는 말이다.

그런데 아프리카 대륙이 아프리카연합으로 통합되면 '그놈들'로서는 중국 견제에 매우 유리해진다. 가령 탄자니아, 가나, 나이지리아, 우간다 등이 단독으로 중국을 상대하는 것보다 아프리카연합이 나설 때 아프리카는 더 많은 것을 얻을 수 있고, 중국은 더 힘들어지게 된다.

무엇보다 음모론에서 주목하고 있는 것은, 현재 인도가 아프리카 진출에 열을 올리고 있다는 사실이다. 아프리카에 대한 인도의 교역량이 2008년 현재 393억 달러로 중국에 비해서는 절반도 안 되지만 증가 속도는 엄청나다. 특히 인도는 정부 차원에서 접근하는 중국과 달리 개별 기업 차원에서 파고들고 있어 속도 면에서 유리하다.

세계에서 10억 명이 넘는 인구를 자랑하는 두 나라, 중국과 인도가 모두 아프리카에 목을 매고 있다는 사실, 이것만으로도 아프리카는 더 이상 비극의 주인공으로 남지 않으리라는 것을 알 수 있다. 아프리카를 두고 펼쳐지는 중국과 인도의 경쟁은 '그놈들'로서는 다양한 용도로 사용할 수 있는 카드인 셈이다. 아프리카연합만 잘 구슬리면 경우에 따라 남아시아의 24억 명 인구가 한데 엉겨 붙는 전쟁도 만들어낼 수 있다.

## ■■■ 남미 통합과 아메로화의 탄생

아메리카 대륙 다극화의 대표적 특징을 꼽으라면 역시 '통합'이다. 세계 다극화에 따라 남미 대륙의 힘은 커지고 남미 대륙 내부에선 서로 뭉치게 되는 구조다. 또한 '미국-캐나다-멕시코'로 이어지는 북미에선 이제 지역 화폐 체제가 본격적으로 등장하게 된다.

남미 대륙은 현재 브라질과 베네수엘라가 각각 주도권을 행사하려 해 겉으로 통합이 힘들어 보이지만 이 경쟁 체제가 '그놈들'에겐 오히려 호재다. 결국 브라질을 리더로 해 통합시키겠지만 경쟁 구도를 이용해 많은 이권을 빼먹을 수 있기 때문이다.

남미 지역은 아프리카 못지않게 자원의 축복을 받은 곳이다. 석유만 풍부한 중동 지역과 달리 온갖 종류의 자원이 산재해 있다. 자연생태의 보고(寶庫)인 아마존 우림이 있고, 안데스 산맥에는 지금 중국을 비롯한 온갖 국가들이 자원 개발 프로젝트를 위해 속속 합류하고 있다.

무엇보다 기축통화인 달러가 위태로운 상황이라 실물의 힘은 커지고 있고, 당연히 남미 같은 자원 보유국들의 입지는 앞으로 크게 강화될 것이다. 지난 2008년 12월, 중남미 33개국 정상들이 한자리에 모였을 때 브라질의 룰라 대통령도 그랬다. "이제 우린 그 누구에게도 굽실거릴 필요가 없다"고.

음모론으로 보면 남미 같은 자원 보유국들은 어서 빨리 똘똘 뭉쳐야 한다. 그래야 울트라 버블을 가속화하고, 이후 달러의 사망으로 촉발되는 슈퍼 공황 시기에 단결해 위기를 심화시킬 수 있기 때문이다. 그리고 하나의 확실한 극점으로 성장해 세계 단일 정부 수립으로 나아가는 발판이 돼야 한다.

이와 관련해 2012년까지 주목할 이정표는 브라질의 엄청난 약진과 베네수엘라 차베스 정권의 몰락이다. 차베스 대통령이 2012년까지 대통령 임기를 채우느냐를 지켜보는 게 다극화 속 남미 대륙의 운명을 살펴보는 좋은 이정표가 될 것 같다.

베네수엘라는 1930년대에 세계 2위의 석유 생산국이자 세계 1위의 석유 수출국이었고, 1970년대 오일쇼크 시대에는 남미에서 1인당 GDP

가 가장 높은 나라였다. 이후 1980년대 유가 급락에 따른 외채 급증과 신자유주의를 앞세운 '그놈들'의 남미 총공격으로 10년간 처참했지만 1998년 등장한 우고 차베스 대통령으로 인해 상황은 급반전된다.

차베스는 석유 사업 등 주요 이권 사업을 국유화했으며 이를 통해 얻은 수익을 무상 교육, 무상 의료 등에 사용하면서 민중의 지도자로 급부상한다. 그리고 남미 통합에서 사사건건 브라질과 충돌하는 역할을 맡고 있다.

이런 베네수엘라와 브라질 간의 경쟁은 '그놈들'에겐 반가운 일이다. 브라질 주도로 통합을 완성하는 것보다 베네수엘라가 걸림돌이 되면서 발목을 잡아야 사람들이 통합에 대해 강렬한 소망을 갖게 되기 때문이다. 그리고 어느 한순간 차베스가 사라지게 되면 대중은 앓던 이가 빠진 것처럼 시원함을 느끼게 되고, 결국 브라질 위주의 통합은 더 쉽게 완성된다.

분명 국제 유가는 2012년경엔 배럴당 150달러를 넘을 것이고, 베네수엘라는 다시 힘을 낼 수 있다. 그렇지만 차베스 정권이 과연 이때까지 버틸 수 있느냐는 아직 미지수다. 혹시 차베스가 2012년 이전 신변에 이상이 생길 경우 브라질 위주의 남미 통합은 빠른 행보로 진행될 것이 분명하다.

세계 다극화 프로젝트에서 브라질은 큰 변수가 없는 국가이다. 브라질은 가용 석유 매장량 기준으로 5위 안에 들고, 우라늄 매장량은 10위권에 속하며, 보유 자원의 종 다양성으로는 1위를 차지하는 자원 대국이다. 브라질은 이미 2014년 브라질 월드컵과 2016년 리우데자네이루 올림픽까지 거머쥐면서 '그놈들'에게 확실한 보장을 받았다. 이때 보장의 의미는 역설적으로 종속의 의미와 동일하다. '그놈들'이 맘대로 전용할 수 있기에 브라질에게 축복(?)을 내려준다는 이야기다.

이미 브라질은 더 이상 자국의 자원을 맘대로 행사하지 못하는 국가가 됐다. 브라질에서도 이제 세계적인 '물티라티나(중남미계 다국적 기업)'가 속속 탄생하고 있기 때문이다. 이는 결국 브라질이 헤알화 환율에 발목을 잡혔다는 뜻이고, '그놈들'의 음모에 걸려들었다는 이야기다. 가령 앞으로 울트라 버블 기간에 자원 가격이 급등하면 브라질 기업 주식을 사려는 자금과 투기 자본이 몰려들어 헤알화 가치는 폭등하고, 이런 헤알화의 절상은 브라질 경제를 압박할 것이다.

현재 브라질 정부 차원에서 외환 투기 자본에 세금을 매긴다고 하지만 이런 메커니즘을 원천적으로 막아낼 수 없어 늘 전전긍긍해야 한다.

### ● IBSA와 중국의 관계를 주목하라

세계 다극화와 관련해 'IBSA'라는 조직을 기억하고 있어야 한다. 지난 2003년 출범된 IBSA(인도-브라질-남아프리카공화국 정상 대화 포럼)는 브라질, 인도, 남아프리카공화국이 만든 세계 포럼인데 딱히 이렇다 할 목표는 없다. 통상 문제도 다루고 국제 안보나 국제기구 개혁 등 다양한 이슈에 접근하기는 하지만 아직까지 뚜렷한 성과는 없다. 인도네시아를 IBSA의 신규 회원국으로 포섭하려는 움직임이 있는 정도가 전부다.

하지만 이 조직은 끝까지 관찰할 필요가 있다. 바로 남미 공동체의 리더 브라질, 아프리카연합의 리더 남아프리카공화국, 그리고 중국 턱밑에 붙어 있는 인도 등 '삼각편대'가 중국 압박용 카드로 활용될 수 있기 때문이다.

중국은 2009년 현재 브라질의 최대 교역국이다. 브라질은 미국보다 중국에 더 많이 수출한다. 철광석과 콩 등 농산물 수출품이 수류를 이루고 있으며 중국은 아예 브

또한 브라질은 그 많은 보유 자원에도 불구하고 유독 '금'과는 인연이 없다. 이 때문에 브라질은 마지막까지 달러 편에 설 것이고 그 결과 막대한 천연자원을 가지고서도 늘 '그놈들'에게 끌려다닐 수밖에 없다.

브라질은 중국 견제의 임무도 부여받았다. 브라질의 자원은 중국의 숨통을 죄는 역할을 할 것이다. '그놈들' 입장에서 중국은 패권국이 되기 전까지 많은 상처를 입어야 한다. 그래야만 그 상처를 통해 '그놈들'이 기생할 수 있을 테니 말이다.

하지만 이런 남미 통합에서 '마약 국가' 콜롬비아는 제외될 가능성이 크다. 다극화에도 불구하고 '그놈들'은 콜롬비아만큼은 하나의 섬처럼 따로 떼어놓을 것이라는 말이다.

라질로부터 1억 달러 규모 이상의 쇠고기, 닭고기, 돼지고기를 직수입하고 있다. 바꿔 말하면 브라질이 식량을 볼모로 중국의 숨통을 죌 수도 있다는 이야기다. 남아프리카공화국도 마찬가지다. 중국이 현재 희토류를 놓고 '자원 무기화' 운운하는 데는 아프리카의 힘이 크다. 또한 중국의 석유 수입은 아프리카를 빼놓고는 생각할 수 없다.

그런데 만약 남아프리카공화국이 아프리카연합의 리더가 돼 사사건건 중국에게 태클을 건다면? 이뿐만이 아니다. IBSA 국가인 인도는 지금 중국과 전쟁이 일어나도 하등 이상할 게 없을 정도로 긴장이 팽팽하다.

이런 상황에서 브라질, 남아프리카공화국, 인도가 뭉쳐 자유무역협정을 체결하기라도 한다면 중국은 크게 위축될 수밖에 없다. 최근 브라질과 중국이 달러를 배제하고 위안화나 헤알화로 무역 거래를 한다고 해서 영원히 서로 아껴주고 보듬어준다는 뜻은 절대 아니다. 브라질이 남미의 대표가 됐을 때, 남아프리카공화국이 아프리카를 이끌고 단체행동을 할 때, 이들과 중국의 관계는 또 어떻게 바뀔지 모른다.

음모론에선 '그놈들'이 콜롬비아를 이용해 마약 장사를 한다는 게 정설로 받아들여지고 있다. 마약 사업은 돈세탁에도 유용하지만 정신세계를 장악하는 데도 필요한 도구로, 도박과 함께 '그놈들'이 반드시 챙기는 비즈니스다.

이뿐만이 아니다. 콜롬비아는 지리적 가치도 매우 높다. 아마존 지역과 맞붙어 있으며 베네수엘라와 국경을 마주하고 있다. 콜롬비아는 남미 대륙에서 카리브와 태평양 양쪽 바다에 접해 있는 유일한 나라로 향후 남미 대륙의 천연자원이 수출되는 요지라는 의미도 갖는다.

가령 브라질 아마존 지역의 인프라 통합 프로젝트가 완성될 경우 이곳의 자원이 태평양 쪽으로 수출될 때 반드시 콜롬비아 항구를 거쳐야 한다.

그래서 '그놈들'은 콜롬비아만 잡으면 브라질과 중국을 함께 컨트롤할 수 있는 위치에 설 수 있다.

음모론에서는 또한 볼리비아도 베네수엘라 못지않은 관심 대상이다. 체 게바라가 처형됐던 이곳에는 녹색 자원인 리튬이 집중 매장돼 있기 때문이다. 세계 매장량의 50퍼센트가 있다고 해도 과언이 아니다. 리튬은 2차 전지 중 가장 효과 높은 리튬전지의 원료로 희토류 광물 못지않은 녹색 자원으로, 볼리비아와 함께 칠레, 중국, 3개국이 독점하고 있다.

이런 상황에서 모든 자원 개발 사업을 국유화하려는 인디언 출신 '볼리비아의 체 게바라' 에보 모랄레스 볼리비아 대통령은 절대 어울리지 않는다. 최악의 경우 암살 시나리오도 가능하다고 볼 수 있겠다.

세계 다극화에서 북미는 크게 언급할 필요가 없을 것 같다. '미국-캐나다-멕시코'는 이미 한 개의 국가나 다름없고 '세계 중산층' 관점에서도 미국에 석유를 공급하는 멕시코가 좀더 잘살 필요는 있지만 이미 경제적 풍요를 경험한 바 있다. 다만 이곳의 지역 화폐인 '아메로'의 등장 과정에 대해서는 짚고 넘어갈 필요가 있다.

아메로화의 등장 시나리오에 대해선 크게 두 가지 방향을 생각해 볼 수 있다. 첫째는 울트라 버블이 진행 중일 2012년경 일단 아메로를 먼저 출현시킨 후 달러를 붕괴시키는 방법이고, 두 번째는 달러를 먼저 죽이고 아메로를 등장시키는 전술이다. 나는 전자 쪽에 무게를 둔다.

즉, 울트라 버블 이후 어느 순간 미국 내 월마트에서 '메이드 인 차이나' 제품 가격이 네 배로 뛰고, 식료품 가격이 폭등하면서 하이퍼 인플레이션 초기 국면이 나타날 때 정부에서 "해법은 지역 통합 화폐밖에 없다"면서 자원의 힘으로 버티는 캐나다 달러와 인건비가 싼 멕시코 페소화와 통합을 독려한다.

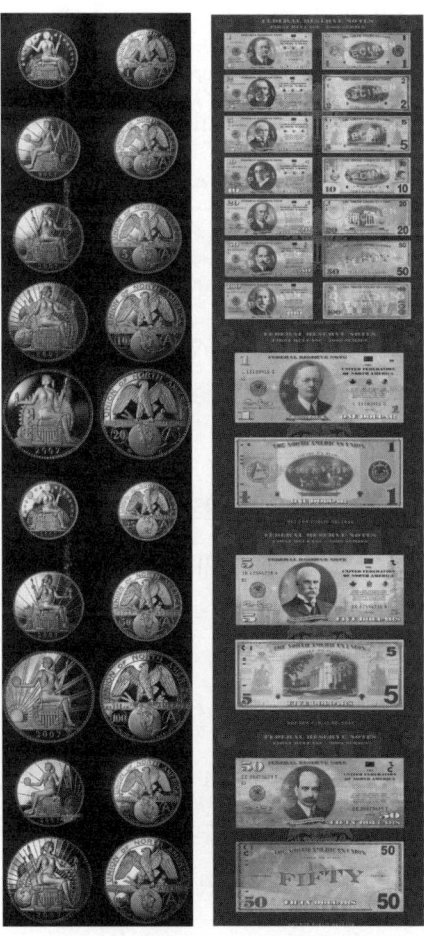

시중에 나돌고 있는 아메로화 견본

미국인들은 처음에는 100달러 지폐가 20달러도 안 되는 가치로 떨어지는 데 충격을 받겠지만 결국 아메로화를 받아들이게 될 것이다. 또한 이후 상황이 더 악화되어 미국이 모라토리엄을 선언하면서 달러는 이 세상에서 완전히 자취를 감추게 될 것이다.

그러나 그렇다고 아메로화가 변방의 통화로 전락한다는 이야기는 아니다. 슈퍼 공황의 초반기는 '기축통화 아노미' 상태가 이어질 것이지만 이 상황은 곧 수습되고 기존 SDR 형식—4~5개의 지역 공동체 대표 통화가 합쳐진 형식—의 새로운 기축통화가 나오게 될 것이기 때문이다. 이때 아메로화는 굳건하게 한자리를 차지하게 될 것이다.

2009년 이후 미국 월가에선 "10년 후 페라리를 타고 다닐 사람은 은행가가 아니라 농부"라는 말이 공공연하게 돌고 있다. "결국 달러는 망하게 될 것"이라는 암묵적 표현이라고 볼 수 있다. 이미 미국 외에 다른 곳에 살 집을 마련하고, 금괴를 모으고, 농장을 확보하는 조짐도 보인다.

한편, 우스갯소리로 들릴지 몰라도 나는 미국 부도의 중요한 조짐으로 '연방소득세 50퍼센트'와 '총기 소유 금지' 법령을 꼽는다. 정말 미국이 부도를 낸다면 총을 소유하고 있는 수많은 사람들이 폭도로 변할 것이기 때문이다.

그래서 '그놈들'은 그 전에 건강보험을 통해 미국인들을 정교하게 통제하고, 한 걸음 더 나아가 패권 시민 미국인들로부터 총만큼은 확실하게 빼앗아야만 한다. 따라서 혹시 미국에서 이렇게 세금과 총기에 대한 뉴스가 자주 등장한다면 긴장할 필요가 있다.

## 브라질보다 아프리카, 중국 대신 인도

결국 다극화를 활용해 음모론 투자를 하는 방법은 각 극점에 대해 투자하는 것이 된다. 단순하게 말하면 아프리카펀드, 브라질펀드, 인도펀드에 가입하거나 미국에 있는 자산(부동산 포함)을 처분하는 정도가 될 것이다. 또한 다극화가 울트라 버블의 크기를 키우는 한 요소라는 관점에서 볼 때 자원 보유국에 대한 투자를 늘리는 것도 한 대응 방법이 된다.

하지만 이와 관련해선 고려해야 할 점이 있다. 가령 브라질펀드에 가입하기보다는 아프리카펀드를 선순위에 두고, 자원 보유국 투자라고 할지라도 러시아펀드보다는 인도네시아펀드, 카자흐스탄펀드 등에 투자하는 것이 더 효과적이다. 왜냐하면 브라질이나 러시아 같은 국가들은 '그놈들'에게 달러 값을 조작하는 수단으로 이용될 수 있기 때문이다.

브라질을 예로 들어보자. 브라질은 그야말로 탄탄대로다. 하지만 브라질은 '그놈들'에게 낙점을 받은 대신 뭔가를 희생해야만 한다. 그것은 바로 '달러 강세 눈속임' 또는 '미국 국채 매입국' 역할이다. 지금 세계 투자 자금은 브라질로 물밀듯 들어가고 있다. 이 경우 브라질 헤알화로 환전해야 하기 때문에 '헤알화 수요 증대-헤알화 가치 상승'의 결과가 나오는데 브라질 정부로서는 이를 막아야 한다.

따라서 브라질 정부는 헤알화 강세를 막으려고 달러를 사줘야 하고 이는 달러가 붕괴되는 과정에서 일반인들에게 달러 값이 떨어지지 않는다는 착시 효과를 줄 수 있는 것이다.

실제로 이런 과정은 현실화되고 있다. 2010년 1월 브라질의 외환보유액은 2,390억 5,400만 달러, 외채는 2,025억 500만 달러로 보유 외환이 외채보다 365억 4,900만 달러나 많다. 2008년만 하더라도 2,068억 달러 정도였던 외환보유고가 322억 달러 이상이나 급증한 것이다. 왜 이런 현상이 나타났을까? 바로 브라질 헤알화의 지나친 가치 상승을 막기 위해 정부가 달러화를 지속적으로 매입했기 때문이다. '휴지 조각'인 달러를 받아 알짜배기 실물 자산을 내주는 것도 아까운데 아이러니하게도 브라질은 자원을 판 돈으로 다시 '휴지 조각'인 달러를 사주는 상황이 연출된 것이다.

이는 결국 울트라 버블 기간 동안에도 달러 가치가 급하게 떨어지지 않는 효과를 주게 된다. 바로 이 때문에 브라질 증시는 향후 폭등할 확률이 매우 낮다. 가령 브라질 증시가 급등하면 일부 해외 일반 자금이 차익 실현을 할 테고, 그럴 경우 헤알화 가치가 떨어져 앞서 설명한 '달러 사주기'의 필요성이 떨어진다.

그래서 '그놈들'은 의도적으로 브라질 증시 상승폭은 줄여놓고 대신 헤알화 가치가 향후 오를 것이라고 떠벌리면서 브라질로 들어온 자금을 끝까지 머물도록 하는 수법을 구사할 것이다.

러시아 투자도 마찬가지다. 러시아도 분명 자원 대국이지만 루블화의 가치 변동에 아주 민감한 곳이다. 따라서 막상 울트라 버블 시기에 '그놈들'의 달러가 러시아로 유입되면 정부는 루블화의 가치 상승을 막기 위해서 역으로 달러를 사줘야만 한다.

또한 러시아 증시가 급등할 경우 러시아에 혼나 본 경험이 있는 일반인들은 바로 자금을 회수할 텐데 이것은 '그놈들'이 원하는 게 아니다. 따라서 러시아 증시는 '그놈들'의 관리 아래 오를 듯 오를 듯 애간장을 태우면서 울트라 버블 마지막 자락까지 이어갈 가능성이 높다.

이 때문에 이런 눈속임 역할에서 자유로운 아프리카에 투자하는 것이 더 긍정적이다. 또한 인도네시아처럼 정부가 환율 시장에 개입을 해도 그 규모가 미약해 달러 가치 자체에 별 도움이 안 되는 곳도 좋다. 물론 남아프리카공화국의 경우 란드화의 가치 절상이 문제가 된다고 하지만 '그놈들'은 아프리카를 달러 수명 연장용으로 활용하기보다는 아프리카가 어서 빨리 성장하길 원한다.

혹시 2010년 남아프리카공화국 월드컵 이후 재정 적자가 커져 남아프리카공화국의 경제가 위태로울 수 있다는 가설을 세워볼 수도 있다. 하지만 이렇게 되면 아프리카는 고스란히 중국에 빼앗기게 된다. 따라서 월드컵이 끝나고 바로 경제가 피폐해지는 상황을 생각하긴 힘들다.

한편, 다극화에서 인도를 결코 빼놓을 수 없다. 음모론 투자에서 인도의 역할은 정말 분명하기 때문이다. 지금 중국과 인도에 대한 투자를 놓고 고민하고 있다면 그 선택은 당연히 인도가 되어야 한다. 중국과 인도 두 나라는 세계 인구의 절반 이상을 차지하고 있다. 중국은 동아시아의 패권국으로, 인도는 남아시아의 패권국으로 자리 매겨지고 있는데 결과적으로 이 두 국가는 슈퍼 공황 시기에 한판 붙을 수밖에 없다.

물론 현재 인도는 중국보다 뒤처진다. 유엔 안전보장이사회 상임이사국인 중국에 비해 인도는 비상임이사국 지위도 확보하지 못하고 있다. 경제 규모로 볼 때도 중국은 빅3에 들지만 인도는 2008년 말 현재 아직 10위 안에도 확실하게 들지 못한다.

하지만 중요한 건 두 국가 사이에 내재된 갈등과 증오다. 1947년 인도가 영국의 통치에서 벗어나 주권국으로 홀로 선 이후 중국은 인도인들 사이에서 파키스탄과 함께 가장 보편적인 '공공의 적'이 됐다. 중국도 마찬가지다. 중국 인민군 사이에선 '우리의 주적(主敵)은 인도'라는 생각이 지배적이다. 1962년엔 영토 분쟁으로 한판 붙은 적도 있다. 한국 면적보다 넓은 카슈미르 지방과 티베트는 대표적인 분쟁 지역이고, 이 밖에 인도와 중국의 접경 지역에는 국경수비대원끼리 충돌이 벌어질 만한 곳이 널려 있다.

하지만 '그놈들'은 당분간 중국과 인도의 분쟁을 심화시키지는 않을 것이다. 무엇보다 인도가 빨리 크는 것이 중요하다. 인도가 어서 빨리 성장해 우군을 확보해야 하며, 국제 외교 무대에서도 목소리를 높일 수 있어야 한다.

게다가 중국에는 아직 금융시장 개방이라는 변수가 남아 있다. '그놈들'은 현재 준(準)고정환율제 속에 위안화를 지속적으로 고평가 상태로 만든 후 달러가 사망하는 시기에 맞춰 마지막 한 차례 강한 공격으로 침몰시키고, 혼란기를 틈타 거기에 기생할 것이다.

이처럼 '그놈들'은 어떤 식으로든 중국을 길들이는 데 초점을 맞추고 있다. 그래서 울트라 버블 기간에는 음모론 투자가 중국보다 인도에 집중돼야 한다.

# 04: 향후 3년간 '축복' 받은 대한민국은 계속된다

한국은 다극화 과정에서 '그놈들'이 가장 노골적으로 자신들의 의도를 현실화시키고 있는 곳이다. 조금 성급하게 말하면 음모론 투자에서 대한민국은 울트라 버블 기간에 가장 많은 수혜를 받게 될 것이다. 인도와 함께 세계 단일 정부 수립 마무리 단계인 다극화에서 '골치 아픈' 아시아 지역 통합을 위해 인도와 함께 맡은 역할이 확실하기 때문이다. 인도의 임무가 중국을 견제하는 것이라면 한국은 극동아시아의 융화제 같은 역할을 수행해야 한다.

울트라 버블 시기에 펼쳐지는 다극화 과정에서 '아세안(동남아국가연합)+한·중·일+러시아+인도+호주'로 요약되는 아시아 대륙의 경제는 '유럽연합+아프리카연합+중동연합'과 비슷한 수준으로 올라설 것으로 본다.

객관적으로 보아도 어렵지 않다. 세계 2위와 3위, 13위의 경제 규모를 갖춘 한·중·일 세 나라만 제대로 힘을 모아도 그 어디 내놔도 뒤처지지 않는 파워다.

그런데 문제가 있다. 머릿속 깊이, 그리고 유전자 속에 존재하는 서로에 대한 적대감이다. 수백 년간 지속돼 왔던 악연이다. 그래서 '그놈들' 입장에선 지금부터 이 악연의 고리를 끊어놓을 필요가 있다. 한국인은 일본인을 사랑해야 하고, 차세대 패권국 중국인은 인구가 채 1억 명도 안 되는 한국인에게 말로는 딱히 표현할 수 없는 콤플렉스를 느껴줘야 한다. 그리고 한국인에게는 '지금부터는 미국이 아니라 중국'이라는 새로운 사대주의를 심어놓아야 한다.

바로 이런 목표를 구현하기 위해서는 힘도, 돈도 아닌 문화라는 치료법이 가장 효과적이다. 문화를 통해 섞어놓아야 한다. 그래서 '그놈들'은 대한민국에게 문화를 책임지는 얼굴마담 역할을 부여했다. 그 역할을 하기 위해선 옷도 잘 입고, 노래도 잘하고, 운동도 잘하고, 매력이 넘쳐야 한다. 그래서 한국은 다극화 프로젝트 기간 중 가장 세련될 수밖에 없는 운명이 될 것이다.

특히 2012년 울트라 버블 기간까지 대한민국은 통일이 가시화될 것이다. 최소한 북한의 무력 침공 확률은 0으로 떨어질 것이다. 우리는 눈치챘어야 했다. 깜도 안 되는 오바마가 2009년 노벨 평화상을 받았을 때 그것이 실은 북한 문제 해결을 조건으로 '그놈들'에게 미리 당겨서 받은 것이라는 사실을(오바마에게 섣불리 전쟁하지 말라는 경고이기도 하다).

또 80세가 넘은 미국 전 국무장관 헨리 키신저 할아버지가 2009년 말 뜬금없이 등장해 북한 문제에 대해 설친 것도 "때가 왔다"는 신호다. 물론 이때 통일은 과거 서독과 동독의 통일 형식은 아니다. '통일'이 아니라 '통합'이나 '공존'이라고 할 수 있다.

한편, 다극화 구도에선 일본과 러시아(또는 호주)도 각각의 역할이 있다. 일본은 강해진 엔화를 갖고 아시아 곳곳에 침투해야 한다. 또한 자국의 극심한 재정 적자로 인해 막판에는 미국 국채 신규 매입을 중단해 달러 사망에도 일조하게 된다.

따라서 앞으로 2010년 초 '도요타 때리기'와 같은 이벤트가 자주 등장해 표면상으로 미국과 일본의 대립 각이 세워지는 현상이 자주 등장할 것이다.

반면 러시아와 호주는 중국이 패권을 잡은 이후 '그놈들'의 실질적인 은신처로 활용된다. 이를 위해 이 지역으로의 자연스러운 자본 이동을 유도해야 한다.

## '북한주식회사'를 둘러싼 역학

조금 성급하게 말하면 2012년 이전 북한의 김일성-김정일 세습 체제가 종결될 수도 있다. 최소한 북핵 문제는 한반도에서 깔끔하게 정리될 것으로 본다. 또한 북한에 새롭게 등장할 집권 세력은 북한을 다국적 '북한주식회사'로 만들어버릴 가능성이 높다고 통찰해 본다.

이명박 정부가 남북 문제 해결에 대해 입만 벌리면 강조하는 '그랜드 바겐(Grand Bargain : 일괄 타결 합의 방식)'은 이런 확신에 힘을 더해 준다.

가령 주위의 대북 문제 전문가들에게 그랜드 바겐에 대해 한번 물어보라. 다들 "순진무구한 발상" 또는 "뭣도 모르고 떠드는 이야기"라고 폄하한다. 북한이 핵만 폐기하면 해줄 건 다 해주면서 경제 문제, 이산가족 문제, 금강산 관광 문제, 개성공단 문제, 서해안 북방한계선 문제 등을 일괄 타결 짓겠다는 발상 자체가 무모하다는 것이다. 북한에게 핵은 처음이자 마지막인데 이 하나만 놓고 모든 협상을 건다는 자체가 아마추어 같다는 지적이다.

그러나 역설적으로 결국 '그랜드 바겐'이 통할 것이라고 봐야 한다. 웬만한 대학생이 들어도 비웃을 정책을 짜증날 만큼 밀어붙이고 있다면 뭔가 승산이 있을 것이라는 확증을 가졌다는 뜻이기도 하다.

북한 김정일 국방위원장의 후계자로 뜬금없이 김 위원장의 셋째 아들 김정은이 등장했을 때 우리는 깨달았어야 한다. 마이클 조던을 영웅처럼 떠받드는 20대 중반 젊은이가 향후 북한을 이끌 지도자로 발표됐다는 사실 자체로 김 씨 집안의 독재 체제는 종결됐다는 것을 말이다. 김정일의 생사에 관한 문제가 의문점으로 남아 있을 정도인데 '김일성-김정일-김정은' 3대 세습은 말도 안 되는 이야기고, 특히 김정은 대권론은 그야말로 한 편의 코미디다. 오히려 북한은 김 씨 일가의 세습보다는 김정일의 매제인 장성택 행정부장과 장성택 라인인 오극렬 국방위원회 부위원장을 위시한 군부의 집단지도체제로 유지될 가능성이 높다. 특히, 2010년 6월 초 김정은의 최측근이자 후계 세습에 힘써왔던 리제강 노동당 조직지도부 제1부부장이 의문의 교통사고로 사망하면서 장성택 라인의 파워는 더 강해졌다.

2009년 말 이뤄진 화폐개혁은 북한의 변화가 임박했다는 것을 우회적으로 알려주는 사건이다. 북한은 지하경제 규모가 지상경제보다 다섯 배 이상 큰 곳이다. 그런데 느닷없이 화폐개혁이 이뤄지면서 일반 경제는 말할 것도 없고 지하경제는 완전히 폭탄을 맞아버렸다. 구화폐를 신화폐로 바꾸는 과정에서 지하경제의 돈은 위험을 무릅쓰고 세상으로 나오거나 아니면 그냥 지하에 묻힐 수밖에 없기 때문이다.

결과적으로 현재 북한 경제는 전 세계에서 가장 '투명(?)'한 곳이 됐다. 특히 화폐개혁은 레임덕 정권에선 감히 상상도 못 할 초대형 이벤트다. 그렇다면 김정일 다음에 등장할 새로운 세력은 화폐개혁을 밀어붙일 정도로 이미 새로운 북한을 만들어가는 기초를 확립했다고 해석해야 한다.

이뿐만이 아니다. 북한의 화폐개혁이 성공하지 못하고 실패할 경우 이것은 더 큰 호재가 된다. 화폐개혁으로 인해 북한 사회에 각종 폐단이 발생하고, 북한이 혼자 힘으로 이 문제를 해결하지 못할 경우 자연스럽게 미국이나 중국, 기타 다른 국가의 도움(자본)을 요청해야 할 상황에 처하기 때문이다. 그야말로 북핵 리스크가 급감한다는 신호로 받아들여도 좋다.

1948년 지구상엔 세 나라 정부가 새롭게 탄생됐다. 대한민국과 조선인민공화국, 그리고 이스라엘이다. 그런데 이것을 결정했던 주체—그것이 세계 패권 금융이든, 네오콘이든, 프리메이슨이든—는 이제 북한을 적극 활용하려 한다. 아예 오바마에게 노벨 평화상을 주고는 "북한 문제는 노벨 평화상 수상자답게 해결하라"는 짐도 지워버렸다.

이것은 북한에게도 부담이다. 오바마의 노벨 평화상 수상은 북한에게 "어떤 식으로 까불든 우린 미국의 오바마를 끝까지 지지할 것"이라는 '그놈들'의 암묵적인 선포이기 때문이다. 따라서 오바마의 첫 번째 임기가 종료되는 2012년까지 북한 문제는 가시적 성과가 나올 수밖에 없다.

그러나 '통일'이라는 단어는 쉽게 꺼낼 수 없을 것 같다. 물론 나는 누구보다도 통일을 간절히 희망한다. 하지만 대한민국이 주도권을 잡고 북한을 접수하는 통일은 그리 만만한 일이 아니다. 가령 지금 당장 국민들에게 "1년간 번 소득의 절반을 북한 지원 기금으로 사용하자"는 안건을 국민투표에 부친다고 해보자. 결과는 장담할 수 없다.

향후 30년간 북한의 소득을 남한의 70~80퍼센트까지 끌어올린다고 가정해 봤을 때 통일 비용은 최대 6,000조 원까지 추산된다. 코스피 시가총액의 여섯 배나 되는 규모로, 대한민국 상장기업을 다 팔아도 겨우 6분의 1 정도만 충당할 수 있을 뿐이다. 어쩌면 이런 현실적인 문제 앞에 우리 국민들은 내부 분열에 빠질지도 모른다.

그래서 가장 가능성 높은 시나리오는 김정일 정권 이후 북한이 6자 회담 당사국들이 공동 출자하는 북한주식회사로 성장하는 것이다. 단적으로 5~6개 국가들이 300조씩 투자해 지분을 나눠 갖는 형식이다. 이것은 중국 견제 측면에서도 의미가 있다.

현재 북한의 정치 세력은 중국파로만 가득 차 있다. 구소련파들이 완전 축출된 지 오래다. 따라서 북한을 군부 세력에게 내어줄 경우 그대로 중국에 편입될 수밖에 없고, 세계 열강은 이를 막기 위해서라도 '북한주식회사'에 힘을 보탤 것이다. 중국도 반발은 하지 못할 것이다. 그간 북한에 많은 원조를 해왔던 중국도 2008년 말 이후 힘들어하는 모습이 역력하다.

재미있는 건 2009년 이후 한반도 통일 비용을 계산해 내는 연구소들이 하나같이 "미국과 세계은행 같은 국제기구가 나서서 한반도 통일 비용을 주달해야 한다" "북한 붕괴 시 6자회담 당사국들이 자본을 투자해 최악의 사태를 막아야 한다"는 공통된 결론을 내린다는 것이다. 이는 '한국 혼자서는 안 돼!'라고 통일에 대한 자신감을 잃어버리게 만들려는 수작이다.

어쩌면 우리는 이들에게 세뇌당할지도 모른다. 인간이란 게 묘해서 눈물을 흘리면서 〈우리의 소원은 통일〉을 부르다가도 북한 주민 1만 명 정도가 서울역에서 떼로 노숙을 한다고 하면 바로 입에서 비난의 목소리가 나온다. 더 안타까운 건 내 돈이 걸리면 그 증오의 강도는 더 심해진다는 사실이다.

## ■■■
## 북한 재테크=통일 재테크

앞에서 우리는 다극화 관점에서 볼 때 2012년까지 대한민국은 엄청나게 발전한다고 통찰했다. 따라서 아주 단적으로 이런 음모론 통찰을 활용한다면 지금 한국을 떠나 외국으로 이민을 가거나 유학 가는 것을 자제할 수도 있을 것이다. 또한 미국에 살고 있는 친척을 한국으로 불러들일 타이밍이기도 하다.

그런데 이런 대한민국이 받게 될 축복 중 가장 핵심적인 요소 하나만을 꼽으라면 그것은 바로 북한 이슈가 될 것이다. 향후 북한이 맞게 될 긍정적인 변화는 결국 한국의 정치·경제 상황을 더 긍정적으로 이끌어 줄 것이기 때문이다.

북한은 기회의 땅이다. 지하자원의 보고이기도 하다. 그간 50년 넘게 고립돼 있었지만 웬만한 학자들은 북한의 지하자원에 대한 잠재성을 높게 평가하고 있다. 대표적인 것이 바로 우라늄이다. 아예 희토류까지 묻혀 있다는 이야기도 있다.

만약 자금의 여유가 있어 땅을 사려고 한다면 나는 지체 없이 파주를 권한다. 강남 인접성이라는 장점 때문에 분당에 아파트를 사려고 한다면 오히려 일산 아파트 쪽을 권하고 싶다.

특히 음모론자라면 '대북 관련주'는 무조건 보유하고 있어야 한다. 본래 테마주 투자란 3개월 마다로 매수-매도를 마무리 지어야 하지만 2012년까지 2년 정도 기간을 두고 테마주에 투자해 보려고 한다면 대북 관련주만 한 것이 없다.

이게 싫다면 그냥 삼성전자나 포스코, 현대중공업 등과 같은 국내 증시의 블루칩을 들고 있어도 된다. 그간 코스피의 대형주들의 주가는 북한 리스크 때문에 상당한 저평가를 받아왔다.

만약 북핵 문제가 말끔히 해결됐다는 뉴스가 나온다면 그 자리에서 20~30퍼센트는 급등할 것이다. 아니, 코스피 자체가 최소 2,000포인트를 훌쩍 뛰어넘을 수 있다.

앞서 말한 '북한주식회사'가 현실화된다면 북한 테마로 투자한 사람들은 단기간 굉장한 수익을 올릴 수 있다. 굳이 '통일'이 아니라도 말이다. 그러나 한 가지 반드시 명심할 사안도 있다. 한민족 스스로 자주적인 통일을 이뤄내지 못한다면 이것은 향후 엄청난 재앙의 씨앗이 될 것이라는 사실이다.

또한 이번에 찾아올 북한의 급격한 변화는 한민족에게 자주적인 통일을 이뤄낼 마지막 기회라는 점도 염두에 두어야 한다. 그래서 우리는 반드시 꼭 북한을 지켜내야 한다. 굳이 돈 때문에 그렇다면 망설일 필요 없다. '북한 재테크'의 '통일 재테크'는 실내도 다른 것이 아니기 때문이다.

단기적으론 대북 관련주에 투자해 따라붙으면서도 돈을 벌고 결정적인 순간에는 '북한주식회사'가 아니라 '자주적 통일'을 선택하면 된다. 국민투표를 통해 '북한을 책임지겠다'고 결정하는 것이다. 내 재산의 절반을 떼어내 북한 주민에게 나눠준다고 해도, 장기적으로 볼 때 북한에 존재하는 자원만으로도 녹색 에너지 시대에 우리는 떵떵거리면서 살 수 있으니까 말이다.

지금부터 마음을 단단히 먹자. 대북 관련주를 갖고 단타를 치면서도 마음 깊숙이 이런 '장기 투자'에 대한 각오를 되새기자. 누군가 "남북통일을 하려면 엄청난 비용을 각오해야 할 거야"라든가 "독일을 봐. 독일이 저런데, 한국 너희는 어떻게 되겠어?" 등과 같은 식으로 우리를 겁주려고 한다면 오히려 우리는 "좋아, 북한은 결국 우리가 책임져야 한다"는 다짐으로 승화시켜야 한다. 이래야 우리 대한민국이 더 중요한 의미를 갖는 존재로 거듭날 수 있다.

그러고 보면 '통일'과 관련해선 위선적이고 가식적인 민족 감정보다 냉철한 투자 마인드가 훨씬 도움이 되는 것도 같다. 그렇다. 북한 같은 '대박 알짜주'에는 내 재산의 절반 정도는 아낌없이 투자해 줘야 제격이다.

## ■■■ 넛크래커에서 넛메이커로

그렇다면 '그놈들'은 지난 1948년엔 한민족을 둘로 나누더니 왜 이제 다시 그 틀을 풀어주는 것일까? 바로 다극화 시대에서 한반도의 역할이 바뀌었기 때문이다. 과거엔 '말썽꾸러기' 북한과 '일촉즉발'의 한

반도가 요긴하게 이용됐지만 이제는 북한의 '환골탈태'가 더 유용한 것이다.

무엇보다 지금부터 대한민국은 새로운 임무를 받았다. 아시아 공동체 수립 과정에서 중국이 리더가 되고, 일본은 화폐(통화)를 맡고, 동남아시아는 자원과 노동을 대고, 러시아는 '그놈들'의 거주지가 된다면, 대한민국은 이 모든 것을 연결하는 융화제 같은 역할을 해야 한다.

그런데 이 역할을 위해선 한국은 누구보다 멋져 보여야만 한다. 원래 얼굴마담이란 게 그렇다. 본질과 상관없이 외형적으로 세련돼 보이고, 모든 사람들로부터 호감을 사야 한다. 그래서 굳이 한류를 예로 들지 않더라도 한국의 문화는 앞으로 더 힘을 얻어 아시아 전역을 휩쓸 것이며, 일본의 기술력과 중국의 소비력을 이어주는 교두보가 될 것이다.

향후 최소한 2012년까지는 생각지도 않은 각종 행운이 대한민국에 찾아올 것이다. 가령 '북한주식회사론' 역시 단기적으로 그 직간접적인 혜택은 모두 대한민국의 것이 된다. 북한에서 핵이 완전히 해결됐다는 뉴스만 나와도 국내 증시에서 삼성전자나 포스코 같은 종목은 최소한 20퍼센트 이상 급등하고, 코스피도 2,000포인트를 훌쩍 뛰어넘을 수 있다.

과거에 일본에는 기술 경쟁력으로 밀리고, 중국에는 가격 경쟁력에서 밀려 마치 '넛크래커(Nutcracker : 호두 까는 기구)' 상황에 빠졌던 한국이 2012년 울트라 버블 시기엔 이곳에 탄탄한 공동체(Nut)를 만드는 '넛메이커'로 거듭날 것이다.

# 05: 일본과 러시아의 향방을 읽어라

이처럼 다극화 프로젝트 중 아시아·중국에서는 '그놈들'이 기생하는 다양한 이벤트가 펼쳐지고, 인도·한국의 약진이 뚜렷해진다면 이제 일본과 러시아의 행보가 사뭇 궁금해진다. 분명 일본은 1990년대 이후 '그놈들'의 윤허(?) 아래 엔화 강세에서 엔화 약세로 돌아섰고, 결국 엄청난 무역수지 흑자를 냈다.

그런데 신기한 건 이때 일본이 벌어들인 돈이 어디로 갔는지 모른다는 사실이다. 분명 이 돈을 잘만 굴렸으면 일본은 1980년대 후반의 영광을 재현할 수도 있었을 것이다. 도대체 일본은 그 많은 돈을 어디에 두고 20년의 장기 불황에 허덕이고 있는 것일까?

일본인들은 번 돈을 우정국에 저축했다. 그리고 이 돈은 일본 국채를 매입하는 데 사용됐다. 또 그렇게 정부는 이 돈을 받아 썼다. 여기까지가 사실이다. 하지만 이 돈은 지금 그 어디에도 없다. 통탄할 만한 사실은 일본 정부의 공공 채무가 1경 원이나 된다는 점이다. 결론부터 말하면 일본인들의 돈은 상당 부분 미국 국채를 사주는 데 사용됐다. 일본 정부는 자국민으로부터 끌어모은 돈을 달러의 목숨을 연장시키는 도구로 활용했던 것이다.

일본은 대외 채무로 봤을 때 전 세계에서 몇 안 되는 순 채권국이다. 하지만 이런 지위가 결코 평탄하지만은 않다. 채권 대부분이 미국에 몰려 있어서 그렇다(2010년 2월 현재 일본은 7,688억 달러 규모나 되는 미국 국채를 보유하면서 미국 국채 최대 보유국 자리를 유지하고 있다).

하지만 재미있는 건 바로 일본인들이다. 정작 일본인들은 이 부분에 대해 심각하게 고민하지 않기 때문이다. 친한 일본인이 있다면 아무나 붙잡고 이야기해 보라. 이야기를 해도 무슨 말을 하는 것인지도 모를 것이다.

"일본은 순 채권국일까요? 순 채무국일까요?"

이런 질문에 사람들의 답변은 오락가락이다. 일본이 독일과 함께 유일한 순 채권국이라고도 하고, 반면 일본이 막대한 부채 때문에 2015년 경 파멸할 것이라고도 한다. 이것은 대외 채무와 공공 부문의 국가 채무를 혼동한 탓이다. 쉽게 말해 한 국가가 외국을 상대로 진 빚이 대외 채무이고, 정부에서 국채 발행 등으로 진 빚이 공공 채무다. 일반적으로 한 국가가 모라토리엄을 선언한다고 하면 대외 채무인 경우가 대부분이다.

일본은 대외 채무로 보면 순 채권국이 맞다. 외국에 빌려준 돈이 대략 2주 달러 정도 더 많다. 그러나 공공 부문 채무로 보면 아찔한 채무국이다. 지방정부 채무까지 합치면 1,000조 엔을 훌쩍 넘는데 이 빚은 향후 2019년까지 매년 만기가 도래한다. 이미 일본 정부의 국채 규모는 GDP 대비 180퍼센트를 넘었고 2014년에는 250퍼센트까지 급증할 것으로 전망되고 있다.

물론 이 때문에 일본이 파산하지는 않을 것이다. 일본 국채 채권자의 90퍼센트가 자국인으로, 해외 비중이 크지 않기 때문이다. 최악의 경우 자국민끼리 '빚갈이'를 하면 된다.

하지만 결코 안심할 상황은 아니다. 분명 일본인들은 여력이 되는 한 자국 정부의 채권을 살 것이지만 급격한 노령화로 우정국에 가서 채권을 사줄 사람이 급감하고 있기 때문이다.

결국 이대로 가면 연금도, 복지도 결딴날 수밖에 없다. 그리고 이 순간 외부에서 어떤 인위적인 작용—헤지펀드의 공격이든, 일본인들이 모두 예금을 찾으러 은행으로 달려가는 '뱅크런'이든—이 생길 경우 일본은 한순간 파멸할 수밖에 없다.

음모론 투자 관점에서, 특히 다극화 관점에서 이런 일본의 상황은 중요한 로드맵이 된다. 즉, 울트라 버블과 슈퍼 공황처럼 엔화와 일본이 붕괴되는 과정도 버블 및 버블 붕괴 과정을 따른다는 이야기다.

음모론 투자에선 엔화 강세는 일본이 '일시적으로' 버틸 수 있는 유일한 방법으로 본다. 달러가 약해져서 버블을 키운다면, 엔화는 일시적으로 강해져서 버블을 키우는 '통화 버블'의 또다른 모습이다. 특히 한국을 키워주기 위해서도 엔화 강세는 필수적이다.

특히, 달러 가치 하락으로 엔화와 원화가 모두 강세를 보이게 될 경우, 엔화는 원화보다 더 큰 폭으로 강해져야만 한다. 그래야 한국이 수출 경쟁국 일본보다 더 멋있어질 수 있다. 엔화가 약세를 보이면 일본과 기술력 경쟁을 벌이는 한국 경제 또한 클 수가 없기 때문이다.

또한 엔화강세는 일본 자국민을 달래는 효과도 있다. 수출이 망할지언정 수입 물가를 떨어뜨린다면 제법 풍요롭게 만들 수 있다. 맘껏 해외여행도 다니면서 즐기고, 경제적으론 '유동성의 함정'도 벗고, '디플레이션'도 마감하는 효과도 생각해 볼 수 있다.

그러나 엔화 가치는(그리고 일본은) 울트라 버블 마지막 국면에 달러와 함께 붕괴될 것이다. 그리고 이 붕괴의 원천은 당연히 일본의 공공채무가 될 것이다. 일본 정부가 자국민들에게 "빚 못 갚겠다"고 잡아떼는 순간이 엔화가 공격당하는 시발점이고, 그간 엔화를 모았다면 가차 없이 던질 때이고, 울트라 버블의 마지막 국면에 왔다고 보면 된다.

반면 우리는 이런 통찰이 틀릴 수도 있음을 인식해야 한다. 그래서 '로드맵' 개념이 필요한 것이다. 가령 엔화 약세가 심해져 일본 산업경쟁력이 확보되고 상대적으로 한국의 IT산업과 자동차 산업이 죽을 쑨다면 — 인정하고 싶지 않지만 — 오히려 우리는 달러 확보에 더 관심을 기울여야 한다. 일본의 기술력이 다시 한 번 세계 산업을 쥐고 흔들어도 마찬가지다.

게다가 일본 국채 만기 상황이 파국이 아니라 말끔하게 해결되는 쪽이라면 이때는 굳이 금 투자나 원자재 확보에 목을 맬 필요가 없다. 아니, 일본이 2010년 말부터 미 국채(달러)를 사주지 않는다면 울트라 버블도 힘들다. 달러는, 미 국채는 상당기간 버텨줘야 하기 때문이다.

'그놈들' 입장에서 달러 인덱스는 수직 하락하면 안 된다. 이때 미 국채 매입을 통해 달러가치 폭락을 막는 역할을 엔화(일본)가 담당해야 하는데 이런 과정이 전무하다면 울트라 버블이나 슈퍼 공황 가능성도 떨어진다고 봐야 한다.

## 러시아 유태인과 신복어계획

다극화라는 관점에서 봤을 때 러시아는 호주와 함께 '그놈들'이 거주하는 아시아 공동체의 아지트가 될 것이다. 따라서 다극화 기간에는 '그놈들'의 자본과 실물 자산이 여러 루트로 이곳에 축적된다. 이곳에서 각종 네트워크를 통해 향후 중국이 이끌게 될 아시아 공동체를 지배하는 형식이다.

나는 유태계 엘리트 또는 유태계 자본을 '그놈들'과 동일시하거나 그들의 핵심이라는 데 동의하지 않지만 그들의 유능한 심복이라는 점에 대해선 공감한다.

그런데 러시아는 이런 '유태계 엘리트' 코드로 음모론이 잘 풀리는 곳이다. 현재 러시아에는 약 100만 명이 넘는 유태인들이 살고 있다. 이스라엘(700만 명), 미국(530만 명) 다음으로 많은 수다. 그리고 아시아 공동체로 편입될 호주에도 12만 명 정도가 살고 있다.

그래서 유태계 엘리트들이 중국이나 한국의 백화점을 돌아다니는 건 어색해 보일 테지만 러시아나 호주에선 익숙한 광경이다(남미 공동체에선 유태인 세력이 강한 아르헨티나가 '그놈들'의 거주지가 될 것이다). 따라서 아시아에서 직접적인 거주지는 중국이 아닌 러시아가 될 확률이 높다.

러시아는 세계에서 가장 큰 국가다. 인구는 브라질이나 인도네시아보다 적지만 면적으로만 보면 미국이나 중국의 두 배나 된다. 석유 수출량은 사우디아라비아와 매년 세계 1, 2위를 주고받는 '석유 대국'이기도 하다.

나는 지금 러시아에 대한 학술적 분석을 하려는 것이 아니다. 이런 엄청난 잠재력이 있는 국가가 100년 넘게 뭐하고 있었나 하는 의문을 제기하는 것이다. 그리고 그 해법을 유태인이라는 키워드로 풀어보려고 한다.

러시아는 유태인과 얽힌 사연이 참 많다. 러시아는 전통적으로 유태인들에게 악몽으로 손꼽히는 국가였고, '유태계 자본'에게 가장 많은 일격을 가했던 국가이기도 하다. 유태인 대박해(포그롬) 기간인 19세기 말과 20세기 초 러시아 유태인들은 차르 압제하에서 숨도 쉬지 못할 정도였다. 또한 일부 음모론에서 적그리스도라고 주장하는 나폴레옹 1세와 아돌프 히틀러를 모두 망하게 한 계기를 마련한 것이 바로 러시아였다.

반면 러시아에 대한 유태계 자본의 반격도 대단했다. 1905년 러일전쟁 때는 일본군에게 돈을 대어 결국 차르 체제를 무너뜨렸으며, 카를 마르크스라는 희대의 인물을 등장시켜 이후 100년 넘게, 엄청난 자원의 축복 속에 있던 러시아를 사회주의라는 굴레에 가둬버렸다.

음모론에선 러시아혁명을 러시아 붕괴 프로젝트로 바라본다. 러시아에 대한 유태계 자본의 보복인 셈이다. 가령 러시아 볼셰비키는 로스차일드 가문의 전폭적인 지지를 받았고, 볼셰비키의 지도자 레닌도 유태인이었으며, 러시아 혁명에 중요한 족적을 남긴 독일 여성 혁명가 로자 룩셈부르크 역시 유태인이었다. 아예 혁명 당시 볼셰비키 행정부 인사 545명 중 447명이 유태인이었다.

그렇다면 과연 이들은 정말 러시아에서 노동자의 단결, 피지배계급의 타도, 그리고 노동자 독재 국가의 수립을 원했던 것일까? 그렇지 않다. '그놈들'은 미국의 경쟁 세력이 필요했고—싸움을 붙여놓고 양쪽 모두에 빌붙는 건 '그놈들'의 전형적인 행태다— 이를 위해 공산주의 국가 소련이 필요했을 뿐이다. 이처럼 '그놈들'의 심복인 일부 유태계 세력(가짜 유태인)과 러시아와는 많은 사연이 있다.

그렇다면 현재 러시아에서 '유태계 자본'은 어떤 역할을 하고 있을까? 전체 러시아 인구의 1퍼센트 정도인 약 150만 명의 유태계 러시안이 정치, 언론, 경제, 학계를 주무르고 있다.

주목할 점은 이들이 아직 블라디미르 푸틴 총리에 대해 별다른 공세를 펼치려 하지 않는다는 것이다. 과거 '그놈들'에게 반기를 들었던 통치자를 손쉽게 암살했던 것과는 사뭇 다른 모습이다. 그렇다면 이것은 현재 푸틴의 행태가 그들의 계획과 크게 어긋나지 않기 때문이라고 봐야 한다.

예를 들어 푸틴은 미국과 관계 개선에 나서고 있고, 중국에 대해서는 묘한 경쟁 세력으로 자리 매겨지고 있다. 하지만 '달러 죽이기' 프로젝트에선 중국, 중동, 심지어 서유럽과도 힘을 합친다. 또한 인도와는 상당히 친밀하고, 이란에 대해서는 권모술수로 임하고 있다. 결국 이런 방향이 '그놈들'의 계획이라고 해석할 수 있다.

최근 러시아는 자국의 석유와 천연가스 수출 대상국을 기존의 유럽 위주에서 벗어나 중국 및 동아시아로 돌리려고 한다. 여기에도 숨은 속내가 있다. 가령 한국이 러시아산 석유와 천연가스를 수입하는 것은 고무적이다. 러시아는 앞으로 '그놈들'이 거주할 장소이므로 아시아 국가들의 목줄을 죄는 에너지 수단을 확보해야 하기 때문이다.

이런 관점에서 푸틴 정권은 러시아 대통령 선거가 있는 2012년까지 굳건하게 유지될 필요가 있다. 또한 이 기간 동안 러시아에서 유태계 자본의 힘은 급속도로 성장할 것이다.

## ● 러시아에서 펼쳐졌던 유태계 자본의 세력다툼

음모론자라면 1975~1977년에 러시아에서 벌어진 유태 자본 세력 축출 작업에 대해 알고 있어야 한다. 현재 많은 음모론자들이 '악의 꽃'으로 부르는 '유태 자본'의 세력 경쟁이 그 시기에 시작되었기 때문이다. 혹자는 "지상 정부처럼 암흑 세력과 그림자정부에서도 치열한 세력다툼이 벌어진다"고 표현하는데 이 시발점이 바로 러시아였다.

1975년부터 러시아 민족 세력은 유태인 볼셰비키들을 완전히 쫓아내는데, 이때 쫓겨난 볼셰비키 세력이 미국으로 건너가면서부터 그림자 정부의 균열이 생겨난다. 1970년대 이후 록펠러 카르텔이 급부상하자 이를 시기했던 로스차일드 가문의 반격이 시작됐던 것이다. 로스차일드는 러시아 민족 세력에게 추방당해 미국으로 건너간 유태인 볼셰비키를 미국 내 록펠러 카르텔에 유입시키면서 각종 사고를 치게 만든다.

록펠러 카르텔은 1970년대 들어 록펠러 1세의 손자(3세) 다섯 명을 주축으로 지하 세력을 장악했지만 1979년 록펠러 카르텔의 적자인 첫째 존 D. 록펠러 3세가 사고로 추정되는 사건으로 죽고, 미국 부통령까지 올랐던 둘째 넬슨 록펠러는 암살당한다. 결국 록펠러 카르텔은 다섯째이자 막내인 데이비드 록펠러가 씨티그룹과 체이스 맨해튼 은행을 필두로 세력을 다졌지만 내상은 상당했다.

이뿐만이 아니다. 이후 4대(증손자)부터는 록펠러 카르텔의 혈통적 의미는 완전히 사라진다. 록펠러라는 성을 버리고 숨어 사는 사람이 나타났고, 남태평양에서 식인종에 잡혀 먹힌 사람도 생겨났다.

바로 이때 록펠러 카르텔에 숨어 있던 유태인 볼셰비키는 데이비드 록펠러의 대항마로 조카 제이 록펠러와 손을 잡게 된다. 록펠러 가문 4세 21명 중에서 '쓸 만한 (?)' 인재 한 명을 찾은 것이다. 그리고 2008년 말 금융 위기 이후엔 데이비드 록펠러 세력이 쇠퇴하고 '로스차일드-제이 록펠러의 연합 세력'이 유태계 그림자 정부를 장악한 것으로 파악된다.

## ● 복어계획은 아직도 유효하다

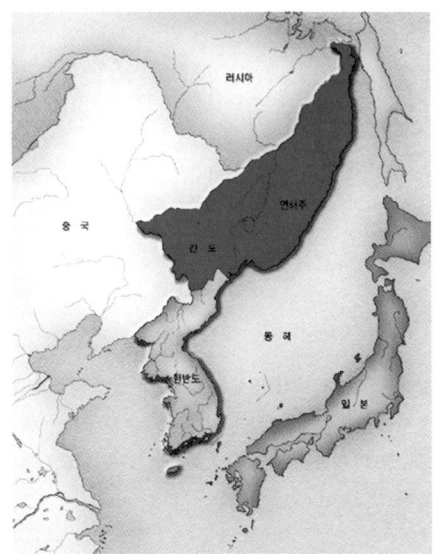

간도 및 연해주에서 펼쳐질 신복어계획

일부 음모론자들은 간도(만주)와 연해주에 '세계 도시'가 생길 것이라고 주장한다. 라스베이거스보다 더 큰 카지노가 조성되고, 초대형 디즈니랜드도 건설된다. 그리고 이곳에서 한국·중국·일본·인도·러시아·호주인 등이 한데 어우러진다는 콘셉트이다.

이렇게 하면 '그놈들' 입장에선 중국 견제용으로도 활용할 수 있고 아시아 공동체에 들고 나는 자신들의 자금 세탁 용도로도 이용할 수 있다.

음모론자라면 1930년대 일본에서 유태인 난민을 만주국으로 이주시키려던 복어계획을 떠올릴 수 있겠다. '복어계획'이라는 명칭은, 유태인을 복어에 빗대어 "맛은 뛰어나지만 독이 있어 조심해야 한다"며 일본인들이 붙인 것이다.

일본인들은 당시 하얼빈에 거주하는 유태인과 러시아에서 온 유태인 등 2만여 명을 이곳에 이주시켜 유태인 전용 거주 지역을 만들겠다는 계획을 공식 발표했다. 하지만 삼국군사동맹 체결과 일본-독일의 동맹으로 인해 이 계획은 흐지부지됐다.

하지만 이런 계획이 있었다는 자체만으로도 '그놈들'이 생각하는 만주 지역 용도는 충분히 확인된 셈이다. 2012년까지 '신복어계획'이 과연 실행되는지 꼭 확인해 볼 일이다.

어머니는 쓰러져 있는 사나이를 쳐다봤다. 그러곤 이불로 몸을 싸고 있는 딸 '샤론의 장미'를 바라보았다. 두 여인은 상대방의 눈 속을 깊이 들여다보았다. 뭔가 통하는 바가 있다는 듯.
"좋아요." 딸이 말했다. 어머니는 빙그레 웃으며 말했다. "그렇게 할 줄 알았다. 이미 알고 있었어!"
어머니는 무릎 위에 깍지 낀 자기의 두 손을 내려다보았다.
"모두들…… 좀……밖에 나가줘요."
빗발이 가볍게 지붕을 두드리고 있었다……. (중략)
'샤론의 장미'는 구석으로 걸어가 누워 있는 사나이의 야윈 얼굴과 겁에 질려 말똥거리는 눈을 내려다보았다. 그 다음 천천히 남자 옆에 몸을 눕혔다. 사나이가 고개를 저었지만 '샤론의 장미'는 자신의 젖을 꺼냈다.
"어서 빨아야 해요."
그녀는 몸을 비틀듯 더 가까이 다가가 사나이의 머리 뒤로 팔을 넣고 머리를 받쳐주었다. 손가락은 부드럽게 사나이의 머리칼을 쓰다듬고 있었다.  —존 스타인벡의 『분노의 포도』 마지막 장면

| 5장 |

슈퍼 공황,
생존 투자로 대응하라

■ ■ ■

　우리는 과연 '그놈들'을 이길 수 있을까? 이 질문에 대해 개인적인 생각을 묻는다면 나는 조금의 망설임도 없이 "없다"고 대답할 것이다. 물론 이론적으로 이길 수 있는 방법이 딱 한 가지 있기는 하다. '그놈들'보다 더 사악한 악마가 되는 것이다.

　많은 사람들이 CCTV에 대해 고마워한다. 아파트 지하 주차장에서 새 차에 흠집을 내고 도망간 비양심적인 인간을 잡아주고, 어두운 밤길도 걱정 없이 걸을 수 있게 해주는 소중한 문명의 이기이다. 그래서 우리는 "CCTV가 인간의 자유를 빼앗는다"고 주장하는 사람들을 이상하다고 여긴다.

　그러나 엄밀히 말해 CCTV는 인간의 자율 의지를 빼앗는 물건임에 틀림없다. 원칙대로라면 사람이 보든 안 보든 남의 차를 긁었으면 솔직하게 고백하고 배상해야 한다. 아이들에게도 그렇게 가르쳐야 한다. 그렇지만 더 이상 그렇게 가르치지 않는다. 왜? 귀찮아서 그렇다. 그리고 CCTV가 있어서 그렇다. 그래서 인간이 솔직해질 수 있는 자율신경계는 점점 퇴화한다.

　누가 뭐래도 절대선과 절대악은 명확하게 존재한다. 만약 우리가 선악을 구분하려 하지 않고, 구분하지 못하면, 우리에게 남은 것은 종속뿐이다. 선악을 구분하는 능력을 상실한 상태에서 어느 순간 그런 구분을 해주겠다며 환하게 웃으면서 나타나는 '그놈들'에게 우리는 모든 것을 바칠 수밖에 없다.

　불과 일곱 살짜리 여자 아이를 잔혹하게 성폭행한 50대 남자가 있다.

게다가 이 남자는 전혀 잘못을 뉘우치지 않고 어떻게 하면 형량을 줄일 수 있을지 잔꾀만 부린다. 당연히 이런 놈에겐 평생 전자 발찌를 채워야 한다. 혹시 이런 상황에서 누군가 "전자 발찌는 안 됩니다. 인간의 존엄성을 스스로 포기하는 행동입니다"라고 말한다면 그는 대중의 뭇매를 맞게 된다.

하지만 이렇게 시작된 전자 발찌, 전자 팔찌, 혹은 전자 칩 제도는 빠른 시간 안에 생활 전반으로 확산될 것이다. 음주운전자들에게도, 조직 폭력 전과범들에게도 채우다가, 나중엔 백신을 안 맞은 사람들을 구분하는 수단으로 활용되고, 더 나아가 모범 시민에게 혜택을 주는 수단으로도 이용될 수 있다. '모범 시민'이라는 칩을 보여주면 교통비, 기름값, 전기료, 쌀값 등을 50퍼센트 할인해 준다고 하면 너나없이 이 칩을 소유하려고 난리가 날 것이다.

그러나 한 가지 명확한 사실이 있다. 내가 엘리베이터 안에서 뭘 하는지 아파트 경비가 CCTV로 볼 수 있다면 '그놈들'도 볼 수 있고, 전자 팔찌를 차고 돌아다니는 행동 경로가 경찰청 컴퓨터에 기록된다면 당연히 '그놈들'도 이것을 확인할 수 있다는 것이다. 그래서 일정 시점 이후부터는 화장실에 가는 시간마저 관리될지도 모른다.

'그놈들'은 늘 이런 식이다. 교묘한 변증법을 구사하기 때문에 단기적인 시각으로 보면 늘 '그놈들'의 해법이 옳다. 처음엔 '올 오어 나싱(All or Nothing)'의 테크닉을 통해 무섭게 여론을 밀어붙인다. 가입이냐 탈퇴냐, 복종이냐 배신이냐, 동지냐 적이냐 등을 놓고 깔끔한 선택을 하라고 말이다. 자신들만이 100퍼센트 순도의 지고지순한 '정의'인 척하면서 편가르기에 돌입하는 것이다.

그런데 더 무서운 점은 '그놈들'은 상황이 일정 궤도에 오르면 '차선책을 통한 개선'도 함께 구사한다는 것이다. 이것 아니면 저것이라는 극단적 선택을 하게 만든 후 자기 뜻대로 상황이 전개되면 이제 언제 그랬냐는 듯 최선은 아니지만 그냥 '이것-1' 또는 '저것-1'로 하자면서 사람들을 다시 몰아가는 수법이다.

지금부터 이야기할 '슈퍼 공황'도 마찬가지다. 꼭 달러를 죽이지 않고도 우리는 얼마든지 세상을 살릴 수 있다. 힘들고 뼈를 깎는 노력이 필요하지만 그렇다고 불가능한 일은 아니기 때문이다. 분명 우리는 달러가 파국을 맞기 전에 스스로 문제점을 고칠 수 있다.

그렇지만 '그놈들'은 그렇게 하지 않을 것이다. 최대한 달러가 몰락하게 만든 후에 마지막 순간 우리에게 "그냥 달러를 버려. 이 방법밖에 없어"라면서 또다른 국면으로 이끌어갈 것이 분명하다. 만약 여기에 맞서다간 CCTV를 반대하는 사람처럼, 전자 팔찌에 부정적 의견을 표명하는 사람처럼 대중에게 뭇매를 맞게 될 것이다.

그렇게 슈퍼 공황은 시작될 것이다. 하지만 슈퍼 공황에 성공하면 과거 대공황 때 그랬던 것처럼 또 하나의 교묘한 차선책으로 세상을 현혹할 것이 분명하다.

# 01
## 달러와 금 사이에서 줄타기를 하라

　　울트라 버블은 달러가 죽어가는 과정과 정확히 일치한다. 그리고 달러가 완전히 호흡을 멈췄을 때 버블은 붕괴되고 슈퍼 공황은 시작된다. 종이돈 전체가 몰락하는 '통화 버블'의 최후와도 맥을 같이한다. 여기에 실물이 힘을 얻는 극심한 자원 버블, 녹색 버블, 세계 다극화 등 모든 이벤트가 일시에 파국으로 몰리면서 울트라 버블은 막을 내리는 것이다.

　　하지만 이때 명심해야 할 사안은 절대로 이런 과정이 한순간 이뤄지지 않는다는 것이다. 예를 들어 달러화 가치는 꾸준히 하락하다가 마지막에 0원으로 떨어지는 게 아니다. '그놈들'은 절대로 이렇게 일을 처리하지 않는다.

　　달러화 가치는 한순간 급락했다가 사람들이 생명력에 의심을 품으면 다시 다양한 이벤트를 통해 회생하고 또 얼마간 버티다가 다시 스멀스멀 하락한다. 그러다가 힘을 내고, 또 하락하는 등 지루한 행보를 지속한다. 무엇보다 세계 각국 정부의 재정 확장 정책이 지속될 것이라는 점을 감안할 때 달러 붕괴는 마지막 순간까지 늦춰질 것임을 알 수 있다. 가령 2008년 말 이후 미국뿐 아니라 영국도, 독일도, 중국도, 한국도 천문학적인 통화를 공급했다.

그런데 환율이란 건 상대적으로 움직이게 돼 있다. 달러만 쏟아냈다면 문제가 되겠지만 모든 국가가 다 같이 돈을 찍어냈기 때문에 달러의 상대적 가치만 폭락하지 않는다는 이야기다. 달러 인덱스라는 건 세계 주요 6개국 통화(유로, 엔, 파운드, 캐나다 달러, 스웨덴 크로네, 스위스 프랑)에 대한 달러화 가치를 나타낸 것이다. 이 6개국 통화도 비슷하게 가치가 하락한다면 달러의 사망을 상당 부분 감출 수 있게 된다.

따라서 우리는 섣불리 예측하지 말고 적립하면서 끝까지 추이를 살펴 확인해야 한다. '줄타기'를 해야 한다는 이야기다. 확인할 시기도 그리 길지 않다. 아무리 길어도 2011년 1분기까지다. 만약 이 시기에 더블딥이 찾아온다면, 극심한 공황이 온다면 달러는 건재하게 될 것이다. 그리고 역설적으로 우린 행복감을 느껴야 한다.

하지만 2010년 내내 쏟아지는 온갖 안 좋은 소식에, 모든 선진국들이 재정 파탄 날 것이라는 이야기에, 경제 전문가들이 쏟아내는 비관론들에도 불구하고 주식시장이 건재하다면 이건 울트라 버블이 임박했다는 신호로 봐도 좋다. 게다가 각국 정부의 재정 적자가 더욱 증가하고, 금리 인상을 2011년 상반기까지 미룬다든지, 혹은 금리 인상을 했는데도 불구하고 경기가 건조(堅調)를 보이면 그야말로 '단기 풀 베팅' 시점이라고 봐야 한다.

## 인플레이션을 확인하라

그렇다면 울트라 버블의 시작과 끝을 파악할 수 있는 결정적 변수는 무엇일까? 그것은 바로 인플레이션이다. 물론 '그놈들'은 인플레이션 지표 조작 등을 통해 할 수 있는 만큼 인플레이션을 감출 것이다. 가령 교통비를 동결시키거나 라면 가격만 내려도 대중은 인플레이션에 대한 걱정을 잊어버린다. 미국의 경우 임대료 부담만 줄게 만들어도 소비자물가지수(CPI)는 크게 떨어질 수 있다.

하지만 어느 순간 '그놈들'도 결국 인플레이션을 인정할 수밖에 없는 상황이 온다. 원자재 버블이 커지는 시점인데, 이럴 땐 미국 정부가 전격적으로 금리 인상을 단행하면서 버블을 일단 눌러주게 된다.

또한 국제 원유 가격이 100달러로 올라 사람들이 "모든 게 달러 때문"이라고 비판하면 '그놈들'은 글로벌 리스크를 키워 85달러로 급락시킬 것이고, 잠잠해지면 어느 틈에 다시 120달러로 만들어놓을 것이다.

이 밖에도 "버블이 문제"라는 주장이 나오면 빠르게 호전되는 주택지표를 보여주며 금리를 대폭 인상할 것이라 협박하고, "달러 캐리 트레이드가 문제"라는 말이 심해지면 금리 인상을 단행해 '새가슴' 헤지펀드들을 도망치게 만드는 과정이 반복될 것이다.

하지만 일단 시작된 인플레이션은 시간차를 두고 지속적으로 고개를 들게 된다. '그놈들'은 추가 금리 인상이나 기타 다른 쇼를 펼치면서 이를 누르겠지만 시간이 갈수록 힘은 떨어질 수밖에 없다. 2012년에 접어들면서는 갑자기 월 5~10퍼센트의 대량 인플레이션도 생길 것이다. 한국의 경우 코스피는 2007년 고점이었던 2,085포인트를 훌쩍 넘어선

| 인플레이션 | ➡ | 대규모 인플레이션 | ➡ | 하이퍼 인플레이션 | ➡ | 슈퍼 공황 (슈퍼디플레이션) |
|---|---|---|---|---|---|---|
| • 물가지표 조작<br>• 금리 인상 경고 및 지연<br>• 금리 인상 불구 자산 가격 상승 | | • 자산 가격 급등<br>• 미국 내 주 정부 연쇄 부도<br>• 다극화에 따른 미국과 디커플링 본격화<br>• 월 5% 이상의 인플레이션 발생<br>• 캐리 트레이드 자금 고착화 | | • 월 30% 이상 인플레이션<br>• 가격 체제 붕괴 시작 (정부의 최고가 선언)<br>• 실물에 대한 매점 매석<br>• 개인 파산 및 화폐경제 붕괴 | | |

**울트라 버블의 단계별 모습**

상황이 될 것이다.

하지만 이때 '그놈들'은 앞서 보였던 공포 조장 수법과는 좀 다르게 행동할 것이다. 왜냐하면 이 시기엔 이런 쇼가 대중의 탐욕을 역으로 부추기는 용도로 활용되기 때문이다. "주가가 급락할 수도 있으니 조심하라"는 식의 경고를 쏟아내기는 하지만, 사람들에게는 오히려 코믹하게 들리도록 만드는 형식을 생각하면 된다. "이러시면 안 돼요, 돼요~돼요~돼요~"의 상황이다.

이때 미국에선 안 좋은 일이 많이 벌어진다. 마이애미나 일리노이, 캘리포니아 주 정부는 이때쯤 당연히 부도가 날 것이다. 그러나 이런 뉴스에도 불구하고 사람들(세계인들)은 자신감이 충만하게 넘쳐만 간다. "미국이, 달러가 문제야? 걱정 마. 내가 책임질게" 같은 자만심이다.

이때 '그놈들'이 구사하는 방법이 바로 '이머징 마켓 기 살리기' 테크닉으로 '다극화' 프로젝트를 충분히 활용하는 것이다. 미 증시는 지지부진해도 한국, 브라질, 인도, 남아프리카공화국 증시는 뛰어올라야 한다. 미국과의 이런 '디커플링(Decoupling : 탈동조화)'을 통해 이 국가들에 "이제 세계 주인공은 바로 우리들이다"라는 자신감을 심어줘야 한다. 그래야만 울트라 버블을 '거품'이 아닌 '성장'으로 받아들이게 된다.

물론 이 시기에도 투자자산 가격은 한 방향으로 오르지 않는다. 2005년 코스피가 50퍼센트 넘게 오른 증시가 2006년에는 꿈쩍도 하지 않다가 2007년 2분기부터 뛰어올랐던 것처럼 변동폭을 키우면서, 위아래로 크게 출렁대면서 올라야 한다. 그래야 일반인들이 나가떨어진다.

특히 이번 버블은 과거 1970년대 말 석유 버블, 1980년대 말 일본의 부동산 버블, 1990년대 말 IT 버블 등처럼 개별적인 섹터의 거품과 달리 이 모두가 합쳐진 총체적인 자산 버블이다. 자원 버블에 녹색 버블, 통화 버블까지 섞이면서 생활의 모든 것이 버블을 키우는 소재가 된다.

그래서 '그놈들' 입장에선 이런 버블의 크기만큼 엄청난 등락폭을 자랑하는 롤러코스터가 필요하다. 중생들은 2007년 10월처럼, 딱 한 번 슈퍼 공황 직전에만 왕창 올라탄 후 모조리 털리는 상황이 연출돼야만 한다.

이런 대규모 인플레이션 상황은 울트라 버블의 절정기와 일맥상통한다고 볼 수 있다. 과거 2003~2007년 슈퍼 버블 시기와 비교해보면 이번 울트라 버블 시기의 대규모 인플레이션 상황은 2007년 4월~9월쯤에 해당된다.

이 시기엔 국가 차원의 개입도 본격화될 것이다. 대통령을 위시해, 중앙은행을 비롯한 모든 기관들이 연합해 급격한 인플레이션에 대해 한목소리로 "인플레이션, 걱정할 필요 없다"고 말해야 한다. 언론까지 가세하면 더 좋다. 그래야만 대량 인플레이션이 하이퍼 인플레이션으로 나아갈 수 있고, 결국 달러가 사망할 수 있기 때문이다.

특히 이 시점부터는 미국이 금리를 올려도 전 세계적으로 풀린 달러가 본국으로 돌아오지 않는다. '그놈들'은 누구보다도 잘 알고 있다. 자신들의 부채는 달러지만, 자산은 실물로 바뀌었다는 것을. 그리고 달러가 죽어버리면 빚은 없어지지만 손에는 실물을 쥘 수 있다는 사실을.

마지막은 하이퍼 인플레이션이다. 이것은 곧 울트라 버블의 마지막이며 달러가 죽는 마지막 단계다. 하이퍼 인플레이션은 월평균 물가상승률이 35퍼센트를 넘는 무시무시한 상황이다. 연금 생활자, 공무원, 샐러리맨 등 소득이 고정돼 있는 사람은 단기간 파산할 수밖에 없다.

그렇다면 하이퍼 인플레이션은 과연 어떤 시기에 나타날까? 바로 돈이 죽어가는 시점에서다. 돈이 신뢰를 상실하는 시기다. 이런 상황에서 인간은 재화와 노동을 결코 시장에 내다 팔지 않는다. 대가로 받는 돈의 가치(가격)를 믿을 수 없기 때문이다. 가격이 없는데 누가 일을 할 것이며, 물건을 제공할 것인가?

하이퍼 인플레이션에 돌입하면 경제와 사회는 바로 공멸한다. 물건을 사지도, 팔지도, 만들지도, 유통하지도 않아 곧바로 디플레이션이 찾아오기 때문이다. 회사들은 도산하고, 금융기관은 대출을 급하게 회수하고, 집은 모두 차압당하는 아비규환의 상황이다. 슈퍼마켓과 할인점, 주유소에서는 '신용카드 구매 불가'라는 푯말이 붙고 석유와 식량에 대한 매점 매석이 본격화된다.

인플레이션은 디플레이션에 비하면 대단한 문제는 아니다. 많은 사람들이 피해를 보지만 부의 역전을 통해 부의 크기는 유지되기 때문이다.

하지만 디플레이션은 모두가 괴롭다. 그나마 금을 들고 있는 사람, 그리고 식량을 확보한 사람(또는 회사) 정도가 남몰래 웃을 수는 있겠다. 그래서 '그놈들'은 항상 디플레이션(공황) 테크닉을 변곡점 마지막 단계에서 사용한다. 2012년 이후 찾아올 하이퍼 인플레이션도 마찬가지다. 이는 곧 달러의 사망과 일치하며 슈퍼 공황(슈퍼 디플레이션)을 알리는 전조가 된다.

### ∎∎∎
## 달러와 금을 끝까지 주시하라

그런데 음모론 투자는 이런 통찰에도 불구하고 실전에선 대응을 해야 한다. 막판까지 줄타기를 해야 한다. 그래야만 음모론 투자가 빛을 발할 수 있다.

이때 막판까지 '쪼는' 도구로 딱 두 개만 고르라면 그것은 바로 달러와 금이 된다. 이것들은 음모론 투자의 양 끝에 존재하는 두 가지 투자자산으로 음모론 투자의 시작과 끝이라고 할 수 있다.

음모론자들은 "당장 모든 돈을 탈탈 털어 금을 사모으라"고 역설한다. 왜? 음모론에선 무조건 달러가, 종이돈이 망한다고 보기 때문이다. 반면 지금 당장 더블딥이나 공황이 찾아온다고 여기는 사람들은 "달러 같은 기축통화를 확보하라"고 주장한다. 세상이 힘들면 항상 달러값이 올랐으니까. 그래서 결국 양 극점에 있는 달러와 금을 놓고 줄타기를 벌이면 음모론 투자는 '당하지 않는 투자'라는 목적을 달성할 수 있다.

달러와 금의 줄타기를 하려면 금의 '백워데이션(backwardation)' 상황에 대해 이해해야 한다. 가령 "금의 콘탱고(contango) 상태는 결코 다시 오지 않을 것"이라는 말의 뜻은 알고 있어야 한다.

금 매매 시장은 주식시장과 마찬가지로 현물시장과 선물시장이 존재한다. 보통 이러한 현물 가격과 선물 가격의 비교를 위해서 '베이시스(basis)'라는 용어를 사용하는데, 베이시스란 선물과 현물의 가격 차이, 즉 '선물 가격-현물 가격'을 말한다. 이때 선물 가격이 높아 베이시스가 +상태를 유지할 때는 '콘탱고', 반대로 현물 가격이 더 높아 베이시스가 -를 기록하면 '백워데이션' 상태라고 말한다. 갑자기 웬 어려운 이야기냐고 할지 모르겠다. 물론 용어는 잘 몰라도 된다. 하지만 개념은 명확히 이해할 필요가 있다.

금은 그간 항상 선물 가격이 높았다(콘탱고 상태였다). 보유 비용에 대한 기회비용을 감안해 선물 가격이 현 시세에 비해 높았던 것이다.

그러나 2009년을 기점으로 이제 금값엔 백워데이션 상황이 곧잘 출몰한다. 선물 가격으로 표현된 금(종이 금)보다 현재 거래되는 금(실물 금) 가격이 더 높게 형성되는 것이다. 이것은 음모론 투자자에게 중요한 신호다. 사람들이 3개월 후, 6개월 후, 혹은 1년 뒤 금을 거래할 수 있다고 해도 지금 당장 손에 실물 금을 쥐고 싶어 하는 사람들이 증가한다는 뜻이기 때문이다.

그런데 어느 날부터 갑자기 더 이상 콘탱고가 나타나지 않고 항구적인 '금 백워데이션' 상태가 온다면? 실물 금은 항상 종이 금 이상의 가격으로 책정되고 있다면? 선물 가격을 아무리 높게 불러 실물 금을 매수하려고 해봐야 계약이 맺어지지 않는다면 우리는 그런 상황을 어떻게 받아들여야 할까?

이것은 바로 달러와 금의 줄타기에서 금으로 모든 것을 옮기라는 마지막 신호가 된다. 종이 금은 의미가 없고 오직 내 손에 확보하고 있는 실물 금만이 의미가 있는 상황이 왔다는 뜻이고, 결국 슈퍼 공황의 도래를 알리는 최종 경보음이 울렸다는 신호다.

항상 기억하라. '항구적인 금의 백워데이션'을. 달러 인덱스보다 몇 배 더 신빙성 있는 지표다.

### ■■■ 먼저 종이 금이라도 적립하라

하지만 확실한 건 달러와 금의 줄타기 과정은 쉽게 결판나지 않을 것이라는 사실이다. 상당 기간 일진일퇴를 거듭하는 구간이 존재할 것이다. 이 시기엔 이론도 팽팽하게 맞선다.

가령 일각에선, "미국이 바보냐? 금리만 올려도 달러 값은 급상승이야. 그럼 금은 똥값 되는 거야."

반면 다른 쪽에선, "금리를 올려? 그럼 미국은 바로 나락이야. 달러 강세면 미국은 어떻게 빚을 갚을 건데?"

그리고 음모론 투자자는 "금리를 올려도 달러 값이 안 오르는 때가 올 거야. 그게 바로 달러 사망 신호탄이야."

이렇게 각각의 의견을 쏟아낼 것이다. 정말 복잡하다. 그럼 이런 의견 대립 시기엔 손을 놓고 있어야 할까? 그렇지 않다. 음모론 투자자라면 금을 적립하면서 기다려야 한다.

현재 한국 사람이 해외에서 금을 사려면 원화로 살 수 없다. 국제 금 시세는 달러로 매겨지기 때문에 원화를 달러로 바꿔야 하고, 마찬가지로 금을 팔 때도 달러 금 가격이 원화로 환산돼 들어온다. 따라서 자칫 금값이 올라도 달러 값이 더 큰 폭으로 하락한다면 손해를 보게 된다.

그래서 달러와 금의 줄타기를 위해선 금을 적립해야 한다. 손쉬운 초기 접근 방법은, 부정적 의견이 많기는 하지만 일단 금 상장지수펀드 같은 종이 금이 될 것이다. 이를 적립 투자하면 더 좋은 대응책이 될 수 있다. 가령 달러 값이 떨어지면 동일한 원화 금액에 그램(g)으로 표기되는 금 적립량을 더 많이 모을 수 있다. 반대로 달러 값이 오르면 적립량은 줄겠지만 적립했던 금 전체의 수익률엔 긍정적 요인이 된다. 이렇게 적립하면서 끝까지 따라붙어야 한다.

### ● 음모론에서 금 상장지수펀드가 미움 받는 이유

음모론에서는 금 상장지수펀드(ETF)에 대해 부정적 입장이다. 아예 실물 금과 비교되도록 '종이 금'이라고 부르면서 위험성을 강조한다. 대표적인 주장이 "금 상장지수펀드는 투자자들에게 결코 실물 금을 바꿔줄 수 없을 것"이라는 설이다.

금 상장지수펀드 회사들은 실물 금 보유량보다 더 많은 주식을 발행하게 마련이다. 왜냐하면 지금까지 금 상장지수펀드는 실물을 찾아가기보다 화폐(달러)로 결제받는 경우가 대부분이었기 때문이다.

그래서 어느 순간 마치 은행 예금처럼 금 상장지수펀드 투자자들이 모두 실물 금으로 바꿔달라고 했을 때 10명 중 절반은 실물 금을 받을 수 없게 된다.

이미 런던거래소에선 실물 금으로 찾아가겠다는 투자자들에게 25퍼센트 이상의 수익을 더 얹어주고 화폐(달러 또는 파운드화)로 찾아가라고 설득한다는 이야기도 들리고 있을 정도다.

분명 음모론 통찰과 달리 달러는 살고, 금값은 폭락할 수 있다. 하지만 적립을 했다면 달러 강세로 원화 환산 금 투자 손실은 꽤 줄어들 수 있다. 반면 금이 승리한다면 원/달러 환율이 급락해도 금은 온스당 3,000달러를 넘어서며 원화 강세에 따른 손실을 만회하고도 남을 수익이 뒤따를 것이다.

일각에선 달러가 붕괴되면 환율도 1달러=300원, 1달러=100원까지 떨어져야 한다고 생각하겠지만 그렇지 않다. 한국과 같은 인재 보유국은 수출을 위해 의도적으로, 끝까지 환율을 지켜낼 것이기 때문이다. 또한 달러는 1달러에 900원, 800원, 700원, 600원…… 100원, 50원 등 시간 순서대로 죽어가지 않는다. '그놈들'은 막판까지 저지선을 만들며 버티다가 단박에 사건을 터뜨릴 것이기 때문이다. 이때는 금값도 단 며칠 만에 수직선처럼 무한대로 솟구치는 모습을 보일 것이다.

## ▪▪▪ 그리고 확신했다면 실물 금이다

그런데 이 부분에서 제대로 된 음모론 투자자라면 이런 의문도 들 것이다. '기축통화가 무너진 마당에 금 수익률이 무슨 의미야? 통장에 찍혀 있는 가격이 온스당 5,000달러인들 아무 소용이 없잖아. 무조건 실물 금이 최고 아닌가?'

사실이다. 정확한 지적이다. 그래서 앞서 말했듯 음모론에서 금 투자는 결코 수익이 아니라 생존으로 바라봐야 한다. 많은 음모론자들이 금 상장지수펀드를 폄하하고 무조건 실물 금을 모으라고 주장하는 것도 이 때문이다. 슈퍼 공황 시기엔 1억 원의 현금보다 손에 쥐고 있는 100그램의 실물 금이 훨씬 더 가치 있다.

하지만 실물 금 투자는 거래에 많은 제약이 따른다. 먼저 금 순도에 관한 문제가 있다. 본인이 전문가이거나 가족이 금은방을 하지 않는 한 순도에 대해 늘 의구심이 남을 수밖에 없다. 게다가 부가세 10퍼센트를 내야 한다. 실물 금을 살 경우 매번 10퍼센트의 손실을 보고 시작한다는 뜻이다.

또한 시중은행이나 증권사에서 판매하는 일명 '종이 금' 상품을 실물로 교환하려면 부가세 10퍼센트에 추가로 수수료까지 붙어 대략 15~20퍼센트가 비용으로 들어간다.

이뿐만이 아니다. 보관도 쉽지 않다. 5,000만 원의 돈을 은행에 보관하는 것과 5,000만 원어치 금을 집 안에 두는 것은 큰 차이가 있다.

그래서 일단 종이 금 적립으로 금 투자를 시작하는 게 좋다. 그렇지만 달러와 금의 줄타기 과정에서 결국 금 쪽으로 50퍼센트 이상 기울어지기 시작하면 자신이 보유하고 있는 종이 금을 조금씩 조금씩 실물 금으로 교체해야 한다. 예를 들어 종이 금 비중이 1,000만 원이었다면 이 중 200만 원, 300만 원, 500만 원 등으로 실물 금 비중을 점점 늘리는 것이다.

가격이 아닌 정황으로 본 달러와 금의 줄타기의 마지막 신호는 아마도 궁지에 몰린 미국이 마치 IMF 구제 금융 시절 우리가 그랬던 것처럼 켄터키 주에 있는 포트 녹스(Fort Knox) 금괴 금고를 열고 금을 파는 시점이 될 것 같다. 만약 이런 상황까지 온다면 그야말로 마지막까지 왔다고 보면 된다. 특히 일부 음모론에서처럼 미국 포트 녹스에 실제로는 금이 없다는 사실까지 더해진다면 그야말로 금값은 순간 온스당 5,000달러로 치솟을 수도 있겠다(미국 정부는 1950년 이후 정부의 금 보유량에 대해 공식적으로 회계 감사를 하지 않았고, 단지 8,000톤을 갖고 있다고 인정했을 뿐이다).

그렇지만 나는 솔직히 말해 이런 상황이 온다고 했을 때 역설적으로 과감하게 금을 버리고 달러를 살려내야 한다고 말하고 싶다. 결코 미국인들이 예뻐서가 아니다. 만약 우리가 달러를 지켜낸다면 슈퍼 공황은 결코 오지 않을 것이고, '그놈들'의 음모를 붕괴시킬 순 없어도 뒤흔들어놓을 수는 있기 때문이다. 가능할 수 있을지는 모르겠지만.

금은 '버릴 때' 더 빛나는 법이다. 줄타기의 마지막 순간 이 점을 꼭 기억했으면 좋겠다.

# 02: 워런 버핏은 왜 철도회사를 샀나

앞서 우리는 울트라 버블의 파국을 '하이퍼 인플레이션'이라고 보았다. 화폐가 죽어가면서 자원 버블과 녹색 혁명 버블까지 더해져 단기 하이퍼 인플레이션이 오고 이후 슈퍼 공황이 시작된다는 시나리오다.

물가상승률이 월평균 50퍼센트가 넘는 하이퍼 인플레이션 상황이 도래하면 각국 정부들은 일명 '최고가 선언'을 하게 될 것이다. 쌀 한 가마니에 얼마, 자동차 한 대에 얼마, 대기업 임금은 얼마 등 재화 및 노동의 가격을 정부가 정하는 방식이다. 이렇게 해서라도 거래를 성사시켜 경제를 돌아가게 하려는 노력이다. '팍스 로마나'가 끝날 때도 이런 상황이 벌어졌다.

로마제국 역사상 '실패한 황제'로 각인된 디오클레티아누스는 무차별적인 통화량 증가로 물가가 폭등하자 301년 '최고 가격령(Edict of Prices)'을 통해 국가가 정한 가격 이상으로 파는 사람을 사형시키겠다고 선포했다. 그러나 상인들은 가게 문을 닫아버리면서 이런 정책을 무용지물로 만들었다.

'최고가 선언'은 그 자체로 자본주의 경제 시스템의 붕괴를 의미한다. 조금만 기다리면 더 받을 수 있다고 생각하는 사람들은 결코 정부가 제시한 '최고가'를 받아들이지 않는다. 오히려 온갖 재화와 노동은 그대로 암시장으로 흘러들어 가버린다. 곡물 가격은 폭등하고, 생존을 위해 가장들은 거리 이곳저곳을 하이에나처럼 찾아 헤맨다.

국가적으론 과거 식민 지배를 받았던 많은 자원 보유국들이 이탈리아, 스페인, 포르투갈, 네덜란드, 영국, 미국 등 한때 자신들을 짓눌렀던 열강들을 불쌍하게 바라보는 상황도 연출된다. 이것은 전형적인 슈퍼 공황 초반부의 모습일 것이다.

이때쯤 미국에선 사람들이 속속 달러를 아메로화와 교환하게 될 것이다. 그리고 이와 동시에 그간 속으론 모두 인정하면서도 결코 함부로 입 밖에 내지 못했던 상황이 연출된다. 바로 미국의 모라토리엄 선언이다. 자칫 디폴트가 될 가능성도 있다. 미국의 대외 채무에 대해 중국과 일본 및 기타 채권국들이 완벽한 부채 탕감을 해줄지, 아니면 디스카운트를 해주는 방식일지는 알 수 없지만 그렇게 달러는 세상에서 완전히 사라질 것이다.

그런데 이때 염두에 둘 사안이 있다. 울트라 버블과 슈퍼 공황 초기 사이에 나타나는 하이퍼 인플레이션은 미국에게 많은 혜택(?)을 준다는 것이다. 달러의 실질가치가 떨어지면서 명목가치로 장부에 찍혀 있는 막대한 빚 부담을 덜어주는 것이다. 이것은 '그놈들'이 미국을 완전히 붕괴시키지 않고, 아메리카 대륙의 구심점 역할을 하게 만든다는 뜻으로 해석해야 한다. 무엇보다 미국 빚 문제의 해결은 달러가 아메로화 같은 지역 화폐로 모습을 바꾸는 데 긍정적인 역할을 하게 된다. 미국인들은 슈퍼 공황 기간에 전 세계에서 가장 고통 받는 대가로 자신들과는 무관했던 달러 빚을 탕감받게 된다고 해석하면 좋을 것 같다.

## ■■■ 슈퍼 공황의 모습

그렇다면 울트라 버블 이후 온 인류를 덮칠 '슈퍼 공황'은 어떤 모습일까? 여기에 대해서도 음모론은 의견이 나뉜다. 일단 1930년대 대공황처럼 거리의 쓰레기통을 뒤지고, 인육을 뜯어 먹는 그런 처참한 상황

> ### ● 슈퍼 공황은 얼마나 오래 지속될까?
>
> 음모론자에 따라 견해는 엇갈리지만 슈퍼 공황은 2014~2015년부터 본격화하여 2020~2023년까지 지속될 것이라고 한다. 특히 이 시기에는 숱한 증오와 갈등이 극에 달할 것으로 본다. 제2차 세계대전으로 6,500만 명이 죽었다면 이번 '증오의 시기'엔 2억 명 이상이 죽게 될 것이라는 의견도 있다. 가장 큰 싸움은 이란, 아프가니스탄, 파키스탄, 인도, 중국, 티베트로 이어지는 남아시아 지역에서 일어날 것이라고 전망하고 있다.
>
> 무엇보다 미국에선 미국인의 분노가 뭉쳐 집단 분노로 발전하고 그것은 결국 밖

을 말하는 쪽이 다수설이다. 이번 대공황은 달러의 붕괴를 동반하는 것이기 때문에 파급력이 엄청날 것이라고 전망한다. 수출과 수입 자체가 불가능해져 실제로 배를 곯는 처절한 고통이 수반된다고 본다.

1930년대 미국 대공황 당시 모습

반면 슈퍼 공황을 1990년대 이후 20년간의 일본처럼 육체적 고통은 상대적으로 덜하지만 무기력한 삶이 지속되면서 정신이 피폐되는 상황으로 그리는 의견도 있다. 특히 이 슈퍼 공황 이후 '그놈들'은 인간의

---

으로 폭발하게 된다. 휘발유와 밀가루를 구하지 못한 증오에 찬 수백만 명의 미국인들은 통제가 안 될 것이다. 곳곳에서 내란이 일어나고 결국 미군은 자국 시민들에게 총을 쏘는 사태에까지 이른다. 또한 이에 대한 반발로 시민군이 결성될지도 모르겠다.

결국 이런 미국의 혼란은 강한 지도력을 가진 사람, 혹은 독재자의 출현으로 마무리될 텐데 이 독재자는 아메로화를 성황리에 정착시키고 그나마 미국이 보유하고 있는 군사력을 활용해 반전을 꾀할 것이다. 이를테면 중국과 인도의 전쟁에 군수품을 지원하면서 몰락한 미국을 최소한 아메리카 공동체의 중심축 정도로 회복시키는 방법이다.

정신세계를 파고드는 3단계 공격법을 구사할 것으로 예상되기 때문에 정신적 파탄에 더 많은 비중을 두어야 한다는 주장이다.

어느 쪽이든 우리는 꽤 오랜 기간 불행할 것이다. 어떤 식으로든 우리의 영혼은 황폐해질 것이다. 운 좋게도 몇 명은 행복할 수 있겠지만 그 형제가, 친구가, 선배가, 후배가, 또한 자식이 고통스럽게 살아가는 것을 보며 결국 모두 불행해질 것이다. 그리고 어느 순간 우리는 이런 소망을 품게 될 것도 같다.

"아, 제발. 누군가 이 지옥에서 날 구원해 줄 수 있다면 얼마나 좋을까!"

## ∎∎∎
## 버핏은 슈퍼 공황을 기다린다

워런 버핏은 2009년 11월 3일 '벌링턴 노던 산타페'라는 미국 철도회사 주식에 440억 달러(부채 인수 포함)를 쏟아붓는 일생일대 최대 규모의 투자를 단행했다. '벌링턴 노던 산타페'는 시카고에서 미국 남부 멕시코만과 서쪽의 북서부 태평양 연안에 이르는 미국 최대 규모의 노선망을 보유하고 있는데 석탄과 곡물, 철강 등 원자재부터 컨테이너, 화학품, 자동차와 각종 소비재까지 운송 품목도 다양하다. 그런데 이 회사가 얼마나 대단했던지 버핏은 분산 투자의 원칙도 어겼고 평생 한 번도 하지 않던 주식 분할도 단행했다.

이에 대해 그는 "바야흐로 철도의 시대가 왔다"는 말로 투자 이유를 설명했다. 철도 운송은 자동차 운송에 비해 이산화탄소 배출량이 20분의 1에 불과한 대표적인 친환경 교통수단이라는 것이다. 이와 함께 버핏은 "미국의 미래에 대한 투자"라는 말도 덧붙였다.

그러나 이건 누가 봐도 거짓말이다. 우주정거장을 만들기도 바쁜 이 시기에 뜬금없이 철도회사라니. 음모론 투자 관점에선 이건 100퍼센트 음모라고 해석할 수밖에 없다. 결론부터 말하면 나는 버핏이 향후 닥칠 인플레이션과 이에 따른 원자재 가격 상승에 베팅했다고 본다. 버핏은 "경기가 회복되면 물류가 늘어나 기업 가치가 올라갈 것"이라는 이유를 댔지만 이를 액면 그대로 받아들여선 안 된다. 직설적으로 말해 버핏은 '하이퍼 인플레이션'과 '슈퍼 공황'을 대비해 투자한 것이다. 1930~1940년대 열차 한 가득 곡물을 담고 미국 전역을 다니고, 사흘 이상 굶주린 사람들이 이 열차가 도착하기만을 손꼽아 기다리던 시절, 버핏은 자신의 유년 시절 기억을 떠올렸던 것이다. 그래서 그는 철도를 잡을 수밖에 없었다.

무엇보다 버핏은 석유 시대에서 녹색 시대로 옮겨 가는 시기가 꽤나 시끄러울 것이라고 생각했던 것 같다. 석유는 빠른 속도로 줄어드는데 교통 혁명을 일으킬 녹색 혁명의 가시적 효과는 50년 후 나타나는 '미스매치(mismatch)'의 혼란스러움이다. 그래서 이 혼돈의 시기에 연료 효율이 일반 트럭보다 3~5배가량 높은 철도가 20년 이상 빛을 발할 것이라고 예측한 것이다.

혹시 여러분 중 누군가는 "그럼 버핏은 왜 자원에 직접 투자하지 않고 철도회사를 잡았느냐?"고 반문할 수도 있다. 조금만 생각해 보면 된다. 가령 정말로 석유와 식량 자원이 무기로 등극하는 순간이 온다면 그때는 기존 시스템에서 인정받았던 소유권은 아무런 의미가 없어진다. 아무리 내가 투자한 밀이라고, 옥수수라고, 소라고, 돼지고기라고,

양모라고, 철광석이라고, 그리고 석유라고 주장해 봐야 직접 내 손에, 내 창고에 없으면 내 것이 아니다. 해당국 정부가 "꺼져!"라고 하면 그 순간 돈만 날리고 조용히 고개를 숙여야만 한다. 그래서 버핏은 미국에 있는, 미국의 철도회사를 고른 것이다. 슈퍼 공황의 시대에 통제권을 갖고, 대중에게 생명줄로 인식돼 보호받는 사업의 장점을 미리 파악했던 것이다.

버핏은 공황기에 빛을 말하는 투자 수단인 금에 대해 경멸한다. 그러나 이 또한 속임수라고 통찰해야 한다. 분명 200그램짜리 골드바 5~6개를 보유하고 있는 개인은 슈퍼 대공황 시기에 그나마 자신과 가족을 지켜낼 수 있다.

하지만 버핏은 이런 개인이 아니다. 300조 원 이상을 위탁받아 굴리는 큰 손 중의 큰 손이다. 이런 입장이라면 금은 결코 투자의 대상이 될 수 없을 것이다. 실물 금을 사 모으기도 어렵고, 금 가격이 파악되지 않는 슈퍼 공황 시기에 고객에게 얼마큼의 금(이익)을 배당해야 할지 계산이 되지 않는다. 그래서 버핏에게 금은 무가치한 광물에 불과했던 것이다.

## 03: 현대판 노아의 방주가 필요하다

자, 그렇다면 우리는 '그놈들'이 만들어 낼 이 끔찍한 슈퍼 공황을 어떻게 대비해야 할까?

2012년, 우리의 통찰대로 울트라 버블을 만난다면 그것은 역설적으로 곧 슈퍼 공황이 온다는 것이고, 그렇다면 우리는 본격적으로 대비를 해야 한다. 그간 울트라 버블을 위해 음모론 투자를 했다면 이제부터는 모든 포지션을 바꿔 슈퍼 공황에 견뎌내는 투자를 해야만 한다.

하지만 결론부터 말하면 슈퍼 디플레이션 상황인 슈퍼 공황 시기에 일반인이 갖출 수 있을 만한 대비책은 별로 없다. 그나마 한 가지 키워드를 꼽으라면 그것은 바로 '생존'이다. 그래서 우리가 지금까지 말해 온 음모론 투자의 마지막은 슈퍼 공황 시기에 얼마나 잘 살아남느냐가 관건이 될 것이다. 생존이라는 관점에서 보면 돈이나 정신노동, 명예

등은 죽고, 실물과 육체노동, 그리고 이웃과의 협동이 중요한 요소로 떠오를 수밖에 없다.

## ■■■ 거대한 냉장고, 텃밭, 금, 권총

이 슈퍼 공황이 얼마큼 고통스러울지 구체적으로 표현하기는 불가능하다. 솔직히 나도 잘 느껴지지 않는다. 그나마 1930년대 대공황과 1940년대 제2차 세계대전을 경험했던 사람들이라면 앞으로 찾아올 고통에 대해 감을 잡을 수 있을 것이다. 하루에 밥 한 끼밖에 못 먹고, 추운 겨울 방 안 온도가 5도에 불과한 곳에서 잠을 자면서 그런 상황이 3개월이 될지, 1년이 될지, 기약 없는 상황이 주는 공포를 느껴야 한다는 것을 말이다.

그리고 이것보다 더 무서운 것은 바로 절망이다. 지옥은 순간의 아픔보다, 이런 아픔이 영겁의 시간 동안 계속된다는 사실로 인해 더 괴로운 법이다. 슈퍼 공황 역시 이런 절망의 고통이 가장 큰 힘을 발휘하는 시기가 될 것이다.

그렇다면 음모론 투자자는 슈퍼 공황에 어떻게 맞서야 할까? 정말 자신이 100퍼센트 순도의 음모론자라고 자신한다면 2012년 이전에 가장 먼저 모든 빚을 깔끔하게 청산해야 한다. 빚은 우리를 버티지 못하게 만드는 최악의 투자다. 따라서 울트라 버블 시기는 돈을 벌 시기가 아니라 빚을 청산할 시기라고 봐야 한다.

다음으론, 시골로 내려가 꽤 널찍한 텃밭 딸린 집을 하나 장만해야 한다. '겨울나기'를 생각한다면 따뜻한 남쪽 지역으로 내려가는 것이 현명한 선택일 것 같다. 음모론자 중에는 2011년부터 도시 생활을 정리하고 아예 농촌에서 생활할 것을 권하는 이들도 있다. 이처럼 음모론에선 귀농의 해법을 상당히 긍정적으로 바라보고 있는데 이때 포인트도 역시 '생존'이다. 즉, 농사를 지어야 한다는 뜻이다. 따라서 본격적인 귀농을 하든, 단순한 터전을 마련하는 것이든 우선적으로 해야 할 일은 농사짓는 법을 익히고 식량을 확보하는 것이다.

2009년 말 현재 대한민국의 쌀 자급률은 100퍼센트에 육박한다. 반면 그 외 농작물은 5퍼센트쯤 된다. 사람은 밥만 먹고 살 수 없다. 따라서 상추나 고구마, 호박 정도 심을 공간이 필요하고, 텃밭에서 이런 작물을 재배할 수 있는 경험과 노하우를 얻어야 한다. 슈퍼 공황을 대비하는 경우라면 최소한 이런 것을 사전에 준비해야 한다.

### ● 대한민국 쌀의 자급률도 50퍼센트 밑으로 떨어질 수 있다

2008년 기준 대한민국의 곡물 자급률은 26.2퍼센트이다. 쌀은 자급률이 94.4퍼센트로 높은 반면 밀은 0.4퍼센트에 불과하고 옥수수나 콩은 자급률을 논하기조차 어렵다. 그런데 국내 1인당 밀 소비량은 이미 쌀의 절반을 넘어선 상태다. 한국인도 이제 밀을 상당히 많이 먹고 있다는 뜻이다. 그래서 밀의 저조한 자급률은 심각한 문제이다. 게다가 WTO 협약에 따라 2014년 이후에는 쌀 시장도 완전히 개방해야 한다. 쌀의 자급률이 50퍼센트 밑으로 떨어지는 건 시간문제다. 이런 상황에서 슈퍼 공황이 닥친다면?

이와 함께 시골 집에는 최소한 반 년 정도는 버틸 식량을 저장할 수 있는 대형 냉동창고도 있어야 한다. 물론 최악의 순간 전기마저 끊어지면 소용이 없겠지만, 현재로선 전기료가 3~5배 정도 인상될 수는 있어도 아예 암흑의 세계가 찾아올 가능성은 낮다. 한국전력은 상장이 폐지될 수 있지만 그렇다고 회사 문을 닫는다고는 볼 수 없다. 석유 가격은 급등해 자동차는 운행할 수 없을 테지만 이미 화력(석유), 원자력, 풍력, 수력, 태양열 등으로 다각화된 에너지원으로 전기 사용은 지속할 수 있을 것이다.

슈퍼 공황 시기엔 실물 금도 반드시 필요하다. 세상이 금태환 체제로 복귀할 것이라고 생각하지 않지만 달러 이후 새로운 기축통화가 결정되기 전까지 금은 상당 기간 화폐처럼 사용될 것이다. 내 아이가, 늙은 노모가 영양실조나 추위에 떨게 만들고 싶지 않다면 지금부터 금(실물 금)을 모아 슈퍼 대공황 초반의 암흑기에 사용해야만 한다.

혹시 총기나 기타 무기 소지가 합법화돼 있는 국가에 살고 있다면 반드시 이런 무기를 확보해야 한다. 아마도 미국에선 이에 대한 필요성이 우리보다 월등할 것이다. 슈퍼 공황의 진원지가 되는 미국에서 총만큼 효과 있는(?) 생존 수단이 없기 때문이다.

따라서 향후 미국인들은 연방정부가 어떤 식으로든 총을 뺏으려 해도 수단과 방법을 가리지 말고 총기를 확보해 둬야 한다. 이건 정부에 대해 반기를 들라는 뜻이 아니다. '그놈들'의 흉계에 멀쩡하게 눈 뜨고 당하지 말라는 이야기다.

## ■■■ 마지막 사이클 그후

슈퍼 공황에 가장 빛을 발하는 대처 방법은 가족간의, 친구간의, 동호회간의, 동문간의, 지역사회간의 확실한 네트워크를 쌓는 일이다. 슈퍼 공황이 1930년대 대공황처럼 10년 넘게 지속될 수도 있지만 아비규환의 시기는 초반 2~3년이다. 따라서 이때 얼마큼 잘 살아남느냐가 관건인데 '이웃'의 존재가 정말 소중한 순간이 될 것이다.

예를 들어 이런저런 능력이 있는 10~15 가정만 뭉쳐서 시골의 터전에서 생활한다면 상당히 괜찮은 대처법이 될 수 있다. 집을 짓고 물건을 만드는 목수, 텃밭 가꾸는 법을 가르쳐줄 농부, 아픈 아이를 치료해줄 의사, 석유나 석탄 등 기타 자원을 확보해 줄 장사꾼, 맥가이버처럼 무엇이든 고치는 기술자, 혼돈의 시기를 현명하게 이끌어줄 리더십 등 우리를 지켜줄 것은 이런 이웃들과의 진심 어린 공조 체제를 구축하는 것이다.

그리고 이런 공조 속에 희망의 끈을 놓지 않는 것이다. 우리가 영혼의 자유로움만 '그놈들'에게 빼앗기지 않는다면 어떤 식으로든 생존할 수 있고, 버텨낼 수 있다.

『거대한 파동』의 저자 데이비드 해킷 피셔는 과거 영국 빅토리아 시대(1837~1901년)에서 시작된 거대한 파동이 마무리되고 있다고 주장한다. 그리고 그는 "인류의 거대한 파동은 일반적으로 80~120년을 지속하는데 1896년에 본격화된 파동이 결말로 치닫고 있다"면서 "파동의 끝은 전쟁, 전염병, 굶주림, 그리고 경제 파괴로 마무리될 것"이라고 역설한다.

나는 여기서 이 '울트라 버블-슈퍼 공황'의 주기가 이번 거대한 파동의 마지막 사이클(last cycle)이 될 것이라고 전망한다. 그간 한 세기 넘게 수차례 반복되었던 버블과 버블 붕괴, 호황과 불황의 주기가 이번 빅 사이클로 일단락되고 이어 새로운 시대, 새로운 파동이 시작된다는 말이다.

내가 이런 이야기를 하면 선물옵션에 투자했다가 한때 노숙자 신세까지 경험했던 신용불량자 친구는 너무도 좋아한다. 심지어 "그때가 너무나 기다려진다"며 낄낄댄다. 슈퍼 공황, 정말로 이런 시기가 온다면 우리는 모두 제로 베이스에서 다시 시작해야만 한다.

돈? 돈이 있으면 문제가 없다고? 물론 0.1퍼센트에 속하는 대한민국 알짜 부자들은 슈퍼 공황기에 어떤 식으로든 고통을 덜 느낄 수도 있겠다. 하지만 이건 절대적인 수준이다.

주관적인 관점에서 보면 그들도 괴롭긴 마찬가지다. 더 안타까울 수도 있다. 공황이란 것은 기본적으로 디플레이션이기 때문이다. 1,000억 원대 자산이 100억 원으로 폭락하는 느낌은 그 자체만으로도 그들에게는 큰 고통일 것이다.

2011년, 그리고 2012년. 묵묵히 주위를 둘러보기 바란다. 얼마큼 세상이 '거품'에 취해가는가를 살펴보고, 미국 달러화가 제정신을 차리는지도 확인해야 한다. 만약 단순한 눈속임이나 술수가 아닌 엄청난 대반전으로 미국이 고개를 들고, 달러화가 자기 역할을 해준다면, 그리고 당장 2012년부터 사용할 수 있는 실체를 갖춘 녹색 기술이 등장한다면 지금까지의 통찰은 모두 틀렸다고 할 수 있다.

그러나 2010년 크리스마스에 "위기가 완전히 사라졌다"는 뉴스가 경제신문 1면을 장식하고, 2011년 초 코스피가 2,000포인트를 가볍게 넘어선다면 그때쯤엔 이 책을 다시 한 번 찬찬히 읽어줬으면 좋겠다. 그리고 어서 빨리 전라남도 강진쯤에 내려가 자그마한 터전을 마련하는 것을 한번 고민해 보자.

# 04

## 꾸준하게
## 농산물과 통화에 대한
## 관심을 지속하라

앞에서 통찰은 정답 맞히기가 아니라고 했다. 그리고 음모론 투자는 예측이 아니라 대응이라고 했다. 당연히 울트라 버블과 슈퍼 공황의 통찰도 언제든 틀릴 수 있다. 하지만 그렇더라도 우린 뭔가를 해야만 한다. 통찰이 틀릴 것을 걱정해 손을 놓고 기다릴 것이 아니라 일단 대응을 시작해야 한다는 뜻이다.

가령 2010년은 과거 슈퍼 버블 당시로 보면 2004~2005년에 해당한다. 향후 찾아올 울트라 버블 과정이 '인플레이션 → 대규모 인플레이션 → 하이퍼 인플레이션' 과정으로 종이돈의 가치가 추락한다고 보면 분명 2010년 연말쯤엔 뭔가를 확인할 수 있다. 최소한 인플레이션인지 디플레이션인지, 빚더미에 오른 미국을 위시한 세계 각국 정부가 추가적인 버블 생성을 결정했는지 아니면 더블딥을 선택했는지에 따라 판

가름이 난다는 이야기다.

만약 2010년의 크리스마스가 2008년 겨울과 같은 공포 분위기라면 울트라 버블은 성립하지 않는다. 원유, 광물, 농산물(토지 포함) 금 등 원자재 버블이 가세하고, 증시에선 녹색 혁명을 테마로 한 녹색 버블이 합류하고, 세계 주요 통화가 모두 추락하면서 생기는 통화 버블까지 합쳐지는 울트라 버블이 오려면 최소한 2010년에는 이것에 대한 '버블 씨앗'이 뿌려져야 하기 때문이다.

따라서 이때 취해야 할 대응은 안전한 투자이다. 현금을 들고 있어야 하며 달러를 위시한 글로벌 통화를 보유하는 게 유효한 전략이다.

반면 2010년의 크리스마스가 공포에서 벗어나 흥분은 아니더라도 걱정이나 염려를 전혀 찾아볼 수 없다면 이때는 음모론 투자를 따라가야 한다. 게다가 일반인들이 "더블딥? 올 테면 오라지. 지금도 힘들어 죽겠는데"라는 반응을 보인다면 더욱 음모론 투자가 힘을 얻는 상황이 된다. 버블은 불안보다는 포기에서 시작하는 법이니까.

앞에서 나는 음모론 투자의 대응법으로 달러와 금의 줄타기를 말했다. 그리고 아프리카와 인도 및 한국에 대한 투자를 강조했다. 여기에 좀더 덧붙이자면 통화 투자와 농산물 투자를 권하고 싶다. 특히 농산물 투자와 통화 투자는 굳이 울트라 버블이나 슈퍼 공황과 상관없이 나름의 의미가 있다는 것이 장점이다.

물론 원유 투자도 첫손에 꼽히는 대응법이지만 여기엔 조금 어려운 문제가 있다. 매매 타이밍을 잡기가 힘들 것이기 때문이다. 달러가 사망한다는 관점에서 보면, 그리고 자원 버블이라는 관점에서 보면 유가는 분명 배럴당 150달러, 200달러, 그 이상으로 폭등할 것이다.

그런데 실전 투자에선 주의해야 한다. 유가는 '그놈들'이 가장 세심하게 가격을 관리하는 테마이기 때문이다. 가령 석유값이 2010년 배럴당 100달러를 넘고, 2011년에 150달러를 넘어버리면 세상은 긴장한다. 충격에 휩싸인 사람들은 '달러의 문제'를 찾아내고 어떻게든 달러를 죽이지 않은 채 해법을 찾으려고 할 것이다.

그러면 '그놈들'로서는 모든 계획이 수포로 돌아간다. 달러가 죽지 않으면 다음 단계로 나아갈 수가 없다. 거품을 만들 수 없고, 거품을 만들지 못하면 폭락도 없고, 폭락이 없다면 '세계 단일 정부' 야욕은 최소 30년 뒤로 늦춰지게 된다. 그래서 어떤 식으로든 원유(선물) 가격은 관리될 것이다.

유가는 농산물, 철광석 가격 등과 질적으로 다르다. 가령 농산물은 가격 급등을 자연재해 등 기후 문제를 조작해 달러의 문제가 아닌 다른 문제로 속일 수 있다. 기후가 안 좋아 곡물 작황이 엉망이 돼 가격이 올랐다고 핑계를 댈 수 있기 때문이다.

반면 석유 가격은 중동 지역을 화약고로 만드는 정도인데 이 경우엔 '단기 재료' 이상으로 사용할 수 없다(만약 2011년 중동에서 대규모 전쟁이 일어나고, 3차 세계대전으로 발전한다면 그땐 이 책 내용이 모두 바뀌어야만 할 것이다).

그래서 유가 급등은 최대한 늦춰질 것이고 석유의 마지막 발악은 달러의 숨통을 끊는 결정적 타이밍에 폭발한다. '인플레이션 → 대규모 인플레이션 → 하이퍼 인플레이션' 상황 중 대규모 인플레이션의 마지막 단계다. 그래서 막상 실전에선 차익 실현 타이밍을 잡기가 매우 어려울 수 있다.

그러므로 개인 투자자는 유가에 대한 직접투자보다 그것을 이정표로 활용해 본격적인 '슈퍼 공황'에 대비할 시점인지 여부를 판단하는 용도로 삼아야 할 것이다.

한편, 부동산은 가격이 오를 것이지만 조심해야 한다. 가령 아파트는 단기 차익 실현이 힘들다. 상가 투자도 맹점이 있다. 상가 투자의 수익은 기본적으로 임대료인데 울트라 버블은 실체적인 성장성 없이 거품이 팽창해 발생하는 상황이기 때문에 임대 수요가 급증한다고 볼 수 없다. 그래서 부동산 투자는 농사를 지을 수 있는 토지 투자나 텃밭이 딸린 주택에 국한하는 것이 좋다.

## ■■■ 농산물 투자의 핵심

농산물 투자는 음모론에서 전통적으로 많이 다루는 분야다. 농산물 투자가 음모론에서 중요한 위치를 차지하는 건 크게 두 가지 이유 때문이다. 바로 기후 조작과 유전자 조작이다.

첫째, 기후 조작은 '그놈들'이 기후를 조작해 기존 농산물의 수확량을 조절하고 이를 통해 가격도 함께 움직인다는 시나리오다. 물론 일반인은 대부분 '기후 조작'이라는 말에 상당한 반감을 느낀다. "2005년 크리스마스 때 인도네시아 및 동남아시아에서 발생한 쓰나미는 인위적인 사고"라거나 "2010년 초에 터진 아이티 지진도 조작된 거야"라고 하면 미친 놈 바라보듯 한심해한다.

하지만 기후 조작이나 자연재해 조작은 이미 현실이다. 가령 먼지 등과 같은 역할을 하는 '구름 씨(cloud seed)'로 만드는 인공 강우 실험은 이미 1946년 미국의 빈센트 셰퍼 박사가 성공했고 미국, 러시아뿐 아니라 호주, 남아프리카공화국 등 웬만한 자원 보유국들은 이 기술을 보유하고 있다. 게다가 '살인 광선'으로도 불리는 전자기파를 땅속으로 쏘거나 전리층으로 쏘아 올려 지진을 비롯한 다양한 기후 변화를 만들어 낸다는 하프 프로그램(HAARP : Highfrequency Active Auroral Research Program)도 실존하는 문서를 통해 확인되고 있다.

둘째, 유전자 조작도 농산물 투자에 큰 영향을 미친다. '신세계질서' 관점에서 보면 결국 '그놈들'은 유전자조작식품(GMO : Genetically Modified Organism)을 통해 인류의 먹을거리를 장악할 것인데 이를

### ● '그놈들'이 농산물 투자로 돈을 버는 방식

'그놈들'은 농산물과 관련해 크게 두 가지 측면에서 돈을 번다. 첫째는 기후 조작을 이용한 농산물 선물투자로, 둘째는 유전자 조작 상품 공급을 통해서다. 즉, 먼저 기후 조작과 관련해서는 세계 곡물시장의 작황을 조절한 후 선물투자를 활용한다. 이벤트를 만들 때도 있다. 가령 2004~2008년 옥수수, 사탕수수, 밀 등을 이용한 바이오 에탄올 에너지를 띄운 것이 좋은 사례다. 아들 부시 대통령 시절 뜬금없이 등장한 바이오 에탄올 덕에 미국 농부 중에서 백만장자가 속출했는데 이보다 몇십 배 더 많은 돈을 번 세력은 바로 선물투자를 했던 '그놈들'이다.

이처럼 기존 농산물 가격을 올린 후 일반인들이 "너무 올라 못살겠다"는 불만이 커질 때 자신들의 유전자 조작 상품을 공급하는 방식이다. 실제로 현재 다수의 농업 관련 전문가들은 몬산토 같은 회사의 유전자 조작 외에는 별다른 식량 증산 방법이 없다고 이야기한다. '권위' 있는 전문가들이 이렇게 말하는 것을 보면 이것은 곧 '자기실현적 예언(Self Fulfilling Prophesy)'이라고 봐야 한다.

위해서는 기존 농산물에 치명적인 약점이 있어야 한다. 그래야 대중이 자연스럽게 유전자 조작 상품을 찾을 수가 있다.

그렇다면 치명적인 약점은 무엇일까? 바로 '가격'이다. 기존 농산물 가격이 급등해야만 대중은 비로소 울며 겨자 먹기로 유전자 조작 음식을 먹게 되는 것이다.

그러나 본격적인 유전자 조작 농산물 시대는 그리 빨리 오지는 않을 것 같다. 아직 대중의 반감이 상당하기 때문이다. 그래서 '그놈들'은 일단 기존 농산물 선물시장에서 돈을 최대한 뽑을 것이 확실하다. 선물 가격을 맘대로 올리고 내리면서 돈을 버는 것이다.

'그놈들'은 향후 고기를 먹는 인구를 증가시키고, 농토는 줄이고, 관개용수도 부족하게 하고, 이상기후도 속출하게 하면서 일반 농산물 공급을 급감시키는 방법을 구사할 것이다. 그래야 가격이 높아질 테니까. 무엇보다, 2012년까지 펼쳐질 세계 다극화는 세계인의 중산층화를 목표로 하고 있어 향후 육류 섭취량은 급격히 증가할 것이다. 그렇다면 이는 결국 농산물 수요 증가로 이어지게 된다. 소나 돼지에게 먹일 곡물 수요는 두 배 이상 더 늘어나기 때문이다.

그런데 이미 전 세계의 농작물 증산은 힘든 상태다. 1980년대 이후 '그놈들'이 신자유주의를 외치며 자유무역의 흉계를 펼치면서 대다수 국가들의 농업 생산력이 급감했기 때문이다. 또한 농지라는 것이 넓히고 싶다고 무턱대고 넓힐 수 있는 것도 아니다.

게다가 세계 주요 농산물 생산국인 미국의 산업 생산 능력이 2008년을 기점으로 사상 최대폭으로 줄어들고 있다. 여기에 기후변화의 영향으로 물 부족 현상은 더욱 심화되고 있으며, 폭설, 폭우, 가뭄, 지진 등 기후 여건까지 악화되면 농산물 가격은 더 큰 폭으로 오르게 된다. 그렇기 때문에 음모론 투자 입장에선 향후 농산물 가격 인상을 놓고 울트라 버블 및 슈퍼 공황 주기에 따라가 보는 것도 하나의 방법이 될 수 있다.

무엇보다 '그놈들' 입장에서 애그플레이션(agflation : agriculture +inflation, 농산물 가격 급등 현상)은 인플레이션의 좋은 눈속임거리가 된다. 가령 원유 가격이 급등하면 사람들은 바로 달러 가치 하락을 알아차리게 된다. 그러면 울트라 버블을 만들어낼 수 없다.

그렇지만 농산물 가격 상승은 기후 탓, 인구 탓, 이머징 마켓 탓 등 달러(통화)의 문제가 아닌 다른 쪽으로 시선을 돌릴 수가 있다. 식량 가격 인상에 따른 인플레이션은 달러 때문이 아니라 기후 때문이라고 둘러댈 수 있는 것이다.

그래서 원유 가격은 마지막 순간 단박에 폭등하는 모습을 보이는 반면, 농산물은 2010년을 기점으로 꾸준히 오르는 모습을 나타낼 것이라고 추론해 볼 수 있는 것이다.

하지만 이런 농산물 투자 때 염두에 둬야 할 포인트는 급등이 아니라 '꾸준함'이다. 만약 지난 2007~2008년에 그랬듯이 연 40~50퍼센트대의 폭등 양상을 보인다면 이것은 음모론 투자에선 오히려 의심하고 경계해야 할 현상이다.

현재 개인이 농산물 가격 상승에 투자하려면 관련 주식을 사거나 농산물펀드에 가입하거나, 농산물에 선물투자하는 세 가지 방법이 있다. 그나마 현실적인 방법은 많은 약점에도 불구하고 농산물펀드에 투자하는 것이라고 할 수 있다. 농산물펀드는 관련 주식을 모은 주식 투자형과 농산물 가격 지수 인덱스 및 선물에 투자하는 파생형으로 나뉘는데 주식형과 파생형에 각각 5:5로 사금을 투자하는 것을 권한다.

유의해야 할 점도 있다. 농산물 가격은 기본적으로 선물 가격으로 변동폭이 그야말로 '아찔하다'는 것. 따라서 투자 규모는 전체 투자자산의 10퍼센트를 넘지 말아야 한다. 또한 이때도 올인하고 기다리는 게 아니라 적립하면서 따라붙고, 가격과 함께 정황 증거를 확인해야 한다. 가령 앞서 통찰했던 '다극화'가 실현되지 못한다면 농산물 가격 상승도 어려워진다. 다극화를 통해 지구상의 모든 사람들이 많이 먹어야만 식량 가격이 오를 수 있기 때문이다.

반면 2007년 톤당 200달러 밑에서 움직이던 밀 가격이 1년 만에 440달러까지 치솟았던 것 같은 급등장은 반드시 조심해야 한다. 연 20퍼센트 수익률은 괜찮아도 연 40퍼센트 상승은 속임수로 경계해야 한다는 말이다. 기존 투자론에서도 농산물 가격 폭등은 버블의 마지막 국면에서 발생한다고 설명한다. 다시 한 번 말하지만 음모론 투자에서 바라본 농산물 투자의 핵심은 점진적인 가격 상승이다.

물론 이때도 이상기후 문제가 매 3개월마다 국제 뉴스를 장식한다면, 그리고 2012년까지 연 20퍼센트의 상승률이 꾸준하게 이어진다면, 앞서 금 투자처럼 '실물' 확보에 나서야만 한다. 극단적인 경우 시골로 내려가 본격적으로 농사를 배워보는 방법도 생각해 볼 수 있겠다. 쌀, 옥수수, 밀, 콩 등은 냉장고가 필요 없는 곡물이다. 얼마든지 오랫동안 저장할 수 있기 때문이다.

1930년대 미국 대공황 때도 그랬다. 넓은 밭에다 콩을 경작했던 사람들은 10년도 안 돼 거부가 됐다. 그때부터 100년 후 정도에도 똑같은 상황이 발생할 수도 있다.

■ ■ ■
## 통화 투자

　음모론에 입각한 투자가 아니더라도 웬만한 경제학자나 재테크 전문가들은 통화 투자에 대한 필요성에 대해 자주 역설한다. 달러화, 유로화, 엔화, 호주 달러, 스위스 프랑 등 세계 주요 통화를 조금씩 적립해 두면 짧게는 5년, 길게는 10년 주기로 반드시 제값을 한다는 주장이다.

　나도 그렇게 생각한다. 음모론 투자가 의심스럽다고 생각해도 여유 있을 때 엔화나 호주 달러를 확보해 두는 것도 그리 손해나는 장사는 아닐 것 같다. 적어도 일본이나 호주로 여행 갈 때 그럭저럭 써먹을 수 있을 테니까 말이다.

　특히 음모론 투자 관점에서도 통화 투자는 분명 필요하다. 달러가 붕괴되는 마당에 종이돈이 무슨 소용이냐고 반문할 수 있겠지만 통화 투자는 크게 다음 세 가지 관점에서 접근해야 한다. 첫째는 2012년까지 가치가 오르는(강세를 유지하는) 통화에 투자해 수익을 낸다는 것이다. 둘째는 슈퍼 공황이 터진 후 자산의 일부로 활용할 수 있는 통화를 확보해 두는 용도라는 것이다. 그리고 셋째는 음모론 투자가 완전히 엇나갔을 경우 대한민국이 수출로 먹고사는 인재 보유국이라는 점을 감안해 '경제 주기'를 예상해 대응하는 관점이다.

　결론부터 말하면 첫째 관점에선 브라질 헤알화, 호주 달러, 일본 엔화를 꼽을 수 있고, 두 번째 용도로는 유로화, 스위스 프랑을 들 수 있다. 그리고 세 번째 관점의 투자 대상 통화로는 달러화—나는 가장 쓸모 없다고 주장하지만—가 해당된다.

최근 브라질 정부는 헤알화 강세를 막으려고 다양한 방법을 취하고 있다. 외환 투기 세력에 높은 세금도 매긴다. 따라서 일반적인 생각으론 세금 때문에 헤알화 강세는 어렵다고 보지만 음모론에선 한 번 더 뒤집어야 한다. 헤알화 강세를 막기 때문에 약세로 전환하는 게 아니라 헤알화 강세가 지속되고 있어 정부가 의도적으로 이를 막는다는 해석이다. 향후 3~4년간 미국 국채를 더 사줄 여력이 있는 곳은 더 이상 중국, 일본, 영국이 아니다. 이제 누군가 다른 세력이 바통을 이어받아 미국 국채와 달러를 사줘야 한다. 바로 브라질 같은 곳이다. 따라서 '그놈들'은 브라질 정부에게 그런 필요성을 계속 느끼게 해줄 것이다.

앞에서 엔화 강세를 통찰해 보았다. 그런데 혹시 엔화 예금을 가입하러 은행에 갔다면 간 김에 호주 달러 예금도 함께 가입하는 게 좋다. 자원 보유국 호주는 분명 화폐의 사망 과정에서 유리한 고지를 차지할 것이다. 또한 브라질처럼 미국 채권을 사주는 역할을 맡지 않았다는 장점도 있다.

그런데 선진 증시라는 이유로, 또한 '그놈들'의 거주지로 활용된다는 점에서 '자원 버블'이 찾아오는 시기에도 주식 및 부동산 시장의 상승 탄력은 높지 않을 것이다. 세계인의 관심이 집중될 수 있기 때문이다.

그래서 '실물 자원' 또는 '원자재 버블'이라는 관점에서 호주를 골랐을 때는 호주 증시보다는 호주 달러에 투자하는 것이 제격이다. 게다가 호주는 2010년 이후 전 세계에서 금리를 가장 큰 폭으로 올릴 수 있는 여력이 있다. 호주 달러가 음모론 통찰에서와 달리 약세로 전환한다고 해도 높은 금리로 인해 손실(환차손)은 만회할 수 있을 것이다.

한편, 음모론자 중에서 유로화 투자나, 스위스 프랑 확보에 대해 역설하는 사람들이 꽤 많다. 통화 투자의 두 번째 용도다. 분명 유로화나 스위스 프랑은 한순간에 휴지로 전락하지는 않을 것이다. 유로화를 잔뜩 갖고 있다면 슈퍼 공황 기간이나 그 후에 사용할 수 있을 테고, 스위스 프랑 역시 잘 보관만 한다면 자산 가치로는 충분하다. 유로화는 앞으로 등장할 세계 단일 통화에서 한 요소를 차지할 것이고, 스위스 비밀 금고에는 '공식적으로만'도 국내 증시 시가총액의 세 배가 넘는 돈이 스위스 프랑으로 존재하고 있기 때문이다.

하지만 유로화나 스위스 프랑은 울트라 버블 기간에 약세를 띨 가능성이 커 2011년까지는 기다린 후 서서히 투자에 나서는 게 좋을 것이다.

### ■■■ 당분간 은행을 멀리하라

열심히 은행에 저축하거나, 1퍼센트 포인트의 수익을 더 올리기 위해 안정적 채권투자에 힘쓰는 사람들을 겁주려는 의도는 아니다. 하지만 음모론 투자에선 당분간 저축과 채권투자 등과 같은 금리 상품은 최악의 재테크라고 본다. 핵심적인 이유는 바로 인플레이션이다. 우리가 금리(이자율)로 챙기는 이익은 실질금리(명목금리-인플레이션)로 파악되는데 그간 시중에 풀린 유동성과 금리 수준으로 봤을 때 실질금리는 지속적으로 마이너스를 기록할 것으로 보기 때문이다. 결국 은행에 맡긴 종이돈의 가치는 3년 후 은행 이자를 감안해도 오히려 마이너스가 될 가능성이 높다.

일각에선 금리 인상 효과를 이야기한다. 인플레이션이 터지면 당연히 금리를 더 큰 폭으로 인상할 테고 그러면 은행 금리도 상승해 실질

금리도 높아진다고 주장한다. 그렇지만 이게 말처럼 쉽지 않다. 10퍼센트의 인플레이션이 발생한다고 해서 은행이 당장 금리를 10퍼센트 포인트 올려주지 않기 때문이다.

특히, '그놈들'의 조작으로 대규모 인플레이션과 하이퍼 인플레이션은 상당 부문 희석될 가능성이 높다. 분명 물가가 월 5퍼센트씩 오르고 있는데도 우리에게 다양한 지표 조작을 통해 "괜찮다"고 인식되게 만든다는 이야기다. 실제로 과잉 유동성으로 인한 인플레이션에도 불구하고 FRB의 버냉키 의장은 금리를 올리지 않을 핑곗거리를 무수히 만들 수 있다.

예를 들어 미국의 생산 능력(industrial capacity) 감소는 '그놈들'에게 정말 좋은 무기다. 미국은 지난 2008년 이후 산업 생산 능력이 1960년대 이후 가장 큰 폭으로 하락하고 있다. 경기 침체에 따른 매출 하락과 수익성 감소로 기업들이 공장을 폐쇄하고 인력을 줄이고 신규 투자를 꺼렸기 때문이다.

실제로 미국에서는 가전제품, 석유, 농산물 등의 재화 생산 능력은 큰 폭으로 떨어지고 있다. 공급(능력)이 조금씩 감소하고 있다는 뜻이다. 이것은 두 가지 용도로 활용된다. 하나는 사람들에게 인플레이션 대신 디플레이션에 대한 우려를 증폭시킬 수 있고, 또 하나는 향후 울트라 버블 단계에서 수요가 조금만 늘어도 공급 부족 현상 때문에 재고가 부족해져서 마치 경기가 빠르게 회복되는 착시 현상을 보일 수 있다. 일반적으로 경기 회복기에는 재고가 감소하고, 재고가 증가하는 구간은 경기 후퇴기로 인식되기 때문이다. 특히 마지막 순간에는 공급 부족을 통해 단기간 폭발적인 물가 상승을 만들어낼 수도 있다.

따라서 우리는 미국이 발표하는 인플레이션 지표를 맹신해선 안 된다. 우리에게 중요한 건 통계상의 지표가 아니라 실제로 나타나는 물가 변동성에 대한 대응력이다.

그래서 음모론 투자에선 울트라 버블 때까지는 은행을 멀리할 것을 조언한다(은행에 근무하는 사람들에게는 도무지 납득하기 힘든 주장이다). 채권투자에 대해서도 부정적이다. 인플레이션을 확신하기 때문에 이를 이겨내는 방법은 결코 '금리 상품'이 아니라고 보기 때문이다. 다시 한 번 말하지만 이는 결코 한푼 두푼 알뜰하게 절약하고 저축하려는 노력과 의지를 폄하하는 게 아니다.

하지만 이 노력의 절반 정도는 반드시 '인플레이션'이라는 괴물을 잡는 방법 쪽으로 기울였으면 하는 바람이다. 이것은 꼭 음모론 투자에만 해당되는 게 아니란 점도 말해 두고 싶다.

# 05: 질병에서 사이버 전쟁까지, 바이러스에 투자하라

"코카콜라 맛의 비밀을 아는 사람은 전 세계에서 단 2명뿐이다. 원래는 7명이었으나 5명은 죽고 2명만 남았다. 이 2명도 자신들이 죽거나 비밀을 잊어버릴 것을 걱정해 조지아 신탁은행에 비밀 문서를 봉인해 두었다. 현재까지 밝혀진 재료는 설탕, 탄산수, 캐러멜, 인산, 카페인, 코카잎과 콜라콩이다. 하지만 '머천다이즈 세븐 엑스(merchandise 7X)'라는 마지막 1퍼센트는 밝혀지지 않았다. 그간 수많은 화학자가 80년 이상 이것을 밝혀내려고 노력했으나 헛수고였다. 주원료의 핵심 성분은 밝히지 않아도 된다는 미국 약물관리국 규정을 감안하면 앞으로 그 누구도 코카콜라의 비밀을 결코 풀지 못할 것이다."

코카콜라와 관련된 대표적인 음모론이다. 이게 사실인지 아닌지 확인할 수 없지만 1990년대 초반 이런 이야기는 전 세계적으로 떠돌아다녔다. 그런데 재미있는 것은 1990년대 초 20달러에 움직이던 코카콜라 주가는 이후 5~7년 후에 80달러를 웃도는 폭등세를 기록했다는 점이다.

종종 음모론을 '테마'로 투자하는 사람들이 있다. 2002년 한일 월드컵 당시 H기업 최대 주주에 대해 "그놈들의 삼각위원회 회원으로 늘 살피고 있어야 한다"고 외쳐대던 음모론자가 있었다. 게다가 이 사람은 이런 확인되지 않은 사실만으로 H기업 주식을 사 모으기 시작했다. 논리는 간단했다. "그놈들이 부려 먹으려면 어느 정도 힘이 있어야 하니까 당연히 소유 회사도 의도적으로 키워줄 것"이라는 것이었다. 그런데 놀랍게도 2002년 1~2만 원에서 머물던 이 회사 주가는 2007년 20배의 상승세를 기록했다.

그간 나는 이런 사람들을 무시해 왔다. 나 역시 음모론을 믿고 있지만 그렇다고 이런 맹목적인 신뢰는 아니기 때문이다. 종종 음모론 테마에서도 종종 현실성이 결합된 경우도 있다.

난 이런 대표적인 테마로서 '바이러스'를 꼽는다. 이 바이러스 음모론 테마를 쫓아가면 대박이 터질 수 있다는 게 아니다. 울트라 버블과 슈퍼 공황으로 이어지는 거대한 사이클에서 바이러스가 갖는 의미가 상당할 것이라는 통찰 때문이다. 따라서 투자자 입장에서는 2012년까지 한번 따라붙어볼 필요가 있다고 생각한다. 물론 독자의 취향에 따라서 이번 장은 그냥 무시해도 좋다. 하지만 나중에 맞나 틀리나를 보는 것도 재미있는 일이 아닐까?

## 질병과 컴퓨터, 바이러스 투자의 본질은 같다

음모론에선 '바이러스'라는 단어에서 크게 두 가지를 떠올린다. 첫째는 우리가 익히 알고 있는 질병 바이러스이고, 다른 하나는 바로 컴퓨터 바이러스다. 따라서 바이러스 투자는 크게 질병과 컴퓨터 바이러스에 대한 것으로 나뉜다. 무엇보다 바이러스는 질병이든 컴퓨터든 태생적으로 변종을 만드는 잠재력이 있어 음모론에선 더없이 좋은 소재가 된다.

음모론에선 "그놈들이 바이러스를 퍼뜨리고 이어서 백신(또는 치료제)을 팔면서 돈을 벌고, 또한 백신에 이상한 것을 섞어서 나중에 사용할 또 한 번의 히든 카드를 숨겨놓는다"고 단정짓는데 이런 상황에서 끝없이 출몰하는 변종은 굉장한 호재임이 틀림없다.

또한 이 두 바이러스는 얼핏 전혀 무관해 보이지만 '그놈들'의 세계 단일 정부 수립을 통한 인류의 노예 만들기에는 유사한 테크닉이 활용된다. 바로 'Problem-Reaction-Solution(문제-반응-해결)' 또는 'Problem-Confusion-Solution(문제-혼란-해결)'이라는 전형적인 공격 패턴이다. '의도적으로 바이러스를 퍼뜨린다 → 발생한 피해를 부풀려 대중에 알린다 → 대중은 백신 주사를 맞거나 컴퓨터에 백신 프로그램을 깐다'는 식이다.

그렇다면 결국 음모론 투자도 이런 흐름을 인식해야 한다. 문제가 발생하면 갑자기 온 사회가 이 문제를 얼마나 과대 포장하고, 과장되게 받아들이는지를 확인해야 하고 또한 이후 몇몇 대단한 다국적 기업이나 실력자가 나타나 이를 잠재우는 과정을 말이다.

그리고 이렇게 사태가 종료되면 언제 그랬냐는 듯 세상은 이를 잊어버리고 있다가 얼마간의 기간을 두고 또다른 변종이 나타나 앞의 '문제-혼란-해결' 방식을 반복하는 것이다.

그러나 이렇게 사전 인식한다고 해도 바이러스와 관련한 음모론 투자는 매우 힘든 영역이다. 먼저 질병 측면에서의 바이러스를 살펴보자. 최근 이슈가 됐던 조류 인플루엔자(H5NI, 조류독감), 중증급성호흡기증후군(SARS, 사스), 신종 인플루엔자 A(신종 플루) 등에 대한 백신을 일반인이 개발할 수는 없다. 심지어 국내 업체가 개발한 경우도 없다. 개발사는 따로 있고 여기에 로열티를 지불하고 하청업체 노릇만 할 뿐이다.

물론 스위스 증시에서 로슈사의 주식을 사 모을 수는 있겠지만 일반

### ● 신종 플루 음모론

2009년 '대유행(pandemic)'했던 신종 플루(H1N1, 신종 인플루엔자 A) 치료제에 대한 음모론은 정교하다. 신종 플루 치료제(항바이러스제)는 스위스 로슈사에서 생산하는 '타미플루'와 영국 글락소스미스클라인(GSK)사의 '리렌자' 두 가지이다. 그런데 재미있는 건 이 두 업체는 백신 특허권도 함께 갖고 있다는 점이다. 신종 플루와 관련해 완전 싹쓸이를 한 셈이다.

이뿐만이 아니다. 음모론은 한 걸음 더 들어간다. 주인공은 바로 타미플루의 실제 개발 업체인 미국 바이오 벤처기업 '길리어드 사이언스'이다. 길리어드 사이언스는 2005년 조류독감이 창궐했을 때 타미플루를 통해 떼돈을 벌었는데 이후 갑자기 특허권을 로슈사로 넘기고 뒤로 빠져 현재까지 20조 원이 넘는 로열티를 받아 챙기고

투자자들에겐 힘든 일이다. 국내 증시에선 관련 테마를 끼고 이상 야릇한 주식들이 상한가와 하한가를 오가는 쇼를 보이지만 이건 그야말로 투기의 영역이다. 음모론 투자가 나아갈 방향은 절대 아니다.

컴퓨터 바이러스에 대한 투자도 마찬가지다. '그놈들'이 맘먹고 바이러스를 뿌리면 그냥 당하는 수밖에 없다. 본인이 아주 뛰어난 프로그래머로 이런 바이러스를 퇴치할 획기적인 프로그램을 만들면 모르겠지만 그게 아니면 어쩔 도리가 없는 것이다.

그래서 바이러스 투자와 관련한 첫 번째 대응법은 바로 '생존'이다. 쉽게 말해 질병과 컴퓨터 바이러스 감염에 대한 피해를 최소화하는 것이다.

14세기 유럽에선 흑사병으로 5,000만 명이 사망했다. 이런 상황에서

있다. 특히 2009년엔 대박을 터뜨렸다. 2008년 4분기 1,600만 달러에 불과했던 로열티는 2009년 4분기 1억 9,410만 달러로 폭증했다.

그런데 포인트는 바로 여기서부터다. 이 길리어드 사이언스의 대주주는 바로 미국 전 국방장관 도널드 럼즈펠드라는 것이다. 음모론에서는 20세기 이후 2명의 미국 대통령을 배출한 부시 가문과 함께 럼즈펠드를 대표적인 프리메이슨으로 지목하고 있다.

다국적 제약 기업인 벡스터와 관련된 신종 플루 음모설도 있다. 벡스터는 신종 플루가 등장하기 전인 2008년 12월 기존 독감백신을 18개국에 보내면서 여기에 조류독감(H5N1) 병원체를 섞는 초보적인 실수를 저질렀다는 것이다. 독감백신을 맞으면 방어는커녕 오히려 조류독감 병원체를 몸에다 주입하는 상황이 연출될 수 있었던 것이다. 세계적인 제약사로서 있을 수 없는 실수였다.

투자를 생각하는 것은 난센스다. 물론 '흑사병 음모론'은 존재하지만 개인이 할 수 있는 최선책은 살아남는 것뿐이었다. 컴퓨터 바이러스도 비슷하다. 중요한 파일들은 습관적으로 백업해 놓는 것만큼 괜찮은 투자는 없을 것이다.

무엇보다 바이러스와 관련해선 '그놈들'이 보너스 무기로 사용하는 '공포 바이러스'를 이겨내야 한다. 질병 바이러스와 컴퓨터 바이러스에 대해서는 모두 철저하게 공부해야 한다. 조류독감이 왜 갑자기 신종 플루로 바뀌었는지, '분산서비스거부(DDoS)'의 공격이 왜 유독 대한민국에만 집중됐는지 등 본질적인 사안에 대해 학습해야 한다. 그래서 그 실체를 스스로 인식해야 한다. 3~5시간 정도 투자하면 충분하다.

혼란을 통해 야기되는 공포는 '그놈들'에겐 곧 돈이다. 우리가 공포에 사로잡히지만 않는다면 '그놈들'에게 돈을 빼앗길 일이 없고, 그렇다면 버틸 수 있다.

## ■■■ 인플루엔자 시대

좀더 치열한 바이러스 투자를 펼치고 싶다면 좀더 치고 나갈 필요는 있다. 먼저 질병 측면에서 바이러스를 살펴보자. 그간 인류를 지배했던 전염병을 살펴보면 '그놈들'이 일단 시도한 바이러스 침공은 적어도 100~150년간 지속된다는 것을 알 수 있다.

가령 1800년대는 일명 '콜레라(역병)의 시대'였다. 처음 아시아를 강타해 중국·인도·인도네시아 등에서 수천만 명의 목숨을 앗아가더니 이어 유럽과 러시아로 건너가 수백만 명을 죽였다.

1900년대에 들어오면서부터는 기승을 부리기 시작한 독감(인플루엔자) 바이러스와 20세기 최악의 전염병으로 꼽히는 에이즈(AIDS: 후천성면역결핍증) 바이러스가 인류의 목을 죄고 있는 형국이다.

여기서 2012년까지 특히 집중해야 할 부분은 바로 '인플루엔자' 테마다. 에이즈 테마는 마무리 국면이라고 볼 수 있기 때문이다. 에이즈라는 질병이 완치됐다는 뜻이 아니라 '그놈들'에게 에이즈라는 질병이 차지하는 중요도가 떨어졌다는 이야기다.

현재 다양한 항 HIV 치료 방법을 통해 에이즈 환자들의 생존율은 급격한 속도로 증가했고, 이와 관련해 '그놈들'은 돈을 벌 만큼 벌었다. 특히 대중에게 공포와 혼란을 도모하기에 에이즈의 파급력은 많이 약해진 상태다. 이 때문에 우리는 결국 한 차례 더 닥칠 공포는 바로 인플루엔자에서 비롯된다고 통찰할 수 있는 것이다.

왜 우리는 '조류독감'을 그토록 무서워하는가? 바로 1918년 발발해

### ● HIV는 실존하지 않는다

에이즈와 관련된 음모론은 정말 많다. 흑인을 몰살시키기 위해서 백인이 만들어낸 질병이라는 것에서부터 서방 세계의 생물학전 실험에서 벨기에령 콩고 지역 주민에게 투여한 HIV가 확산됐다는 이야기도 있다. 특히, 인체면역결핍바이러스(HIV)에 의해 전염되는 에이즈에 대해 "HIV는 실존하지 않으며 에이즈는 영양실조에 기인하는 25가지 병과 환경오염에 따른 면역계 증후군일 뿐이다"라는 주장은 학계에서 치열한 논란을 불러일으킨 이슈가 되기도 했다.

전 세계적으로 5,000만 명의 목숨을 앗아가고 당시 해당국 평균수명을 10년 이상 단축시켰던 '스페인 독감'과의 유사성 때문이다. 또한 어떤 모습으로 변이될지 아무도 예상할 수 없기 때문이기도 하다.

2006년 5월 이종욱 세계보건기구(WHO) 사무총장이 스위스 제네바에서 과로사로 세상을 떠났을 때도 그랬다. 많은 음모론자들은 갑작스런 그의 죽음에 대해 차마 '타살 음모론'을 제기하지는 못했지만 눈물을 삼키면서, 변종 조류독감에 대한 그의 경고를 떠올렸다. 스페인 독감으로 시작된 인플루엔자는 결국 사람끼리 감염되는 변종 인플루엔자로 끝을 맺을 것이라는 일각의 주장에 대해서도 확신할 수 있었다.

'백신의 황제', 'Man of Action'으로 불리는 이종욱 사무총장은 생전에 "2005년까지 에이즈 환자 300만 명에게 치료제를 공급하겠다"면서 마침내 개발도상국 100만 명에게 치료제를 공급하는 사건을 이뤄낸 인물이다. 이를 통해 그는 에이즈로 초토화돼 있던 아프리카에 극복할 수 있다는 희망을 줬다. '그놈들'이 만들어낸 에이즈 공포를 물리치는 계기를 마련했던 것이다.

무엇보다 그는 사망 직전 조류 인플루엔자에 몰두했다. 시간이 있을 때마다, 자리를 가리지 않고 "조류독감의 사람간 전파가 언젠가는 온다"면서 유독 이 신종 바이러스에 대해 주목하게 했다. 동물과 사람을 넘나드는 변종 독감 바이러스가 퍼졌을 때는 최소 수백만 명이 죽을 수밖에 없다고 역설했고 따라서 '타미플루' 같은 약품은 무조건 특허 유예 조치를 내려 전 인류가 함께 사용할 수 있어야 한다고 주장했다(타미플루의 특허권은 2016년까지다).

하지만 그는 WHO의 한계도 알고 있었다. 생전에 "겉으론 내 지시를 따르지만 언제 뒤통수를 칠지도 모르는 일"이라면서 "이를 악물고 버텨내겠다"고 다짐하고 또 다짐했다. 그렇게라도 그는 옳은 일을, 올바른 장소에서, 올바른 방법으로 하고 싶었던 것이다.

어쩌면 느닷없이 소개된 이종욱 박사의 이야기에 독자들은 조금 혼란스러울 수도 있겠다. 하지만 이것은 인플루엔자 음모를 풀어내는 중요한 코드가 된다.

왜 WHO는 대유행 단계에 오른 질병에 대한 치료제와 백신에 대해 특허 유예 조치를 내리지 못하는가? 왜 이를 주장했던 이종욱 전 사무총장은 과로사로 사망해야 했나? 음모론에서 가장 최후에 사용되는 방법인 죽음이 공교롭게도 왜 국제기구인 WHO에서 등장했는가 말이다. 이는 결국 조류 인플루엔자가 향후 과거 '결핵' 같은 거대 질병으로 발전할 수 있다고 해석할 수 있는 여지를 남긴다.

물론 이건 하나의 음모론이다. 이런 음모를 믿고 싶지 않을 수 있고, 또한 믿지 않아도 된다. 하지만 이를 믿지 않더라도 최소한 질병에 대한 투자는 실행하기 바란다. 음모론 투자가 아니더라도 노령화 등의 이유로 의료 관련 주의 중요성은 부각될 것이기 때문이다. 가령 2010년 말 및 2011년 초반을 겨냥해 백신 관련 주를 사 모으는 방법을 생각해볼 수 있다. 자신의 포트폴리오에 10퍼센트 정도를 채워놓고 상황을 주시하는 형식이다.

먼저 확인할 일은 2010년 여름 남반구(겨울)에서 벌어지는 상황과 2010년 11월을 기점으로 북반구에서 펼쳐지는 변종 인플루엔자 모습이다. 이때 신종 플루가 어떻게 변이됐는지, 또 어떻게 전염성을 획득했는지에 대해 확인하면서 손절매를 할지, 추가 매수를 할지 결정하면 된다.

글로벌 헬스케어펀드 같은 해외 테마 펀드에 가입해 수십여 개의 다국적 제약사 주식에 투자하는 방법도 있다. 글로벌 헬스케어 테마는 실은 2000년대 초반부터 언론에 많이 등장했던 이슈였고 음모론적 관점에서도 2010~2013년까지는 더 많이 주목받을 것이다.

아예 시장 하락에 대한 단기 투자 대응법도 생각해 볼 수 있겠다. 2010년 말이나 2011년 초 또 한 차례 변종 인플루엔자가 '대유행'되는 상황이 온다면 그것은 분명 '그놈들'이 과열된 주식시장을 식히거나, 휴지로 전락해 버린 달러의 생명 연장 용도로 이용하는 것이라고 생각해야 한다.

마치 중동 지역의 전쟁이나 유럽 변방 국가의 부도 위기 같은, 달러 강세를 만들어내는 이벤트처럼 말이다. 1주일간 사람들이 출근을 못하고, 중국에서 백만 명 정도의 사망자가 나올 것이라는 예측이 부각되면 대중은 다시 달러를 찾게 될 것이 분명하기 때문이다. 하지만 이것은 '단기 투자'로 국한하는 게 좋다. 따라서 시장 하락에 짧게 투자하든지 아니면 저가 매수 타이밍으로 잡으면서 대응해야 한다.

### ■■■ 사이버 전쟁을 정말로 믿고 있다면

음모론자에게 컴퓨터 바이러스는 대단한 의미를 갖는다. 일각에선 제3차 세계대전을 온라인에서 펼치는 사이버 전쟁으로 규정하고 있을 정도다. 개인적으로 이런 견해에 대해 많이 동조하는 편이다. 음모론자들 중에서도 의견은 많이 나뉘고 있지만 나는 인류의 큰 전쟁을 총, 칼, 핵무기 등으로 파악하지 않는다. 오히려 마인드 컨트롤에 의한 대규모

살육, 집단 우울증으로 인한 동반자살, 질병 바이러스 등의 요인을 더 앞에 둔다. 그리고 이 모든 것보다 국경을 초월하는 사이버 대전에 가장 높은 비중을 둔다.

누군가 국내 증시 온라인 HTS(홈 트레이딩 시스템)망에 침투해 투자자들의 보유 주식을 모두 저가에 매도 주문해 버린다고 생각해 보라. 이런 상황에서 한 헤지펀드가 80만 원을 훌쩍 넘는 삼성전자 주식을 겨우 주당 1만 원에 모두 매수해 버렸다. 이 경우 그 헤지펀드는 삼성전자 주식을 다시 되돌려줘야만 할까? 본래 투자자들은 해킹을 이유로 자신의 삼성전자 주식을 돌려받을 권리를 주장할 수 있을까? 만약 이런 일들이 국가 대 국가 차원에서 펼쳐진다면?

이처럼 컴퓨터 바이러스나 해킹을 통한 사이버 테러가 인류의 대전으로 이어질 잠재력은 무한하다. 양쪽을 이간질한 후 양쪽 모두에 붙어 이익을 챙기는 '그놈들'에게 사이버 테러는 아주 유용한 수단임이 틀림없다.

서론이 조금 길었다. 하고 싶은 이야기는, 국내 증시에서 보안주에 주목하라는 것이다. 향후 국내 증시에서, 아니 대한민국 사회에서 컴퓨터 바이러스나 사이버 테러 및 해킹 문제는 끊임없이 반복해서 대두될 것이기 때문이다.

안철수연구소의 안철수 의장이나 그 회사 관계자들은 한심한 눈초리로 쳐다보겠지만 나는 한때 안철수연구소가 그 자체로 '그놈들'의 음모라고 생각했다. 아무리 생각해 봐도 대한민국 같은 IT 강국에서 제대로 된 백신 업체가 안철수연구소 한 개밖에 없다는 건 말이 되지 않았기 때문이다.

더 놀라운 사실은 이 안철수연구소의 백신 프로그램이 전 세계적인

| | | | | | | |
|---|---|---|---|---|---|---|
| 1. | G DATA 2009 20.0.2.1 | 98.89% | | 18. | Avast 4.8.1335 Free | 95.87% |
| 2. | F-Secure 2009 9.00.148 | 98.72% | | 19. | Comodo 3.9.95478.509 | 95.57% |
| 3. | Kaspersky 2010 9.0.0.463 | 98.67% | | 20. | Trend Micro Antivirus 17.1.1250 | 95.36% |
| 4. | AntiVir 9.0.0.381 Premium | 98.64% | | 21. | F-Prot 6.0.9.1 | 93.03% |
| 5. | ZoneAlarm Antivirus 8.0.400.020 | 98.62% | | 22. | McAfee Enterpise 8.7.0i | 92.35% |
| 6. | AntiVir 9.0.0.407 Personal | 98.56% | | 23. | McAfee 13.11.102 | 92.32% |
| 7. | Ashampoo 1.61 | 98.48% | | 24. | Norman Security Suite 7.10.0.1 | 90.76% |
| 8. | MultiCore 2.001.00036 | 98.36% | | 25. | Blink Personal 4.3.2 | 90.17% |
| 9. | Paretologic 6.1.1 | 98.11% | | 26. | Vba32 3.12.10.9 | 89.91% |
| 10. | TrustPort 2.8.0.2255 | 98.03% | | 27. | K7 Antivirus 7.7.0568 | 89.02% |
| 11. | eScan 10.0.977.4091 | 97.82% | | 28. | Norton 16.5.0.134 | 87.37% |
| 12. | The Shield 2009 12.0.12 | 97.72% | | 29. | ArcaVir 2009 | 85.09% |
| 13. | BitDefender 2010 11.0.15.297 | 97.61% | | 30. | Outpost 6.7.2957.446.0711 | 83.59% |
| 14. | Ikarus 1.0.97 | 97.15% | | 31. | Dr. Web 5.00.4.06300 | 82.89% |
| 15. | AVG 8.5.392 Free | 97% | | 32. | Rising AV 21.51 | 80.92% |
| 16. | BitDefender 2009 12.0.12.0 Free | 96.37% | | 33. | Vipre 3.1.2775 | 79.69% |
| | | | | 34. | Kingsoft 2009.08.05.16 | 79.59% |
| 17. | Nod32 4.0.437.0 | 95.97% | | 35. | V3 Internet Security 2009.08.10.02 | 79.24% |

세계 백신 프로그램 순위 및 진단율(2009년 9월 기준. 자료 www.virus.gr)

백신 프로그램 중에서 30위권 수준의 경쟁력을 갖고 있다는 점이었다. 'IT 강국' 대한민국과는 분명 뭐가 맞아떨어지지 않는 모습이다.

왜 이렇게 됐을까? 인터넷 쇼핑에, 스마트폰에, 온라인·모바일 결제에, 엄청난 게임 산업에, 대한민국은 이미 온라인 생활이 보편화됐는데 정작 중요한 백신 업체의 세계 경쟁력은 매우 떨어진다. 이것은 음모론적으로 해석하면 이런 백신회사나 온라인 보안 관련주들은 앞으로 지속적으로 '그놈들'의 비호를 받을 것으로 봐야 한다.

혹자는 "대한민국 인터넷을 아주 쑥대밭으로 만들어서 다 빼앗아 가면 되는데 왜 백신 업체를 키워주냐?"고 반문하겠지만 절대 그렇지 않다. 그건 '그놈들'의 방식이 아니다. '그놈들'은 이런 상황에서 해당 업체를 더 키워주고 여기에 기생하는 방식을 취한다.

무엇보다 향후 대한민국에는 끊임없이 온갖 다양한 컴퓨터 바이러스가 창궐할 테고, 각종 사이버 테러가 자행될 것이다. 지난 2009년의 디도스 공격 같은 이벤트가 대한민국에선 주기적으로 계속 발생할 것이라는 이야기다. 그리스나 스페인, 인도, 일본은 아니더라도 대한민국에서는 이런 바이러스 공격이 필연이다. 그래서 주식투자자라면 항상 쓸 만한 보안주를 주목하고 있어야 한다. 그렇다면 왜 대한민국인가? 왜 한국을 집중 공격할 것이라고 통찰하는가?

바로 온라인의 생활화가 가장 큰 폭으로 완성된 국가가 한국이기 때문이다. 그래서 '그놈들' 입장에선 호텔에서 인터넷 좀 하려고 하면 1시간에 30유로 넘게 내야만 하는 프랑스보다 대한민국을 공격하는 쪽이 훨씬 이득이다. 그래야만 피해의 폭도 크고, 언론의 관심도 더 크고, 그래서 세계인의 관심도 더 많이 받을 수 있다. 따라서 세계적 쇼를 연출하기 위해서, 컴퓨터 바이러스에 대한 대중의 공포를 극대화하기 위해 대한민국은 향후 사이버 테러 드라마의 피해자 역할을 계속 맡게 될 것이다.

그리고, 그렇다면, 그렇기 때문에, 결국 국내의 다양한 보안주들은 향후 더 많이 주목받을 수밖에 없다. 앞으로 펼쳐질 각종 사이버 공격을 막아줄 유일한 구세주 같은 역할을 수행하게 될 테니 말이다.

| 에필로그 |

# '거짓 경제'로부터 당신의 영혼을 지켜라

"난 천체의 움직임은 정확히 계산할 수 있었지만 대중의 광기는 측정할 수 없었다.
그리고 난 평생 모았던 재산을 모두 날리고 말았다."
— 영국 남해회사에 투자했던 아이작 뉴턴

인류 역사상 버블의 생성과 붕괴는 반복됐고, 그러면서 세계 경제의 규모는 커져갔다. 언제나 그랬다. 버블이 엄청 부풀었다 꺼져버리면 당장 모든 게 끝난 것 같지만 시간이 좀 지나면 세상은 더 발전(?)해 있었고, 이어 또다른 버블이 커져가고 있었다. 또한 이 버블은 또 꺼졌고, 그 후 잠잠하다 다시 커지고, 또 꺼지고……. 그렇게 세상은 성장해 왔다.

그런데 한 가지 재미있는 사실은 말도 안 되는 대형 버블이 붕괴됐을 경우 그 누구도 정확한 이유를 알지 못한다는 것이다. 인류의 3대 경제 버블로 꼽히는 1630년대 '네덜란드 튤립 버블', 1700년대 초 '프랑스 미시시피회사 버블'과 '영국 남해회사 버블'이 모두 그랬다. 무엇이 거품을 만들고 붕괴시켰는지는 모른다. 그래서 사람들은 '인간의 탐욕'으로 돌리고, "모든 거품은 터진다"며 '사필귀정'이라고 했다.

난 이런 방식이 너무 싫었다. 이런 식으로 얼버무리는 게 못마땅했다. 분명 의도적으로 거품을 만들었다 붕괴시키고, 이 과정을 통해 따로 이익을 챙기는 주체가 존재한다는 게 나의 생각이었다. 하지만 이런 의심은 결코 정량적 분석이나 계량적 수치로 설명할 수 없었다. 심증은 가지만 물증이 없었다. 그러던 차에 나는 '음모론'이라는 물증을 만날 수 있었고, 음모론은 그간 어떤 것으로도 설명될 수 없었던 거품과 거품 붕괴의 물증이 돼주었다.

가령 기존 금태환 정책 대신 신용을 활용하는 종이돈을 통해 거품을 일으켰던 프랑스 미시시피회사 버블을 예로 들어보자. 음모론에서는 그 어떤 경제적 메커니즘보다 이 사건의 주역인 존 로라는 스코틀랜드 출신 사기꾼의 정체에 의심을 품는다.

'종이돈의 아버지'라고도 불리는 존 로를 프리메이슨의 하수인이라고 단정짓는 것이다. 그의 장난으로 프랑스 및 유럽 전역의 부가 미시시피회사로 몰렸는데 이때 거품 붕괴 직전 빠져나간 돈은 그랜드 로지 이후 유럽에서 본격적으로 활동하던 프리메이슨의 자금이 된다. 또한 이후 프랑스의 내부 상황은 극도로 악화돼 프랑스대혁명으로 이어졌고, 이로써 황제가 아니라 자본(그놈들)이 대중을 지배하는 계기가 마련됐다고 해석한다.

물론 이건 100퍼센트 음모론이다. 하지만 적어도 나는 이를 통해 버블의 생성과 붕괴는 조작될 수 있다는 의심을 품을 수 있었다. 누군가 뒤에서 판을 조정할 수도 있다는 생각을 하게 됐고, 이 조정자에 대해서도 통찰할 수 있게 됐다. 이게 바로 내가 생각하는 음모론의 긍정적 효과이고, 음모론만이 가질 수 있는 강점이다.

그러나 음모론은 항상 무시당한다. '사후약방문'과 같은 성격 때문이다. 사건이 종료된 후 퍼즐 맞추기를 통해 음모를 역추적할 순 있어도, 음모론으로 미래를 예측하거나 개척할 수는 없는 한계 때문이다. 하지만 나는 그걸 알면서도 2012년 울트라 버블과 이후 펼쳐질 슈퍼 공황에 대해 제법 명시적인 전망을 남겼다.

당연히 틀릴 가능성이 높다는 걸 알고 있고, 그래서 대중의 비웃음을 받을 수 있다는 것도 잘 안다. 하지만 굳이 이런 방식을 취한 건 이렇게 해서라도 세상에 알리고 싶어서다. 신도 아닌 주제에 신 노릇을 하려는 놈들이 실존한다는 사실을 말이다. 하지만 한 가지 명확하게 말하고 싶은 것이 있다. 이 책은 예언서나 미래 전망서가 아니라는 사실이다. 2012년 이후 펼쳐질 거대한 사이클에 대해 이야기하고는 있지만 이건 음모론에 입각한 나의 통찰이지, '종말론'을 두고 그러듯이 예언을 하고 내기를 하는 것이 아니다. 따라서 나는 이 책이 독자 여러분에게 하나의 투자 보조 지표 정도로 활용되는 것에 만족한다. 또 실전 투자에서는 항상 자신만의 뚜렷한 원칙이 있어야 한다는 당부도 덧붙이고 싶다.

때때로 나는 '그놈들'의 하수인이라고 공격받기도 한다. '그놈들의 뜻' '그놈들 계획' '그놈들 섭리' 등 '그놈들'을 신격화하면서 "그놈들을 이길 수 없어"라는 인식을 심어준다는 지적이다. 틀린 말은 아니다. 마치 우리가 할리우드의 미래 영화를 보면서 옳고 그름을 떠나 그 상황을 무의식 속에 인정하고 받아들이는 효과와 비슷하다.

그러나 내가 진정으로 말하고 싶은 것은 역설적으로 우리가 이런 자세로 시작해야만 당하지 않는다는 것이다. '그놈들'을 이기려고 하면 안 된다. 잘하면 이길 수도 있을 것이라는 자신감을 버려야 한다. 속으론 철저히 준비하고, 마음을 굳게 다잡고 냉혹한 승부사처럼 투자에 임해야 하지만 수백만 원을 날리고도 아들이 아프다는 전화에 바로 도박판에서 일어나 집으로 달려가는 그런 '호구'가 돼야 한다. 당하지 않는다면, 당하더라도 버틸 수 있다면, 그래서 '그놈들'에게 영혼을 팔지 않고 '그놈들'의 노예가 되지 않을 수 있다면 그 자체로 우리는 승리한 것이다.

그래, 너희들 어디 한번 맘껏 테크닉을 부려봐라. 난 2012년까지, 2015년까지, 2020년까지 묵묵히 너희들을 따라붙을 테니까 말이다. 최악의 경우 내 돈은 다 털어갈 수 있겠지만 결코 내 영혼만큼은 손대지 못할 것이다. 그럼 결국 마지막에 웃는 건 바로 내가 될 것이다. 지금부터 시작이다. 그리고 여기 나의 '음모론 동지' 여러분도 함께해 준다면 우린 더 크게, 더 밝게 웃을 수 있을 것 같다.

이 책을 준비하는 과정에서 고마움을 표하고 싶은 사람들이 있다. 해냄출판사 송영석 사장님, 집필 초기 나와 함께 수많은 이야기를 나누며 머리를 맞대고 책의 성격에 대해 고민했던 차재호 씨, 그리고 거친 초고를 몇 번이고 읽어주면서 애정 어린 피드백을 해줬던 이혜진 편집장님, 책의 후반 작업과 완성도를 높이는 데 함께해 준 박신애 씨에게 감사의 마음을 전하고 싶다.

사랑하는 아내 김해경과 두 아들 준서와 준혁이는 집필 기간 내내 더 없이 큰 힘이 됐다. 가족 덕분에 수많은 밤샘 작업을 견뎌내고 다 쓴 원고를 미련 없이 지우고 다시 쓰고 또 지우기를 반복할 수 있었다. 부모님에게도 사랑한다는 말을 전하고 싶다. 영원히 내 편이 될 수 있는 사람들이 지구상에 존재한다는 것을 깨달았을 때 그 어떤 사악한 음모론도 공포스럽거나 두렵지 않았다. 부모님은 내게 그런 자신감을 준 분들이다.

무엇보다 수십 년, 수백 년 전부터 음모론의 길을 터준 선구자들에게 많은 빚을 졌다. 그들이 영국인이건, 미국인이건, 이탈리아인이건, 유태인이건, 그리고 이들의 기록과 증명을 다시 번역해 옮겨준 사람이 일본인이건, 한국인이건 간에 이 선구자들이 있었기에 인류의 미스터리들은 조금씩 조금씩 베일을 벗을 수 있었다. 이들이 목숨을 걸고 실마리와 흔적을 남겨주고, 또 이들이 사명감을 갖고 인생을 바쳐 취재해준 덕분에 더 쉽게 음모론에 대해 통찰할 수 있었다. 이 선각자들에게 다시 한 번 마음 깊이 존경심과 경외를 표한다.

끝으로 이 모든 영광을 하나님께 돌린다. 선악과를 따 먹을지 말지에 대한 모든 결정권을 불완전한 내게 통째로 맡겨주신 것에 대해 새삼 고마움을 느낀다.

2010년 6월
성남 도서관에서
정철진

**투자, 음모를 읽어라**

초판 1쇄 2010년 7월 1일
초판 6쇄 2022년 2월 20일

**지은이** | 정철진
**펴낸이** | 송영석

**주간** | 이혜진
**기획편집** | 박신애 · 최미혜 · 최예은 · 조아혜
**외서기획편집** | 정혜경 · 송하린 · 양한나
**디자인** | 박윤정
**마케팅** | 이종우 · 김유종 · 한승민
**관리** | 송우석 · 황규성 · 전지연 · 채경민

**펴낸곳** | (株)해냄출판사
**등록번호** | 제10-229호
**등록일자** | 1988년 5월 11일(설립일자 | 1983년 6월 24일)

04042 서울시 마포구 잔다리로 30 해냄빌딩 5 · 6층
**대표전화** | 326-1600 **팩스** | 326-1624
**홈페이지** | www.hainaim.com

ISBN 978-89-7337-068-9

파본은 본사나 구입하신 서점에서 교환하여 드립니다.